高质量发展需要新的生产力理论来指导，而新质生产力已经在实践中形成并展示出对高质量发展的强劲推动力、支撑力，需要我们从理论上进行总结、概括，用以指导新的发展实践。概括地说，新质生产力是创新起主导作用，摆脱传统经济增长方式、生产力发展路径，具有高科技、高效能、高质量特征，符合新发展理念的先进生产力质态。它由技术革命性突破、生产要素创新性配置、产业深度转型升级而催生，以劳动者、劳动资料、劳动对象及其优化组合的跃升为基本内涵，以全要素生产率大幅提升为核心标志，特点是创新，关键是质优，本质是先进生产力。

——习近平

（2024年1月31日，在中共中央政治局第十一次集体学习时的讲话）

要牢牢把握高质量发展这个首要任务，因地制宜发展新质生产力。面对新一轮科技革命和产业革命，我们必须强抓机遇，加大创新力度，培育壮大新兴产业，超前布局建设未来产业，完善现代化产业体系。发展新质生产力不是忽视、放弃传统产业，要防止一哄而上、泡沫化，也不要搞一种模式。各地要坚持从实际出发、先立后破、因地制宜、分类指导，根据本地的资源禀赋、产业基础、科研条件等，有选择地推动新产业、新模式、新动能发展，用新技术改造提升传统产业，积极促进产业高端化、智能化、绿色化。

——习近平

（2024年3月5日，在参加全国人大江苏代表团审议时的讲话）

本书获中国社会科学院学科建设"登峰战略"资助计划资助(编号DF2023YS03)

新质生产力

驱动中国经济高质量发展的核心引擎

钟瑛 著

图书在版编目（CIP）数据

新质生产力：驱动中国经济高质量发展的核心引擎 / 钟瑛著. -- 北京：当代中国出版社，2024.7. -- ISBN 978-7-5154-1398-3（2024.8 重印）

Ⅰ.F120.2

中国国家版本馆 CIP 数据核字第 2024RA6135 号

出版人　　王　茵
责任编辑　　乔镜蓳
责任校对　　贾云华　康　莹
印刷监制　　刘艳平
封面设计　　鲁　娟
出版发行　　当代中国出版社
地　　址　　北京市地安门西大街旌勇里 8 号
网　　址　　http：//www.ddzg.net
邮政编码　　100009
编 辑 部　　（010）66572744
市 场 部　　（010）66572281　66572157
印　　刷　　中国电影出版社印刷厂
开　　本　　710 毫米×1000 毫米　1/16
印　　张　　20.75 印张　3 插页　258 千字
版　　次　　2024 年 7 月第 1 版
印　　次　　2024 年 8 月第 2 次印刷
定　　价　　68.00 元

版权所有，翻版必究；如有印装质量问题，请拨打（010）66572159 联系出版部调换。

出版说明

新征程上，紧紧围绕推进中国式现代化这个最大的政治，聚焦经济建设这一中心工作和高质量发展这一首要任务，需要新的生产力理论来指导。2023年7月以来，习近平总书记在四川、黑龙江、浙江、广西等地考察调研时，首次原创性提出"新质生产力"这一重要概念，指出要整合科技创新资源，引领发展战略性新兴产业和未来产业，加快形成新质生产力。12月，中央经济工作会议把"以科技创新引领现代化产业体系建设"摆在九项重点任务第一位，提出要以科技创新推动产业创新，特别是以颠覆性技术和前沿技术催生新产业、新模式、新动能，发展新质生产力。新质生产力被作为一个重要的工作思路，首次写进中央文件，进入决策阶段。2024年1月31日，习近平总书记在主持中共中央政治局第十一次集体学习时的重要讲话中，进一步系统阐明了"什么是新质生产力、为什么要发展新质生产力、怎样发展新质生产力"的重大理论和实践问题，充分而系统地阐述了新质生产力的概念、内涵、本质、特征、作用、意义与实施路径，形成了新质生产力理论与发展思路的完整体系。3月，习近平在全国两会上对发展新质生产力进一步提出了贯彻落实的方法和要求，指出要因地制宜发展新质生产力。全国两会上的政府工作报告将新质生产力理念贯彻到各项工作中并居于2024年政府工作十大任务首位。7月，党的二十届三中全会议审议通过的《中共中央关于进一步全面深化改革、推进中国式现代化的决定》，坚持把高质量发展作为全面建设社会主义现代化国家的首要任务，对健全推动经济高质量发展体制机制、促进新质生产力发展作出部署。围绕发展以高技术、高效能、高质量为特征的生产力，提出加强新领域新赛道制度供给，建立未来产业投入增长机制，以国家标准提升引领传统产业优化升级，促进各类先进生产要素向发展新质生产力集聚。新质生产力从理论走向全面实施，进入全面推行的阶段。

发展新质生产力，对新征程上推进高质量发展书写中国式现代化时代新篇意义重大。为帮助广大干部群众深入学习和理解习近平总书记关于因地制宜发展新质生产力的一系列重要论述和重大部署，准确了解和把握党的二十届三中全会精神有关重要部署及政策支持体系，我社邀请全国政协委员、中国社会科学院当代中国研究所钟瑛研究员撰写了本书。不妥之处，敬请读者批评指正。

当代中国出版社

2024 年 7 月

目 录

第一章 为什么？——新质生产力的概念与生成 ······ 1

第一节 习近平总书记关于新质生产力的重要论述解析 ······ 2
  一、什么是新质生产力？ ······ 2
  二、为什么要提出新质生产力？ ······ 4
  三、实践中如何落实发展新质生产力？ ······ 5

第二节 新质生产力与传统生产力、战略性新兴产业及未来产业的关系 ······ 13
  一、新质生产力与传统生产力的区别 ······ 13
  二、新质生产力与传统生产力的联系 ······ 16
  三、新质生产力与战略性新兴产业、未来产业的关系 ······ 17

第三节 新质生产力概念的生成逻辑 ······ 20
  一、新质生产力的时代背景 ······ 20
  二、新质生产力的理论基础与实践支撑 ······ 23
  三、新质生产力的思想孕育与生成 ······ 27

第四节 新质生产力对马克思主义生产力理论的创新性发展 ······ 29
  一、新质生产力对传统生产力理论的突破与融合 ······ 30
  二、新质生产力的理论创新 ······ 35
  三、新质生产力的理论与实践启示 ······ 38

第二章　是什么？——新质生产力的内涵与特征 …… 43

第一节　新质生产力的基本内涵：生产力三要素及其优化组合的跃升 …… 43
一、劳动者的新质提升 …… 44
二、劳动资料的智能化变革 …… 47
三、劳动对象的拓展与深度开发 …… 49
四、生产力跃升的实践案例 …… 51

第二节　新质生产力的主要特征：高科技、高效能、高质量 …… 54
一、高科技特征重塑新质生产力的结构形式 …… 55
二、高效能特征体现新质生产力的核心竞争力 …… 59
三、高质量特征标志新质生产力的质优成效 …… 64

第三节　新质生产力的核心标志：全要素生产率大幅提升 …… 69
一、全要素生产率的概念内涵 …… 69
二、全要素生产率大幅提升的要素分析 …… 74
三、全要素生产率大幅提升的政策策略 …… 79

第四节　新质生产力的核心要素：科技创新催生新产业新模式新动能 …… 83
一、科技创新是新质生产力的核心要素 …… 83
二、科技创新催生新产业 …… 88
三、科技创新催生新模式 …… 93

第五节　新质生产力的绿色属性：本身就是绿色生产力 …… 96
一、绿色发展理论与实践 …… 97
二、绿色发展是高质量发展的底色 …… 100
三、新质生产力本身就是绿色生产力 …… 103

第三章　做什么？——找准培育和发展新质生产力的着力点 108

第一节　加快实现高水平科技自立自强 109
一、推进高水平科技自立自强的现状与挑战 109
二、具有中国特色科技自主创新道路的实践探索 114
三、加快实现高水平科技自立自强的战略路径 121
四、以原创性、颠覆性科技创新激发新质生产力新动能 124

第二节　加快实现科技创新成果向现实生产力转化 128
一、科技创新成果产业转化机制的构建及完善 129
二、加强科技成果转化完善国家科技创新体系的实践探索 134
三、深化改革进一步提升高校科技创新能力 139
四、以科技创新驱动产业创新 140

第三节　加快促进数字经济和实体经济深度融合 148
一、全球数字经济的发展历程、现状与时代价值 149
二、中国数字经济发展现状与政策体系 154
三、中国数字经济发展的未来趋势 157
四、以产业数字化和数字产业化加快数实深度融合 161

第四节　加快发展方式绿色转型 166
一、做强绿色制造业 166
二、发展绿色服务业 173
三、壮大绿色能源产业 178
四、打造绿色低碳供应链 183
五、构建绿色低碳循环经济体系 192

第一章
为什么？——新质生产力的概念与生成

新时代孕育新思想，新理论引领新实践。新时代以来，以习近平同志为核心的党中央高瞻远瞩、统揽全局、把握大势，提出一系列新理念新思想新战略，在实践中形成和发展了习近平经济思想，并以之为指导深化经济体制改革，激发发展活力，转变发展方式，拓展发展空间，为推动高质量发展注入了强劲动力。新征程上，紧紧围绕推进中国式现代化这个最大的政治，聚焦经济建设这一中心工作和高质量发展这一首要任务，需要新的生产力理论来指导，而新质生产力已经在实践中形成并展示出对高质量发展的强劲推动力、支撑力，是推动高质量发展的内在要求和重要着力点。党的十八大以来，党中央统筹推进战略性新兴产业和布局未来产业发展，取得一系列重大成果。党的二十大后，党中央从推动高质量发展全局出发，明确提出加快形成和发展新质生产力。习近平总书记创造性提出"因地制宜发展新质生产力"，这是又一重大理论和实践创新，进一步丰富了习近平经济思想，将为高质量发展注入全新动力。面对纷繁复杂的国际国内形势，面对新一轮科技革命和产业变革，面对人民群众新期待，党中央提出必须把进一步全面深化改革作为稳大局、应变局、开新局的重要抓手。党的二十届三中全会审议通过了《中共中央关于进一步全面深化改革、推进中国式现代化的决定》，坚持把高质量发展作为全面建设社会主义现代化国家的首要任务，紧紧围绕推进中国式现代化，系统部署进一步全面深化改革，以新发展理念引领改革，聚焦推动高质量发展的突破口和关键点，为不断开创高质量发展新局面、推进中国式现代化注入改革新动力。

从"新发展理念"到"高质量发展"再到"新质生产力"，贯穿着重大理论和实践问题，改革发展的理念环环相扣、一脉相承，释放出驱动中国式现代化发展的崭新思维和澎湃动力。

第一节　习近平总书记关于新质生产力的重要论述解析

2023年7月以来，习近平总书记在四川、黑龙江、浙江、广西等地考察调研时，指出要整合科技创新资源，引领发展战略性新兴产业和未来产业，加快形成新质生产力。首次原创性提出"新质生产力"这一重要概念。12月，中央经济工作会议部署"发展新质生产力"。2024年1月31日，习近平在中共中央政治局第十一次集体学习时，对新质生产力的概念、内涵、本质、特征、作用、意义与实施路径，作出了系统全面的阐释。3月，习近平在全国两会上对发展新质生产力进一步提出了贯彻落实的方法和新要求，指出要"因地制宜发展生产力"。以习近平同志为核心的党中央不断拓展和深化新质生产力的理论内涵和实践要求，为新征程上推进高质量发展书写中国式现代化时代新篇提供科学指引、擘画发展蓝图。

一、什么是新质生产力？

2024年1月31日，习近平在中共中央政治局第十一次集体学习时指出：""概括地说，新质生产力是创新起主导作用，摆脱传统经济增长方式、生产力发展路径，具有高科技、高效能、高质量特征，符合新发展理念的先进生产力质态。它由技术革命性突破、生产要素创新性配置、产业深度转型升级而催生，以劳动者、劳动资料、劳动对象及其优化组合的跃升为基本内涵，以全要素生产率大幅提升为核心标志，特点是创新，关键在质优，本质是先进生产力。""这一重要论述，科学回答了什么是新质生产力，昭示了新质生产力代表着先进生产力的发展方向，是推动生产力迭代升级、实现现代化的必然选择。

习近平强调新质生产力是创新起主导作用，具有高科技、高效能、高质量特征的先进生产力质态。这一论述深刻揭示了新质生产力的本质特征，即它是以创新为动力，以科技进步为支撑，以效率和质量提升为目标的新型生产力。这种生产力的发展，不仅要求我们摆脱传统经济增长方式的束缚，更要求我们在生产方式、经济结构、发展路径等方面实现根本性变革。习近平还深刻指出了，新质生产力是由技术革命性突破、生产要素创新性配置、产业深度转型升级而催生的。这一论述深刻揭示了新质生产力的形成和发展是一个系统工程，需要我们在科技创新、资源配置、产业升级等多个方面下大力气、做实功夫。只有这样，才能不断催生和壮大新质生产力，为高质量发展提供强劲的动力和支撑。

从生产力的三要素角度看，新质生产力的"新质"体现为：一是新质劳动者，是能够充分利用现代技术、适应现代高端先进设备、具有知识快速更新迭代能力的新型人才，是适应新质生产力发展的高水平复合型高素质劳动者；二是新质劳动资料，特别是新型生产工具，如人工智能、虚拟现实和增强现实设备、自动化制造设备等，以及以物联网、云计算、大数据、3D打印技术为代表的数字技术，数字技术通过数字网络和智能算法驱动产业变革与绿色转型；三是新质劳动对象，体现为传统劳动对象的数智化，以及新材料、新能源等新的劳动对象，不仅包括物质形态的高端智能设备，还包括数据等非实体形态的新型生产要素，随着人工智能、生物技术、新能源技术等领域的发展，劳动对象的范围和领域还在不断扩大并可释放出巨大的生产效能。生产力三要素发生质的变化，必然引致生产力的新质跃升，推动劳动力、资本、土地、知识、技术、管理、数据等要素便捷化流动、网络化共享、系统化整合、协作化开发和高效化利用，有效降低交易成本，大幅提升资源配置效率和全要素生产率，从而推动高质量发展和加快中国式现代化进程。

二、为什么要提出新质生产力？

2024年1月31日，习近平在中共中央政治局第十一次集体学习时指出："发展新质生产力是推动高质量发展的内在要求和重要着力点，必须继续做好创新这篇大文章，推动新质生产力加快发展。高质量发展需要新的生产力理论来指导，而新质生产力已经在实践中形成并展示出对高质量发展的强劲推动力、支撑力，需要我们从理论上进行总结、概括，用以指导新的发展实践。"总书记的讲话阐明了发展新质生产力和高质量发展这个"新时代的硬道理"之间的紧密关系。一方面，新质生产力是与高质量发展相匹配的生产力概念，是对生产力理论在中国高质量发展阶段的创新和有益尝试，是对马克思主义生产力理论的创新和发展；另一方面，新质生产力在中国已有发展实践，理论总结的目的是为了更好地指导实践。将新质生产力应用于发展实践，立足创新实现高质量发展，这是发展新质生产力的核心价值。

党的二十大报告提出，全面建成社会主义现代化强国、实现第二个百年奋斗目标是新时代新征程的中心任务，高质量发展是全面建设社会主义现代化国家的首要任务。新质生产力的提出，是推进高质量发展、实现中国式现代化的迫切要求，意味着以科技创新推动产业创新，体现了以产业升级构筑新竞争优势、赢得发展的主动权。中国式现代化离不开科技现代化，否则现代化就会是无源之水、无本之木。高质量发展需要高质量的生产力，否则不可能真正做到产出效益高、经济运行状态好。中国式现代化和高质量发展都必须建立在坚实的物质技术基础之上，这个物质技术基础主要体现为新质生产力，都有赖于高素质的劳动力和新型的生产资料，都离不开现代高科技的研发和运用，而现代高科技、高素质劳动力和高品质生产资料就是新质生产力的主要构成。当前，我国大部分领域已基本解决"从无到有"的供给问题，但高品质需求得不到有效满足的问题日益凸显，客观上要求形成需求提升供给、供给创造需求的新平衡。加快发展新质生产力，符合高质量发展的现实需求，有助于实现国民经济良性循环，更好发挥我国超大规模市场优势，增强经济增长和社会发展的持续性。在全球科技日新月异、产业结构深度调整的大背景下，新质生产力已经成为推动中国式现代化和经济高质量发展的核心引擎。

总之，新质生产力具有丰富的内涵和外延，它不仅仅是一种经济现象，更是一种社会现象、文化现象。新质生产力代表着先进生产力的发展方向，代表着人类文明进步的方向。因此，推动新质生产力的发展，不仅是我们经济工作的重要任务，更是我们推动社会进步、促进人类文明发展的重要使命。

三、实践中如何落实发展新质生产力？

对于如何发展新质生产力、在实践中体现新质生产力，习近平总书记给出了一系列指示。

1. 发展新质生产力要抓住科技创新这一核心

习近平指出："科技创新能够催生新产业、新模式、新动能，是发展新质生产力的核心要素。必须加强科技创新特别是原创性、颠覆性科技创新，加快实现高水平科技自立自强，打好关键核心技术攻坚战，使原创性、颠覆性科技创新成果竞相涌现，培育发展新质生产力的新动能。"（2024 年 1 月 31 日，习近平在中共中央政治局第十一次集体学习时的讲话）"科技界委员和广大科技工作者要进一步增强科教兴国强国的抱负，担当起科技创新的重任，加强基础研究和应用基础研究，打好关键核心技术攻坚战，培育发展新质生产力的新动能。"（2024 年 3 月 6 日，习近平在看望参加全国政协会议的民革界科技界环境资源界委员时的讲话）

习近平一再强调的原创性、颠覆性科技创新，揭示了新质生产力在创新层面不同于一般创新，而是具有全新的时代特质与丰富内涵：一是更加注重原创性、颠覆性科技创新，更加注重实现技术革命性突破；二是更为强调人工智能等数字技术，是以人工智能技术尤其是以"算力"为代表的新型先进生产力；三是更为强调科技创新和产业发展相结合，需要及时将科技创新成果应用到具体产业和产业链上，完善现代化产业体系。

当今时代，围绕科技制高点的竞争空前激烈，我们愈发清晰地认识到：关键核心技术是要不来、买不来、讨不来的。唯有加强原创性科技创新，才能把关键核心技术掌握在自己手中，把发展主动权牢牢掌握在自己手里；唯有加强颠覆性科技创新，才能超越原有技术并产生替代，以重要领域和关键环节的突破带动全局。从高端芯片、工业母机，到开发平台、基本算法，再到基础元器件、基础材料，打好关键核心技术攻坚战，使原创性、颠覆性科技创新成果竞相涌现，才能培育发展新质生产力的新动能，为发展新质生产力奠定基础、提供支撑。

2. 以科技创新引领产业创新是新质生产力的重要实现形式

习近平多次强调要重视科技创新成果的应用，要更加重视科技创新和产业创新的深度融合。他指出："要以科技创新引领产业全面振兴。

整合科技创新资源,引领发展战略性新兴产业和未来产业,加快形成新质生产力。"(2023年9月6—8日,习近平在黑龙江考察时的讲话)"要以科技创新推动产业创新。……积极培育新能源、新材料、先进制造、电子信息等战略性新兴产业,积极培育未来产业,加快形成新质生产力,增强发展新动能。"(2023年9月7日,习近平在主持召开新时代推动东北全面振兴座谈会上的讲话)"以科技创新引领现代化产业体系建设。要以科技创新推动产业创新,特别是以颠覆性技术和前沿技术催生新产业、新模式、新动能,发展新质生产力。"(2023年12月11—12日,习近平在中央经济工作会议的讲话)"要及时将科技创新成果应用到具体产业和产业链上,改造提升传统产业,培育壮大新兴产业,布局建设未来产业,完善现代化产业体系。"(2024年1月31日,习近平在中共中央政治局第十一次集体学习时的讲话)"新兴领域发展从根本上说源于科技的创新和应用。……要把握新兴领域交叉融合发展特征,加强集成创新和综合应用,推动形成多点突破、群体迸发的生动局面。"(2024年3月7日,习近平出席全国人大会议解放军和武警部队代表团全体会议时的讲话)

总书记的讲话昭示,科技创新是发展新质生产力的核心要素,科学技术只有应用到生产过程中,才会转化为现实的、直接的生产力。科技创新成果不能停留于实验室,而要运用于生产线;科技发明不能存放于书架,而要走上市场。既要重视"从0到1"的原始创新突破,更要重视"从1到无穷大"的成果转化应用。及时将科技创新成果应用到具体产业和产业链上,完善现代化产业体系,就打通了科技创新、产业创新到发展新质生产力的链条,才能推动科技创新同经济发展深度融合。历史实践一再证明,科技是推动发展的强大引擎,创新则是决定未来的关键力量。纵观人类发展史,可以清晰地看到,创新始终是社会生产力提升的关键因素。从蒸汽机的诞生,为工业革命铺平了道路,到电话、电灯的广泛应用，引领了电气时代的来临，再到电子计算机的普及，催生了信息社会的崛起，每一次颠覆性科技创新与突破，都极大地释放了社会生产力，极大地提升了人民的生活水平。牢牢抓住科技创新这个"牛鼻子"，以新质生产力开辟发展新赛道、增强发展新动能、塑造发展新优势，定能赢得未来发展主动权，将中国式现代化的美好愿景一步步变为现实。

习近平还以能源产业为例，指出："要瞄准世界能源科技前沿，聚焦能源关键领域和重大需求，合理选择技术路线，发挥新型举国体制优势，加强关键核心技术联合攻关，强化科研成果转化运用，把能源技术及其关联产业培育成带动我国产业升级的新增长点，促进新质生产力发展。"（2024年2月29日，习近平在中共中央政治局第十二次集体学习时的讲话）"要围绕发展新质生产力布局产业链，提升产业链供应链韧性和安全水平，保证产业体系自主可控、安全可靠。""绿色发展是高质量发展的底色，新质生产力本身就是绿色生产力。必须加快发展方式绿色转型，助力碳达峰碳中和。"（2024年1月31日，习近平在中共中央政治局第十一次集体学习时的讲话）

对地方来说，发展新质生产力的重要抓手在构建现代化产业体系。2024年3月5日，习近平在参加全国人大江苏代表团审议时指出："面对新一轮科技革命和产业变革，我们必须抢抓机遇，加大创新力度，培育壮大新兴产业，超前布局建设未来产业，完善现代化产业体系。""江苏发展新质生产力具备良好的条件和能力。要突出构建以先进制造业为骨干的现代化产业体系这个重点，以科技创新为引领，统筹推进传统产业升级、新兴产业壮大、未来产业培育，加强科技创新和产业创新深度融合，巩固传统产业领先地位，加快打造具有国际竞争力的战略性新兴产业集群，使江苏成为发展新质生产力的重要阵地。"要求江苏"在更大范围内联动构建创新链、产业链、供应链，更好发挥经济大省对区域乃至全国发展的辐射带动力"，充分表明像江苏这样的经济大省，在发展新质生产力中肩负着重任。

总书记的讲话体现了对科技创新和现代化产业体系建设的重视一以贯之。发展新质生产力，培育新产业是重点任务。目前，我国基本构建了规模大、体系全、竞争力较强的产业体系，但一些产业"大而不强"、"全而不优"的问题依然存在。站在新时代新的起点上，必须围绕发展新质生产力布局产业链，完善现代化产业体系。一方面，战略性新兴产业、未来产业是发展新质生产力的主阵地，要打造生物制造、商业航天、低空经济等战略性新兴产业，开辟量子、生命科学等未来产业新赛道；另一方面，传统产业通过转型升级，也能成为新质生产力的重要部分，要让数智技术、绿色技术得到更广泛应用，推动产业向中高端迈进，跑出新旧动能转换"加速度"。

3. 发展新质生产力要科学施策、因地制宜

针对各地方各部门争相布局新质生产力，习近平提出了因地制宜发展新质生产力的方法论。2024年3月5日，他在参加全国人大江苏代表团审议时强调："要牢牢把握高质量发展这个首要任务，因地制宜发展新质生产力。""发展新质生产力不是忽视、放弃传统产业，要防止一哄而上、泡沫化，也不要搞一种模式。各地要坚持从实际出发，先立后破、因地制宜、分类指导，根据本地的资源禀赋、产业基础、科研条件等，有选择地推动新产业、新模式、新动能发展，用新技术改造提升传统产业，积极促进产业高端化、智能化、绿色化。"

总书记的讲话，既是立足江苏，更是放眼全国。这是总书记基于对中国国情的深刻把握，对发展新质生产力提出的最新要求，进一步阐明了发展新质生产力的关键问题，进一步明晰了在平衡新质生产力与传统生产力的关系中，加快传统产业转型升级和提质增效的实践路径。对于各地而言，关键是贯彻落实好总书记指出的"因地制宜"这一方法论，不断深化对新质生产力的理论认识和实践探索。

一方面，新质生产力与传统产业不是对立关系，关键是要用新技术改造提升传统产业，积极促进产业高端化、智能化、绿色化，统筹推进传统产业升级、新兴产业壮大、未来产业培育。发展新质生产力并不意味着排斥、清退传统产业，不能片面的理解为"腾笼换鸟"、"以新汰旧"，将资源绝对的向战略性新兴产业和未来产业集中，从而轻视传统产业的发展。传统产业并不等同于就是落后产业、无效产业。以我国工业为例，目前传统产业仍约占全国规模以上工业增加值的80%。传统产业的平稳发展，对于稳就业、稳增长乃至确保产业安全等方面都具有不可替代的作用。我国各地风俗习惯不同，不同收入群体有较大差距，这一国情实际决定了，更多的情况是长期内多代产品、多代技术并存于市场，传统产业与新兴产业、萌芽中的未来产业并存，新产品与旧产品、新技术与旧技术同在。因此，各地需要坚持的基本原则是先立后破、因地制宜、分类指导，加快提升科技创新能力和科技创新成果应用，为传统产业注入新的科技基因，以新兴技术替代传统产业的落后技术，促进传统产业数字化升级和绿色转型，有选择地推动新产业、新模式、新动能发展，培育形成新质生产力。

另一方面，发展新质生产力必须实事求是、因地制宜，紧密结合本地资源禀赋、产业基础、科研条件等开展。有所选择、有所不为，才能有所作为、真正取得实效。我国地域辽阔、人口和民族众多，区域发展不平衡的矛盾依然存在，各地资源禀赋和发展水平千差万别，发展的重点难点也不尽相同，不能简单套用单一发展模式。我国的国情实际决定了，不同地方的发展阶段不同，新质生产力发展也会呈现不同的区域特征。一些地区发展新质生产力，由于缺乏所需的资源禀赋、科技人才和产业基础等因素，目前尚不具备充足的条件大力发展"高精尖"新兴产业，那么，着力推进加快科技创新成果应用、推动发展方式绿色转型则是当务之急。加快培育形成新质生产力内涵丰富，涉及多方面的内容，战略性新兴产业和未来产业只是其中之一，还包括传统产业高端化、智能化、绿色化转型等内容。各地绝不能脱离实事求是、因地制宜原则，一哄而上，以各种行政手段强行推动新兴产业和未来产业发展，而是需要结合本地实际情况对产业发展作出科学研判，探索出发挥本地优势、提升本地特色的新路子。

4. 必须进一步全面深化改革，形成与新质生产力发展要求相适应的新型生产关系

生产力与生产关系是马克思主义政治经济学的重要内容，生产力和生产关系是相互作用的关系。在生产方式中，生产力是内容，生产关系是形式；生产力决定生产关系，生产关系反作用于生产力。当生产关系适应生产力时，就能够促进生产力发展，当生产关系不适应生产力时，就会阻碍生产力发展。也就是说，生产关系必须与生产力发展要求相适应、相匹配。

对此，习近平指出："发展新质生产力，必须进一步全面深化改革，形成与之相适应的新型生产关系。要深化经济体制、科技体制等改革，着力打通束缚新质生产力发展的堵点卡点，建立高标准市场体系，创新生产要素配置方式，让各类先进优质生产要素向发展新质生产力顺畅流动。同时，要扩大高水平对外开放，为发展新质生产力营造良好国际环境。""要按照发展新质生产力要求，畅通教育、科技、人才的良性循环，完善人才培养、引进、使用、合理流动的工作机制。"（2024年1月31日，习近平在中共中央政治局第十一次集体学习时的讲话）习近平还指出："要谋划进一步全面深化改革重大举措，为推动高质量发展、推进中国式现代化持续注入强劲动力。围绕构建高水准社会主义市场经济体制，加快完善产权保护、市场准入、公平竞争、社会信用等市场经济基础制度。""深化科技体制、教育体制、人才体制等改革，打通束缚新质

生产力发展的堵点卡点。"（2024年3月5日，习近平在参加全国人大江苏代表团审议时的讲话）

　　总书记的讲话阐明了发展新质生产力同进一步全面深化改革的关系，是习近平经济思想对马克思主义基本理论的创新性应用与发展。2024年是全面深化改革又一个重要年份，总书记再次强调谋划进一步全面深化改革重大举措，以全面深化改革为抓手构建新型生产关系。在当前国际国内环境下，推进我国进一步全面深化改革的着力点在于：以经济与科技体制变革为基础推动科学技术革命性突破，以高标准市场体系完善为手段优化生产要素创新性配置，以新型工业化体系建设为重点促进产业深度转型升级，以高水平对外开放构建为基点营造国际创新环境优势。总之，以进一步全面深化改革的办法打通堵点卡点，以制度创新构建新型生产关系，必将有效破除新质生产力发展的束缚和障碍，让创新创造源源不断涌现，促进新质生产力发挥其澎湃动能。

　　综上所述，习近平总书记关于发展新质生产力的上述一系列重要论述和重大部署，进一步系统阐明了"什么是新质生产力、为什么要发展新质生产力、怎样发展新质生产力"的重大理论和实践问题，是对马克思主义生产力理论的创新和发展，是马克思主义中国化时代化的最新成果，进一步丰富了习近平经济思想的科学内涵，具有重要的理论意义和深刻的实践意义。2023年12月召开的中央经济工作会议部署2024年经济工作，把"以科技创新引领现代化产业体系建设"摆在九项重点任务第一位。2024年3月全国两会上的政府工作报告中，"大力推进现代化产业体系建设，加快发展新质生产力"居于2024年政府工作十大任务首位。2024年7月党的二十届三中全会审议通过的《中共中央关于进一步全面深化改革、推进中国式现代化的决定》提出，"健全因地制宜发展新质生产力体制机制"。旨在通过改革促进生产要素创新性配置，打通各种堵点卡点，加快塑造发展新动能、新优势。释放出进一步强化发展新质生产力制度保障的鲜明信号，凸显党中央对通过进一步全面深化改革，推动新质生产力加快发展的高度重视和迫切感，意味着中国在不断塑造发展新动能新优势，在新领域新赛道上占据发展先机，在激烈的国际竞争中赢得发展主动权。

第二节 新质生产力与传统生产力、战略性新兴产业及未来产业的关系

新质生产力与传统生产力，作为人类社会发展历程中两种截然不同的生产形态，各自承载着时代与技术的烙印，它们在生产方式、技术水平、产出效率、社会影响等方面存在着显著的差异。随着科技的飞速发展和经济全球化的推进，生产力的概念也在不断演变，新质生产力与传统生产力在多个方面存在明显的区别，同时也保持着紧密的联系。而战略性新兴产业、未来产业则是构建现代化产业体系的关键，是发展新质生产力的主阵地和主要产业载体。

一、新质生产力与传统生产力的区别

历史唯物主义强调，生产力是人类改造自然、征服自然的能力，是推动人类文明不断向前发展的决定力量和动力源泉。回顾整个人类社会历史进程，其实就是社会生产力从低级到高级、从落后到先进的不断发展的过程，是传统生产力向新质生产力不断进化的过程。

所谓传统生产力，是指在一定技术条件下，通过劳动者、劳动资料和劳动对象等生产要素的投入，实现产出的能力。它主要依赖于物质资源的投入，以及劳动者的技能和经验。传统生产力是以第一次和第二次科技革命和产业革命为基础，以机械化、电气化、化石能源、灰色化

（即资源消耗多、环境污染比较严重）、不可持续为主要特征。

所谓新质生产力，是在信息技术、人工智能等高科技手段的推动下，通过创新、知识、技术等因素的投入，实现高效、智能、绿色、可持续的生产能力。它强调知识、技术、信息等非物质资源的重要性，以及创新在生产力发展中的关键作用。新质生产力涉及领域新、技术含量高、知识密度大，是因科技持续突破创新与产业不断升级发展所衍生的新形式和新质态。

新质生产力与传统生产力有质的区别，是对传统生产方式的颠覆性变革，要求在劳动者、劳动资料、劳动对象等因素上全面创新，实现生产力驱动方式、作用方式、表现方式的全方位变革，是一种更高水平的现代化生产力。

第一，从生产要素角度看，传统生产力主要依赖物质资源的投入，如土地、资本、劳动力等，依赖于人力、畜力以及初步机械化的生产工具，劳动密集型特征明显，生产效率受到诸多物理条件限制。而新质生产力则更加注重知识、技术、信息等非物质资源的投入，以及创新在生产过程中的作用，以高新技术为核心，诸如信息技术、人工智能、生物科技等，通过高度自动化、智能化的生产流水线，极大提高了生产效率，减少了对人工的依赖。

第二，在生产方式上，传统生产力遵循"规模经济"原则，通过扩大生产规模、提高生产效率来实现经济增长；而新质生产力则更加注重"范围经济"，即通过跨行业、跨领域的合作与创新，实现资源共享和优势互补。

第三，在生产效率方面，传统生产力的技术含量较低，科技创新速度较慢，产品更新换代周期较长，由于在一定程度上受到物质资源有限性的制约，生产效率难以大幅提升。与此相反，新质生产力代表了最新的科技成果应用，技术更新迭代速度快，创新能力强，通过技术手段的革新和生产模式的创新,实现了生产效率的跨越式提升,并且能够快速适应市场变化,推出符合时代需求的高质量产品。

第四,从可持续发展角度看,传统生产力往往伴随着资源消耗大、环境污染严重等问题,在一定程度上对环境造成了破坏,难以实现可持续发展。而新质生产力则强调绿色、智能、可持续的生产方式,通过节能降耗、循环经济等手段,提升资源使用效率,减轻对生态环境的压力,致力于实现经济、社会、环境的协调发展,力求实现绿色可持续发展。

第五,在经济社会效应方面,新质生产力推动了产业结构的优化升级,催生出新兴产业,为经济增长提供了新引擎,同时也深刻改变了人们的生活方式和工作方式,促进了社会文明的进步。相比之下,传统生产力虽然在历史上发挥了重要作用,但在现代社会,其对于经济社会发展的推动力已呈减弱趋势。

综上所述,新质生产力与传统生产力的区别,主要体现在生产要素、生产方式、生产效率、可持续发展以及经济社会效应等多个层面。从时代发展来看,不同于传统生产力,新质生产力体现了当今时代新一轮科技革命和产业变革条件下生产力发展的基本趋势,是以第三次和第四次科技革命和产业革命为基础,以创新为主导作用力量,以信息化、网络化、数字化、智能化、自动化、绿色化、高效化为主要特征,以战略性新兴产业和未来产业作为主要产业载体,代表着创新、高效、绿色的生产方式,代表着科技革命和产业变革的新方向新趋势。实践证明,新质生产力正逐渐成为推动社会经济高质量发展的重要力量。然而,这并不意味着我们应该完全否定传统生产力的价值,而是要在尊重历史、秉承优良传统的基础上,积极拥抱新质生产力,实现新旧动能的转换与融合发展。

型升级和经济高质量发展。

未来产业，是指引领重大变革的颠覆性技术及其新产品、新业态所形成的产业。我国"十四五"规划和 2035 年远景目标纲要提出，"在类脑智能、量子信息、基因技术、未来网络、深海空天开发、氢能与储能等前沿科技和产业变革领域，组织实施未来产业孵化与加速计划，谋划布局一批未来产业。"

一切运用创新科技提升生产力水平的领域，都属于新质生产力的应用范畴。因此，新质生产力和战略性新兴产业、未来产业紧密关联：战略性新兴产业、未来产业是生成和发展新质生产力的主要产业载体；新质生产力则可以更好地培育壮大战略性新兴产业，抢占战略性新兴产业的制高点，抢占未来产业的新赛道。

我国的光伏、新能源汽车、高端装备等产业，都是从曾经的未来产业、战略性新兴产业中发展而来，都是当前经济增长的重要引擎。作为先进生产力的具体体现，新质生产力在宏观上可以理解为新科技、新产业、新业态、新模式的大量涌现，以及与传统产业和实体经济的深度融合发展。新质生产力的培育、形成和发展，需要在主导产业和支柱产业持续迭代优化升级的过程中得以实现，同时，推动着未来产业的诞生和成长，也需要未来产业的支撑。近年来，全球经济增长的新产业引擎，无一不是由新技术带来的新产业，例如，人工智能、工业互联网和大数据等新技术已经成为新产业引擎的核心驱动力。这些新技术的发展，不仅带来了新的经济增长点和产业机遇，也推动了全球经济的持续发展。由此可见，战略性新兴产业和未来产业是经济未来发展的方向，也是新质生产力的主阵地。

战略性新兴产业和未来产业是大国博弈的重要阵地。进入新时代以来，我国科技创新能力不断稳步提高，在载人航天、量子信息、核电技术、大飞机制造等领域取得一系列重大成果，进入创新型国家行列，具备了加快发展新质生产力的基础条件。当前,我国战略性新兴产业增加值占国内生产总值比重超过13%,释放出强劲生产动能,新能源汽车、锂电池、光伏产品等重点领域加快发展,在数字经济等新兴领域形成一定领先优势。新一代信息技术产业已形成珠三角、长三角、环渤海和中西部四大产业集聚区,工业机器人和智能工程机械为代表的高端装备产业已处于国际领地位。目前,我国新能源汽车生产累计突破2000万辆、工业机器人新增装机总量全球占比超50%、第一批国家级战略性新兴产业集群已达到66家,人工智能核心产业规模达到5000亿元,企业数量近4000家,彰显产业基础好、市场需求大的独特优势。与此同时,我国科技创新支撑产业发展能力不断增强,为发展未来产业奠定了良好基础,元宇宙、脑机接口、量子信息、生成式人工智能为代表的未来产业正加快布局,展现出了极具生命力的发展潜力,促进技术创新、研发模式、生产方式、业务模式、组织结构等全面革新,发展新质生产力的产业基础不断夯实。

战略性新兴产业、未来产业都具有创新活跃、技术密集、发展前景广阔等特点,关乎国民经济和社会发展及产业结构优化升级全局。需要指出的是,战略性新兴产业、未来产业与传统产业并不是相互绝对绝缘的,传统产业不等同于落后产业,只有落后的技术和产品,没有落后的产业。强调培育和壮大战略性新兴产业、布局未来产业并不代表要简单地抛弃传统产业。战略性新兴产业发展、未来产业高度依赖传统产业作为基础、提供技术支撑。因此要通过形成新质生产力,运用新成果、新技术改造提升传统产业,为战略性新兴产业发展提供强大动能。未来产业是发展新趋势,成长不确定性更大,培育周期也更长。前瞻布局未来产业,就是要先发制人,为战略性新兴产业做好接续储备。当前,要紧紧抓住新一轮科技革命和产业变革的机遇,以科技创新为引领,加快推动传统产业向高端化、智能化、绿色化方向升级改造,培育壮大战略性新兴产业，积极发展数字经济和现代服务业，加快构建具有智能化、绿色化、融合化特征和符合完整性、先进性、安全性要求的现代化产业体系，以产业升级和战略性新兴产业发展推进生产力跃升。

第三节 新质生产力概念的生成逻辑

生产力与生产关系的问题，一直以来都是中国共产党非常关注的重要命题，也是共产主义社会所要解决的核心命题。"新质生产力"是党的十八大以来，习近平总书记首次就生产力与生产关系问题提出的重要论断，是习近平总书记立足新一轮科技革命和产业变革的时代背景、在擘画我国高质量发展未来蓝图过程中提出的原创性概念，其理论逻辑根植于生产力要素的多样性。新质生产力强调的是质态的新，而质态取决于在生产力中发挥关键作用的各生产要素，科学技术是生产力要素中的最关键、最重要的因素。

一、新质生产力的时代背景

生产力这个概念，一直以来被人们定义为人类征服和改造自然的能力。它包括了生产过程中不可或缺的劳动力和生产资料。随着人们对劳动力、生产资料、生产过程以及人与自然关系的的认识不断深化，对生产力的内涵、外延和特征也有了更全面的认识。这主要体现在两个方面：一方面，认识到劳动力中脑力劳动的重要性。脑力劳动的大小和效率主要取决于劳动者所学习和掌握的科学技术的状况。同时，包括劳动资料和劳动对象在内的生产资料的种类、性能、质量、效率也主要取决于科学技术水平。由此，邓小平同志在马克思所说的"生产力里面也包括科学在内"的基础上，进一步提出"科学技术是第一生产力"。另一方面，认识到人与自然并非简单的征服与被征服的关系，而应是和谐共生的关系。人类在改造、开发、利用自然的同时，也需要适应、保护、美化自然，因为只有这样，人类社会才能更好地持续生存和发展。

基于这些不断深化的新认识，需要更准确地界定生产力：生产力是人类进行社会生产的能力，其主要包括内容是科学技术、劳动力和生产资料。由于科学技术、劳动力、生产资料不是一成不变的，而是随着时代和发展阶段的变化而不断发展，因此不同时代和发展阶段的生产力状况，或者说发展水平是不尽相同的。这是一个持续变化发展的过程，需要人们不断去探索、去适应、去创新，以推动生产力的不断进步。

从世界经济发展历史来看，科技创新是人类财富增长的不竭源泉，是生产力发展的巨大动力。在不同的经济发展阶段，科学技术的创新都一直推动着经济的发展，引起生产力的深刻变化和人类社会的巨大进步。18世纪60年代开始的以蒸汽机的广泛应用为标志的第一次技术革命，使人类迈向蒸汽机时代。19世纪70年代开始的以电力的广泛应用主要标志的第二次技术革命，使人类迈向电气化时代。在20世纪中期开始的以信息技术及原子能的使用为标志的第三次技术革命，使人类迈向信息时代。第二次世界大战之后，生产力水平高度发展，生产力的构成要素发生了质的变化，科学技术成为推动生产力水平发展的根本因素，生产力无论要素、结构、性质、规模、方向都发生了革命性的变化，科学技术成为生产力要素中的最关键、最重要的因素。科技革命和生产力发展的历史表明，依靠科技创新促进生产力的迅速发展是一条普遍规律。在当今时代，科学技术越来越成为生产力中最活跃的因素和最关键的推动力量，现代生产力的飞速发展首先得益于科学技术的不断进步与创新。

党的十八大以来，习近平总书记关于科技创新作出一系列重要论述，多次反复强调：我们迎来了世界新一轮科技革命和产业变革同我国转变发展方式的历史性交汇期。从总书记近年来关于"新一轮科技革命和产业变革"的相关表述中看出，两个历史交汇期从最初的"正在孕育兴起"，到后来的"蓄势待发、蓬勃兴起、加速演进"，再到如今的"迅猛发展"，越来越能感受到把握这一历史机遇的迫切性。从这一发展趋势中，可以观察到新一轮科技革命和产业变革的几个阶段：

2013—2016年孕育阶段。新一轮科技革命和产业变革正在孕育兴起，新技术突破加速带动产业变革，对世界经济结构和竞争格局产生了重大影响。信息、能源、材料和生物等技术领域呈现出群体性、融合性重大革新态势。

2017—2019年发展阶段。新一轮科技革命不再以单一技术主导，而是呈现多点、群发性突破的态势。由此，习近平强调创新在国家发展全局的核心地位，强调要顺应新一轮科技革命和产业变革，加速科技创新和制度创新。全球新一轮科技革命和产业变革加速发展，工业互联网技术不断突破，为各国经济创新发展注入了新动能，也为促进全球产业融合发展提供了新机遇。

2020—2022年深入阶段。我国进入发展方式转变、经济结构优化、增长动能转换的攻关期，创新日益成为破解发展难题的关键。技术革命正在向以信息技术为主导并与物理技术、生物技术等深度融合的方向加速演进。

2023年至今持续深化阶段。随着时间的推移，新一轮科技革命和产业变革的特征更加深入，创新体系不断健全，创新生态逐步优化。产业竞争已成为大国竞争的主战场，现代化产业体系建设是制胜的关键，可以使我国在全球新一轮科技革命和产业竞争中赢得先机和主动。

当前，全球科技创新进入密集活跃时期，新一代信息技术、生物技术、能源技术和材料科学等领域颠覆性技术不断涌现，各种科技力量相互交织、相互渗透，呈现融合交叉、多点突破态势。这一轮科技革命和产业变革，不仅为生产力赋予了更多的时代特色、科技含量和创新内涵，更使其呈现出与传统生产力迥然不同的崭新面貌。新一轮科技革命和产业变革与我国加快转变经济发展方式形成历史性交汇，在这一历史性的交汇点上，面向前沿领域及早布局，提前谋划和研发变革性技术，夯实未来发展的技术基础，形成并发展新质生产力，实现传统生产力向新质生产力的过渡转化，是不容错过的重要战略机遇，是抢占发展制高点、培育竞争新优势、蓄积发展新动能的先手棋。这是我们在新的科技革命和产业变革中赢得先机、实现跨越式发展的关键一步。

二、新质生产力的理论基础与实践支撑

马克思主义认为，生产力决定生产关系，经济基础决定上层建筑。在《共产党宣言》中，马克思和恩格斯谈到了资本主义社会中的矛盾和阶级斗争，强调了生产力和生产关系之间的相互作用。在新中国成立70多年的历史进程中，在推动解放和发展生产力的政治实践中，中国共产党人不断深化对生产力范畴的认识，将马克思主义的科学技术思想与中国革命、建设、改革的伟大实践相结合，逐渐形成了中国特色的马克思主义生产力理论。这一理论不仅丰富和发展了马克思主义生产力学说，有助于我们更好地认识和把握中国社会的经济发展规律，极大地促进了我国经济社会发展，同时也为新质生产力的提出夯实了理论基础和提供了实践支撑。

党的第一代中央领导集体在推动新中国工业化建设初期，就提出了利用科技建设社会主义的思想。1955年，毛泽东在《关于农业合作化问题》中指出："中国只有在社会经济制度方面彻底地完成社会主义改造，又在技术方面，在一切能够使用机器操作的部门和地方，统统使用机器操作，才能使社会经济面貌全部改观。"表明党中央已经充分认识到科技在经济建设中的重要性。在这一思想的指导下，我国开始组织规划

全国科研工作。1956年初，毛泽东在最高国务会议第六次会议上的讲话中就非常明确的指出："社会主义革命的目的是为了解放生产力。"同年，在关于知识分子问题的会议上，党中央发出了"向科学进军"的号召，并开始着手制定《1956—1967年科学技术发展远景规划》。在总体思路上，把"以任务带学科"作为主要的原则，以国民经济和国防建设的科技任务带动学科发展。为此，构建了具有"大科学"特征的国家科技体制，以"集中力量，把各方面的力量统统组织起来，通力合作来完成国家任务"。并组建了中央专门委员会，负责协调动员国家各方面力量来完成重大科研任务，在"两弹一星"等工程上取得了圆满成功。1963年，周恩来在上海科学技术会议上指出："把我们祖国建设成为一个社会主义强国，关键在于实现科学技术的现代化。"同年12月，毛泽东在听取聂荣臻关于十年科学技术规划问题的汇报时更是指出"不搞科学技术，生产力无法提高"，将科技进一步提升到提高生产力的高度。在这一历史时期，我国科技事业政策呈现出鲜明的现实目标导向，科技体制具有高度集中和充分计划的特征，为当前我国在培育和形成新质生产力中发挥党的领导作用和举国体制优势提供了有益思路。

党的十一届三中全会以后，以邓小平同志为主要代表的中国共产党人在推动改革开放的进程中，不断将科学技术与中国特色社会主义伟大实践结合，丰富和发展了马克思主义生产力学说。1975年，邓小平复出主持工作时就提出："科技人员是不是劳动者？科学技术叫生产力，科技人员就是劳动者！"1978年，在全国科学大会上，邓小平再次强调："科学技术是生产力，这是马克思主义历来的观点。"并从生产力的基本要素劳动资料和劳动者入手，说明科技是作为知识形态通过与二者的深度融合而成为生产力的。他指出："许多新的生产工具，新的工艺，首先在科学实验室里被创造出来。"他认为，发展科技就是发展生产力，将科技提高到生产力这一唯物史观重要范畴的高度，提高了科研工作者的地位，认为从事科研工作就是从事生产，指出科学技术队伍就是工人阶级的一部分。在邓小平关于科技生产力思想的指导下，我国对科技体制进行了大刀阔斧改革，以促进知识形态的科学技术从潜在的生产力转化为现实的生产力。1985年，中共中央发布《关于科学技术体制改革的决定》明确了"经济建设必须依靠科学技术，科学技术工作必须面向经济建设"的指导方针，为我国科技体制改革指明了方向。改革的中心任务就是要解决科技、经济"两张皮"的问题，推动科技经济深度融合，以科技引领一批新兴产业的发展。此后，国务院相继推出《关于进一步推进科技体制改革的若干规定》、《关于深化科技体制改革若干问题的决定》等文件，更加突出了科研、生产融合的方针。在科技体制改革的推动下，我国实施了一系列指令性计划，如"863计划"、"973计划"、星火计划、火炬计划等，形成了科技改造传统产业、推动高新技术产业化和加强基础性研究三个层次的纵深部署来实现科技向现实的社会生产力的转化。1988年，邓小平在总结改革开放十年来的社会主义建设经验时，进一步提出："马克思讲过科学技术是生产力，这是非常正确的，现在看来这样说可能不够，恐怕是第一生产力。"创造性地提出"科学技术是第一生产力"的论断，邓小平的这一论断有着极为丰富而深刻的内涵，前瞻性地包含了新质生产力提出的内在逻辑：一是科技作为生产力的组成要素，在生产过程中日益发挥出决定性作用；二是科技与生产的结合日益紧密，科技转化为现实生产力的速度日渐大幅提高；三是科技对生产活动具有引领作用，科技进步能够带动产业发展。在这一历史时期，党中央从生产力基本要素的劳动资料和劳动者入手，对科技作用的认识理解达到了一个新高度，认识到知识形态的科学技术是潜在的生产力。

党的十三届四中全会以后，以江泽民同志为主要代表的中国共产党人继承和发展了邓小平关于科技生产力的思想。2001年，江泽民在全面阐述"三个代表"重要思想时，提出"中国共产党始终代表中国先进生产力的发展要求"这一重要论断，并指出："科学技术是第一生产力，而且是先进生产力的集中体现和主要标志。"阐述了"科技是第一生产力"的具体表现形式，即科技是先进生产力，揭示了科学技术和先进生产力的内在联系。同时，党中央非常重视教育与人才等资源对科技的支撑作用。1995年，在全国科学技术大会上，江泽民指出："科教兴国，是指全面落实科学技术是第一生产力的思想，坚持教育为本，把科技和教育摆在经济、社会发展的重要位置，增强国家的科技实力及向现实生产力转化的能力"，强调更为广泛地整合科技资源发展先进生产力。在这一历史时期，党中央将邓小平的科技生产力思想推向了新世纪，进一步深化了对科技与先进生产力之间关系的认识。

党的十六大以后，以胡锦涛同志为主要代表的中国共产党人坚定不移继续推进科技体制改革，推动科技与经济更为紧密的结合。胡锦涛非常重视创新在科技发展中的作用，面对加入世界贸易组织带来的全球性竞争压力，他指出要靠科技创新突破发展困境，把增强自主创新能力摆到全部科技工作的首位。2006年，国务院颁布《国家中长期科学和技术发展规划纲要（2006—2020年）》，其核心思想就是"增强自主创新能力，建设创新型国家"。2010年，国务院颁布《关于加快培育和发展战略性新兴产业的决定》，明确了节能环保、新一代信息技术、生物等七个战略性新兴产业为重点发展方向。同时，在大力实施科教兴国的基础上，党中央进一步提出了人才强国战略，强调人才是科技创新的关键。在这一历史时期，党中央实施科教兴国、人才强国战略，突出自主创新与人才资源的首要性，利用科技创新发展社会生产力的基本经验，对当前各地发展战略性新兴产业和未来产业，加快形成新质生产力具有重要的借鉴意义。

综上，我们党在社会主义革命、建设和改革开放的历史进程中，不断实现马克思主义科学技术思想和生产力学说的理论层层突破，从"不搞科学技术，生产力无法提高"到"科技是第一生产力"、"科技是先进生产力"，再到重视自主创新与人才资源，理论上的不断突破与纵深推进，为新质生产力的提出积累大量的理论探索。同时在实践中，我国科技体制愈发完善，科技水平突飞猛进，新兴产业日渐发育，为新质生产力的提出提供了实践支撑。

三、新质生产力的思想孕育与生成

党的十八大以来，以习近平同志为核心的党中央高度重视科技创新工作，提出了一系列关于新兴产业、未来产业与科技创新问题的重要论述，是习近平新时代中国特色社会主义思想的重要组成部分。在这一思想的指导下，我国着力加强科技自主创新，推动战略性新兴产业从培育壮大到引领发展的跃升，为新质生产力提出奠定了深厚的思想基础。

党的十八大报告提出："科技创新是提高社会生产力和综合国力的战略支撑，必须摆在国家发展全局的核心位置。"将科技创新的核心地位提高到了前所未有的新高度。2014 年，在两院院士大会上，习近平指出："只有把核心技术掌握在自己手中，才能真正掌握竞争和发展的主动权"，"我们没有别的选择，非走自主创新道路不可"。2015 年，在全国两会上，基于对世情国情的深刻把握，习近平首次提出"创新是引领发展的第一动力"，进一步丰富了"科技是第一生产力"的内涵，更加突出了创新在当下对经济发展的推动力。2020 年，党的十九届五中全会提出："把科技自立自强作为国家发展的战略支撑"。2021 年，在两院院士大会上，习近平作题为《加快建设科技强国，实现高水平科技自立自强》的重要讲话，突出强调了科技创新在中华民族伟大复兴战略全局中的支撑引领作用。2023 年，习近平在江苏考察时强调："中国式现代化关键在科技现代化"，这是对"四个现代化关键是科学技术的现代化"的重大思想创新,进一步突显了科技创新在中国式现代化发展方方面面的关键作用。

在习近平关于科技创新思想的指导下,中共中央、国务院出台了一系列科技发展政策。2015 年,发布《关于深化体制机制改革加快实施创新驱动发展战略的若干意见》,凸显了改革从科技体制扩大到经济体制的鲜明导向。2016 年,发布《国家创新驱动发展战略纲要》,提出要实现发展方式、发展要素、产业分工、创新能力、资源配置、创新群体的"六个转变";同年,发布《"十三五"国家战略性新兴产业发展规划》,明确了新兴产业分类标准,部署实施 21 项重大工程,超前布局未来产业。2021 年,中央经济工作会议将科技政策作为七大政策之一提出,强调科技部门要对经济发展如培育新兴产业、创新创业等负责。2023 年,发布《新产业标准化领航工程实施方案(2023—2035 年)》,对于"新兴产业"和"未来产业"标准化发展做出系统部署,对于两者聚焦领域做出明确界定,使培育战略性新兴产业和未来产业的发展受到前所未有的重视。

进入新时代以来,我国科技事业飞速发展,成功迈入创新型国家行列,科技创新对经济发展贡献日益显现。2022 年,战略性新兴产业增加值占国内生产总值比重超过 13%,国家级先进制造业集群达 45 个,集群产值超 20 万亿元。以习近平同志为核心的党中央将科技创新的地位提升得越来越重要,与我国发展全局的结合越来越紧密,发展新兴产业的扶持政策越来越细化。

正是基于中国特色马克思主义生产力理论基础和实践支撑的铺垫,新质生产力呼之欲出并得以产生。从 2023 年 7 月以来,习近平总书记在四川、黑龙江、浙江、广西等地考察调研时,首次提出了"新质生产力"重要概念;到 2023 年 12 月在中央经济工作会议上,新质生产力被作为一个重要的工作思路,首次出现在中央文件上,进入决策阶段;再到 2024 年 1 月 31 日习近平在中共中央政治局第十一次集体学习时，对新质生产力理论进行了充分而系统的阐述，提出新质生产力的概念、内涵、本质、特征、作用、意义与实施路径，至此新质生产力理论与发展思路形成完整的体系。2024 年 3 月，在全国两会上的政府工作报告中，将新质生产力理念贯彻到各项工作中并居于 2024 年政府工作十大任务首位，标志着新质生产力完成从萌芽、提出、确立、部署到实施的过程。习近平在全国人大江苏代表团的讲话，进一步提出了新质生产力贯彻落实的方法和要求，指出要因地制宜发展新质生产力。7 月，党的二十届三中全会对健全推动经济高质量发展体制机制、促进新质生产力发展作出重要部署，提出要健全因地制宜发展新质生产力体制机制，加快形成同新质生产力更相适应的生产关系，促进各类先进生产要素向发展新质生产力集聚，大幅提升全要素生产率。新质生产力从理论走向全面实施，由此进入全面推行的阶段。

第四节　新质生产力对马克思主义生产力理论的创新性发展

在马克思主义政治经济学的理论脉络中，生产力与生产关系的关系是理论探讨的核心。这一理论不仅阐述了生产力发展的内在动力，也揭示了其与社会结构、人类活动之间的密切联系。在这个理论框架下，新质生产力的提出，标志着马克思主义生产力理论在当代的进一步发展和创新。正如习近平总书记所指出："高质量发展需要新的生产力理论来指导，而新质生产力已经在实践中形成并展示出对高质量发展的强劲推动力、支撑力，需要我们从理论上进行总结、概括，用以指导新的发展实践。"新质生产力的提出，是中国共产党对马克思主义生产力理论的重大创新。

一、新质生产力对传统生产力理论的突破与融合

新质生产力的提出，使得生产力理论在新的历史条件下展现出更强的生命力。它不仅丰富了生产力理论的内涵，拓宽了生产力的外延，还为生产力理论的未来发展提供了新的视角。通过对比新质生产力与传统生产力理论，我们可以洞见生产力理论的演进脉络，理解生产力发展的新趋势，并对未来生产力的形态进行科学预见。

1. 马克思主义生产力理论核心观点解析

马克思主义生产力理论是其社会历史观的核心组成部分，它阐述了生产力在社会形态更迭和历史发展中的决定性作用。这一理论在马克思的著作《资本论》中得到了深入探讨，其主要观点包括生产力的构成要素、生产力与生产关系的辩证关系，以及生产力的发展对社会形态变迁的影响。

马克思认为，生产力由劳动者、劳动资料和劳动对象三个基本要素构成。劳动者是生产力的主体，他们的技能、知识和劳动效率直接影响生产力水平。劳动资料，即生产工具和技术，是生产力发展的物质基础，它决定了劳动的效率和质量。劳动对象则包括自然资源和初加工的原料，它们是生产的物质投入。这三个要素的结合和优化，是生产力提升的关键。

生产力与生产关系的辩证关系构成了马克思主义生产力理论的基石。生产力决定生产关系，即生产力的性质和水平决定了社会的经济基础，进而影响上层建筑。然而，生产关系又反作用于生产力，良好的生产关系可以促进生产力的发展，反之则可能阻碍其进步。这种互动关系强调了生产力与社会制度之间的内在联系，这也是理解社会变迁和发展的重要视角。

生产力的发展是推动社会形态更迭的主要动力。马克思认为，当原有的生产关系不能适应生产力的发展时，社会就会经历变革，产生新的生产关系以适应生产力的新水平，从而推动社会形态从原始社会、奴隶社会、封建社会、资本主义社会向共产主义社会演进。这一观点揭示了历史发展的必然趋势，即由生产力的不断提升引发的社会进步。

不过，马克思主义生产力理论并未停留在对历史规律的描述，它更关注如何通过实践活动来促进生产力的提升。马克思倡导科学的劳动方法，鼓励技术革新，对于提高劳动生产率具有深远指导意义。同时，马克思还强调劳动者的解放，认为实现人的全面发展是生产力发展的终极目标。这不仅体现在物质生产的层面，也体现在人的精神世界和社会关系的改善上。

在中国特色社会主义进入新时代这一背景下，马克思主义生产力理论的现实意义更为凸显。面对科技创新的加速、产业结构的升级、资源环境的挑战，我们需要深入理解并应用这一理论，有效指导实践，推动高质量发展。例如，通过培养创新人才、推广智能化工具、优化能源结构，可以提升劳动者的素质、劳动工具的效能和资源利用的效率，从而实现生产力的质的飞跃。同时，构建激励创新的体制机制，推动产学研深度融合，以及建设新质生产力创新高地，将有助于形成与新质生产力相适应的新型生产关系。

马克思主义生产力理论的核心观点为我们理解生产力的本质、作用以及与生产关系的互动提供了深刻洞察。在新质生产力的推动下，这一理论的内涵不断丰富，为新时代的社会经济变革提供了理论依据和指导方向。通过深入研究和实践，我们能够更好地把握生产力发展的规律，推动社会经济的持续进步。

2. 新质生产力对传统生产力理论的新突破

新质生产力是新时代对马克思主义生产力理论的创新性发展，丰富了习近平经济思想的内涵，旨在揭示高质量发展背后的核心驱动力。新质生产力不再仅仅局限于传统的劳动者、劳动资料和劳动对象的组合，而是强调科技创新、数字化、网络化和智能化等新要素的融合，以及这些要素如何以新的方式影响生产力的构成和表现。

首先，劳动者作为生产力的主体，其角色和能力发生了显著变化。在新质生产力框架下，劳动者不仅需要具备传统技能，更需具备创新思维和数字化操作能力，成为具有高技术素养的新型劳动者。其次，劳动资料的内涵拓展至数字化平台、人工智能等高科技工具，它们塑造了全新的生产流程和工作模式，大幅提升了生产效率和质量。再者，劳动对象的内涵也日益丰富，绿色能源和可持续资源的利用，体现了对环境友好的生产理念。

新质生产力对传统生产力理论形成了新的突破。一方面，它拓宽了生产力的外延，使得生产力的概念不再局限于物质生产层面，而是涵盖了知识、信息和服务等非物质生产领域。这种转变要求我们重新审视生产力的构成要素和评价标准，以便更全面地衡量社会生产力的水平。另一方面，新质生产力强调创新在生产力发展中的核心地位，这与马克思主义生产关系决定论形成了一定的张力。新质生产力概念指出，科技进步和创新活动可以驱动生产力的质变，而非完全依赖于生产关系的变革，这无疑对传统理论提出了新的思考方向。

新质生产力的兴起对生产关系的构建也提出了新的要求。在数字化和网络化背景下，新型生产关系应注重知识共享、协同创新和开放合作。科技企业家的培养、企业家精神的弘扬，以及产学研深度融合的创新生态系统，都是构建与新质生产力相适应生产关系的重要组成部分。同时，政策制定者需要构建能够激发创新、应对未来产业不确定性和风险的制度环境。

新质生产力的提出，对传统生产力理论的突破还体现在理论的更新和完善上。传统生产力理论的运用需要结合新质生产力的特性，构建新的理论框架，以精准捕捉和描述生产力在新时代的演变规律。这不仅需要对生产力的构成要素进行重新定义，还需深入探讨科技创新与产业创新的深度融合如何影响生产力的质态。同时，理论研究还应对新型生产关系的构建提供指导，以确保生产力的持续提升与社会经济的和谐发展相协调。

综上，新质生产力突破了传统的生产力理论，它要求我们从新的视角去理解生产力的本质、发展动力和与生产关系的互动关系。新质生产力这一概念的引入，是对马克思主义生产力理论的创新性发展，不仅丰富了生产力理论的内涵，也为构建适应新经济时代的生产力理论体系提供了新的思考方向。通过深入研究新质生产力，我们可以更为准确地把握生产力的现实动态，为实现社会经济的可持续发展提供有效的理论指导。

3. 新质生产力与马克思主义生产力理论的融合路径

新质生产力的提出，为马克思主义生产力理论注入了新的活力，二者在新时代的融合路径主要体现在对传统生产力构成要素的深化理解，科技创新与产业创新的深度融合，以及新型生产关系的构建上。

首先，新质生产力对马克思主义生产力理论的劳动者、劳动资料和劳动对象三个构成要素进行了深度拓展。劳动者被赋予了新的内涵，不再局限于传统的体力劳动者，而是强调知识型、创新型和技能型人才的培养，他们通过掌握新技术、新知识，提升劳动效率和创新能力。劳动资料则从传统的机械、工具转变为数字化和智能化的平台与工具，如云计算、大数据、人工智能等，这些高科技手段的运用极大提高了生产效率和质量。劳动对象则融入了绿色能源和可持续发展的理念，表明在新经济形态下，对资源的高效利用和环境的保护成为生产力发展的重要考量。

其次，新质生产力强调科技创新在生产力发展中的核心作用，与马克思主义生产力理论形成紧密的融合。科技创新不仅推动生产工艺的革新，还促进了生产工具的智能化，这在很大程度上反映了生产力的质变。在数字化时代，科技创新与产业创新的深度融合催生了新的产业形态，如共享经济、数字经济等，这些新兴产业的发展是生产力理论的重要实践验证，也进一步丰富了生产力理论的内涵。此外，科技创新还推动了生产方式的升级，如远程工作、协同制造等新型生产模式的出现，体现了生产力理论与现实社会的紧密结合。

再者，新质生产力对生产关系的构建提出新的要求，这与马克思主义生产力理论的生产关系反作用于生产力的原理相得益彰。新型生产关系强调产学研的深度融合，通过科技企业家的培育和企业家精神的弘扬，以及创新高地的建设，形成有利于创新的制度环境。同时，新型生产关系还要求构建激励创新的体制机制，如知识产权保护、风险投资机制等，以应对未来产业的不确定性。这些新型生产关系的构建，有助于生产力的持续提升和经济的健康发展。

新质生产力的提出，根植于中国式现代化实践，是对马克思主义生产力理论的创新性发展，也是对新时代高质量发展的响应。它深化了对生产力发展规律的认识，丰富了习近平经济思想，为构建适应新发展阶段的生产力理论提供了方向。在快速变化的当今世界中，理论与实践的互动至关重要，新质生产力的融合路径，即对构成要素的深化理解、科技创新与产业创新的深度融合，以及新型生产关系的构建，为我们提供了理解社会变迁和推动生产力发展的新视角。

新质生产力与马克思主义生产力理论的融合，是在新时代背景下对生产力理论的深化与拓展，它既保持了理论的连续性，又赋予其新的实践意义。通过这样的融合，生产力理论能够更好地适应社会经济的变化，为高质量发展提供有力的理论支持。这不仅丰富了生产力理论的内涵，也为构建适应新经济时代的理论体系奠定了基础。

二、新质生产力的理论创新

新质生产力的出现，是对马克思主义生产力理论的创新性发展，它揭示了生产力发展的新方向和新要求，有助于我们全面理解生产力的本质和结构，并对未来生产力的演进路径进行前瞻性思考。新质生产力在劳动者、劳动资料和劳动对象以及科技创新与产业融合的视角下，拓展了生产力的传统内涵，为马克思主义生产力理论的时代化发展提供了新的思考框架。

1. 新质生产力对传统生产力基本要素内涵的颠覆与重构

新质生产力的出现，以其独特属性和功能重新塑造了生产力的理论框架。在传统理论中，生产力由劳动者、劳动资料和劳动对象三个基本要素构成，而新质生产力则扩展了这些基本要素的内涵，并通过科技进步和创新活动，对生产过程进行了根本性的改造。

第一，新质生产力颠覆了对劳动者角色的传统理解。在新时代背景下，劳动者不再只是简单地执行生产任务，而是成为了技术创新的主体，他们的知识、技能和创新能力成为生产力提升的关键。这强调了教育、培训和人才战略在生产力发展中的核心地位，劳动者不再是被动的生产工具，而是主动参与创新活动的主体。这种变化要求我们在评价生产力时不仅要考虑物质投入，还要重视人力资源的质量和潜力。

第二，劳动资料的内涵在新质生产力框架中得到了重构。传统生产力理论中的劳动资料主要指生产工具和技术，而在新质生产力中，劳动资料已扩展到数字化平台和智能化工具，如人工智能、大数据和云计算等。这些高科技手段不仅提升了生产效率，还改变了生产组织形态，使得生产过程更加灵活、高效。这种变化要求我们重新定义劳动资料，认识到数字技术和智能技术在生产力提升中的关键作用。

第三，劳动对象在新质生产力框架中的地位也发生了变化。劳动对象不仅包括自然资源和初加工原料，还涵盖了绿色能源和可持续利用的资源，这体现了绿色发展理念在生产力中的重要性。新质生产力强调生产过程的环境友好和绿色发展，将资源效率和环境保护纳入生产力评价体系，这与传统的生产力理论有所不同，它推动了生产方式的绿色转型。

第四，科技创新在新质生产力中的核心地位对传统生产力理论产生了颠覆性影响。科技创新不再仅仅是提高生产效率的手段，而是生产力发展的决定性因素，它推动了工艺革新和生产工具的智能化，促进了新产业形态的出现。例如，数字化时代的共享经济和平台经济，都是科技创新与产业创新深度融合的产物，这些新兴经济形态不仅反映了生产力质态的转变，也是对传统生产力理论的颠覆性突破。

第五，新型生产关系的构建在新质生产力框架中占据重要位置。为了适应新质生产力的发展，需要构建产学研深度融合的协同创新平台，建立有利于创新的体制机制，如知识产权保护和风险投资机制，以鼓励创新和应对未来的不确定性。此外，科技企业家的培养和企业家精神的弘扬也是新型生产关系的重要组成部分，它们有助于形成创新高地，促进生产力的持续提升。

新质生产力对传统生产力理论的颠覆与重构，体现了生产力发展的新趋势和新要求，它揭示了科技进步、创新活动和绿色发展理念在生产力中的综合体现。通过深入研究新质生产力的内涵、科技创新的作用、新型生产关系的构建，我们可以更深刻地理解生产力的本质，把握生产力发展的新规律。这对马克思主义生产力理论的未来发展方向具有深远影响，为构建适应新经济时代的生产力理论体系提供了新的视角和思考方向。

2. 新质生产力对社会生产关系的重塑

新质生产力的兴起对社会生产关系产生了深远影响，推动了生产关系的创新和调整，以适应新质生产力发展的新要求。在新质生产力的背景下，生产关系的重塑表现在多个维度，包括劳动关系的转变、产业组织模式的创新和资源配置方式的优化等。

劳动关系在新质生产力的推动下，经历了从传统的雇佣关系向基于知识和技能共享的新型合作关系的转变。劳动者与企业不再是简单的雇佣关系，而是通过知识、技能和创新能力的贡献，参与到价值创造过程中。这要求企业建立更加灵活、开放的雇佣机制，鼓励员工创新和自我发展，同时提供足够的激励，如股权激励、知识权益等，以激发员工的潜力。这种新型劳动关系强调了个体的能动性和创造性，促进了人力资源的最优配置，有利于提升整个社会的生产力水平。

产业组织模式的创新也是新质生产力对生产关系重塑的重要体现。在新质生产力的驱动下，产业组织形式从传统的垂直整合转向了横向合作和网络化组织。企业间的竞争与合作更加密切，出现了平台经济、共享经济等形式，这些模式鼓励企业间的协同创新，降低了交易成本，提高了资源利用效率。同时，这些新型产业组织形式也推动了价值链的重塑，使得创新活动不再局限于单一企业，而是成为整个产业生态系统的共同任务。

资源配置方式在新质生产力影响下，逐渐从传统的物质资源为主转向了知识、信息和数据等非物质资源的主导。数字技术的发展使得信息和知识的传播更为便捷，企业可以通过大数据分析，精准地把握市场需求，优化资源配置，实现效率提升。此外，知识产权保护的加强，使得知识和创新成为重要的生产要素，从而推动了资本、技术、人才等资源的优化配置，进一步促进了生产力的提升。

新质生产力的崛起还对社会的治理模式产生了深刻影响，推动了生产关系的制度创新。政府在新质生产力的背景下，需要构建适应科技创新的制度环境，如科技政策、知识产权保护、教育与培训体系的改革等，以鼓励创新活动，降低创新风险，保护创新成果。同时，政府还需要建立有效的监管机制，防止市场垄断，保护消费者权益，保障社会公平，确保新质生产力的健康发展。

新质生产力对生产关系的重塑还体现在社会结构的变化上。随着知识经济的发展，知识型和服务型产业的崛起，社会职业结构发生了深刻变化，高技能、高知识的职业需求大幅增加。这要求教育体系进行改革，以适应新经济形态对人才的需求，培养具备创新能力和技术素养的劳动者，为生产力的持续提升提供人力资源保障。

综上，新质生产力对社会生产关系的重塑，体现了生产力与生产关系之间的互动关系，即生产力的发展推动生产关系的创新，而生产关系的调整又反过来促进了生产力的进步。这种互动关系是马克思主义生产力理论的核心，新质生产力的出现，丰富了这一理论的内涵，为理解社会变迁提供了新的视角。通过研究新质生产力对生产关系的重塑，我们可以更好地把握社会经济发展的时代脉络，为推动生产力的持续提升和构建适应新经济时代的生产关系提供理论指导。

三、新质生产力的理论与实践启示

新质生产力理论在价值取向上与马克思主义生产力理论保持一致，即生产力的发展是社会进步的动力源泉，但同时也需要关注生产力发展对社会公平、人的全面发展以及环境可持续性的影响。新质生产力的提出，是在继承马克思主义生产力理论的基础上，结合新时代背景，对生产力理论进行的创新性发展，它丰富了生产力的内涵，拓宽了生产力的外延，并为生产力理论注入了新的时代活力。这种创新不仅反映了生产力发展实践的最新趋势，也为构建适应新经济时代的生产力理论体系提供了新的思考方向。

1. 新质生产力理论与西方生产力观念的异同

新质生产力理论，作为当代中国在新时代背景下对马克思主义生产力理论的创新性发展，与西方生产力观念在许多方面既有相似之处，也存在显著的差异。理解这些异同有助于我们从更广阔的视角审视生产力的发展，为构建全球视野下的生产力理论提供参考。

从理论基础来看，新质生产力理论与西方生产力观念都强调生产力在社会进步中的核心作用。它们都认为科技进步、创新活动以及生产要素的优化组合是推动生产力发展的关键。在这一点上，两者的思想内核是一致的，都注重生产力作为社会发展的根本动力。

然而，新质生产力理论与西方生产力观念在具体观点和实践路径上存在差异。

西方生产力观念通常强调市场机制在资源配置中的决定性作用，倾向于通过自由竞争来推动生产力的提高，而新质生产力概念则更加关注政府在推动科技创新、构建创新体系中的角色，强调产学研深度融合，以及对创新人才的培养和激励。

在构成要素上，新质生产力理论在劳动者、劳动资料和劳动对象的基础上，加入了科技创新的元素，凸显其在生产力中的核心地位。而西方生产力观念虽然也承认科技创新的重要性，但在理论上和实践中，往往将之视为生产要素之一，而非独立的构成维度。新质生产力理论的这一扩展，使得生产力内涵更加丰富，更符合信息化、网络化和智能化时代的特点。

新质生产力理论强调绿色发展理念，将绿色能源和可持续生产纳入生产力的考量，体现了对环境影响的深入认识和对可持续发展的追求。西方生产力观念在早期往往忽视了环境因素，近年来虽然也逐渐重视，但与新质生产力框架的系统性、整体性相比，仍有一定的差距。

在生产关系方面，新质生产力理论倡导新型生产关系的构建，如产学研深度融合、科技企业家的培育等，以适应新质生产力的发展。而西方生产力观念在面对科技进步带来的生产关系变革时，往往关注市场机制如何适应变革，而非主动引导生产关系的创新。

展望未来，新质生产力理论与西方生产力观念的对话与交流将更加深入，两者可以互相借鉴，共同推动全球生产力理论的发展。新质生产力理论可以借鉴西方在市场机制、企业自主创新能力上的经验，而西方生产力观念也可以从新质生产力理论中汲取对政府角色、环境友好生产方式的重视，以及对新型生产关系构建的思考。这样的交流互鉴，将有助于我们构建一个更加全面、深入、包容的生产力理论体系，以应对全球化和新一轮科技革命带来的挑战。

2. 新质生产力对未来社会发展的影响

新质生产力对未来的社会发展具有深远的影响，它预示着生产力发展的新阶段和新趋势，将对社会经济结构、科技发展、教育模式、资源配置以及社会公正产生重要影响，并为全球可持续发展提供新的路径。

新质生产力将推动社会经济结构的深度调整。随着新质生产力的普及和深化，知识密集型和服务型产业将得到进一步发展，产业结构将更加优化，绿色经济和循环经济将日渐成为主流。在新质生产力的驱动下，传统产业将经历数字化、网络化和智能化的改造，生产效率和产品质量将大幅提升，这将促使经济体系更加高效、低碳和可持续。

新质生产力将加速科技革命的进程。科技创新在新质生产力中的核心地位将不断强化，人工智能、量子计算、生物技术等前沿领域将得到突破性发展，这将引领新一轮科技革命，催生新的经济增长点。同时，科技创新也将改变劳动力市场的结构，对人才的需求将更加倾向于科技素养和创新思维，这将对教育和培训体系提出新的挑战。

在教育方面，新质生产力将推动教育模式的创新。未来，教育将更加注重培养创新能力和终身学习的习惯，以适应快速变化的知识和技术环境。在线教育、个性化学习和项目式学习等新型教育模式将得到广泛应用，教育将更加开放和包容，以满足个体和社会发展的多元化需求。

在资源配置上，新质生产力将促进资源利用效率的提升。基于大数据和云计算的智能决策支持系统将优化资源配置，确保资源在最需要的地方得到有效利用。此外，绿色生产方式和循环经济的推广将促进资源的循环利用，减少对环境的影响。

社会公正方面，新质生产力将促使社会构建更加公平的创新环境。为鼓励创新，政策将倾向于保护知识产权，扶持创新型企业和科技人才，同时减少资源分配的不平等。通过构建公平的机会结构，新质生产力理论将有助于实现社会的包容性增长，减少贫富差距。

在全球可持续发展上，新质生产力将为应对气候变化、能源转型和生物多样性等问题提供新思路。绿色经济和可持续生产方式将得到全球范围内的推广，国际社会将共同致力于实现经济、社会和环境的和谐发展。

新质生产力对未来社会的影响是全方位的，它将重塑经济结构、加速科技革命、改革教育模式、优化资源配置、推动社会公正，并助力全球可持续发展。在这一过程中，理论与实践的互动将继续深化，新质生产力理论将不断丰富和发展，为人类社会的进步提供强大的理论支撑。随着新质生产力的深入实践，我们有理由相信，未来社会将更加高效、和谐、可持续。

综上，新质生产力在新时代背景下的兴起，对丰富和发展马克思主义生产力理论提出了新的挑战与机遇，它在丰富和发展生产力内涵的同时，也启发我们从更宽广的视角审视生产力的理论框架。新质生产力的出现不仅影响了生产力的构成要素，也改变了生产方式和生产关系，从而对推动马克思主义生产力理论创新发展产生了深远的启示。新质生产力的理论与实践启示，不仅在于其对生产要素的重新定义和科技的突出地位，更在于它对生产关系的深刻影响和对可持续发展的重视。这要求我们在实践中不断深化对新质生产力的理解，探索其在推动经济转型、社会进步、环境保护等方面的积极作用，从而构建一个更加全面、深入的生产力理论体系，为新时代的社会经济高质量发展提供理论指导。

第二章
是什么？——新质生产力的内涵与特征

2024年1月30日，中共中央政治局就扎实推进高质量发展进行第十一次集体学习，强调要加快发展新质生产力，扎实推进高质量发展。习近平总书记在主持学习时的重要讲话中，首次对"发展新质生产力"的重要意义进行战略定性：发展新质生产力是推动高质量发展的内在要求和重要着力点，必须继续做好创新这篇大文章，推动新质生产力加快发展。同时，首次对新质生产力的概念作出了完整定义：新质生产力"以劳动者、劳动资料、劳动对象及其优化组合的跃升为基本内涵"，"具有高科技、高效能、高质量特征"，"以全要素生产率大幅提升为核心标志"，"科技创新能够催生新产业、新模式、新动能，是发展新质生产力的核心要素"，"绿色发展是高质量发展的底色，新质生产力本身就是绿色生产力"。新质生产力的这一完整定义涵括了新质生产力的内涵与特征。

第一节 新质生产力的基本内涵：生产力三要素及其优化组合的跃升

生产力三要素，即劳动者、劳动资料和劳动对象，是马克思主义生产力理论的基本构成，它们在人类社会历史长河中不断演进，推动了社会生产力的质变。在新质生产力的形成过程中，通过技术革命性突破、生产要素创新性配置、产业深度转型升级，推动生产力质的飞跃，促进生产关系随之产生质的变化，对劳动者、劳动资料、劳动对象必然也提出新的要求。生产力三要素的优化组合与跃升是新质生产力发展的重要驱动力。

一、劳动者的新质提升

自古至今，劳动者始终是生产力发展的核心。从原始社会的简单劳动力到现代社会的知识型、创新型劳动者，劳动者的素质和能力经历了显著提升。尤其在信息时代，劳动者不再仅仅是体力的提供者，更成为知识和技能的载体，教育和培训在人力资本积累中的作用愈发突出。随着人工智能、机器学习等技术的发展，劳动者的角色正由执行者转向设计者和管理者，更加强调创新思维和问题解决能力。

1. 新质生产力对劳动者的新质要求

在新质生产力的概念定义框架中，劳动者作为生产力三要素的核心，其能动性与创新性在推动生产力跃升中起着至关重要的作用。随着社会经济的发展，劳动者角色的变迁和能力的提升对于生产力的质变具有决定性影响。新质生产力要求劳动者具备以下新特点：

一是知识与技能的积累。在知识经济时代，劳动者不再仅仅依赖于体力劳动，而更多地依赖于知识和技能。教育和培训的普及极大地提升了劳动者的知识水平，使他们能够掌握复杂的技术、理解高级的理论，并创新工作方法。特别是在信息技术、生物技术等领域，高级专业人才的涌现成为新质生产力的重要推动力。

二是创新与适应性。新质生产力强调创新性，劳动者必须具备创新思维，能够在面对新问题和挑战时提出独特解决方案。同时，随着科技的快速发展，劳动者需要快速适应新的工具、技术和工作模式，这要求他们具有高度的适应性和学习能力。

三是多元化与跨学科。现代生产活动的复杂性和综合性要求劳动者具备跨学科的知识和技能。例如，工程师可能需要结合生物学、化学和信息技术的知识来设计和改进产品。这种多元化背景下的劳动者，能更有效地解决跨领域的复杂问题，推动生产力的融合与创新。

四是创新创业精神。在新质生产力的背景下，劳动者不仅是传统的工作者，也是创新的发起者和企业家。他们可能在大企业内部创新，也可能独立创业，推动新技术、新产业的发展。这种创新创业精神是新质生产力的重要驱动力，有助于催生新的经济增长点和社会价值。

五是社会与环境责任感。随着可持续发展观念的普及，劳动者越来越多地承担起社会和环境责任。他们不仅追求经济利益，也关注工作对社区和环境的影响。这种责任感促使劳动者在生产过程中更加注重绿色、环保和公平，从而推动生产力的绿色发展。

上述新质生产力对劳动者的新质要求，既是对传统劳动观念的超越，也是对新时代生产力要求的回应。通过教育、培训和激励机制的优化，可以进一步激发劳动者的创新潜能，为新质生产力的形成提供坚实的人力资本基础。同时，政府和企业领导者应关注劳动者的全面发展，构建有利于创新和适应变化的劳动力市场环境，以促进全社会整体生产力的持续跃升。

2. 劳动者在新质生产力中的地位提升

劳动者在新质生产力中的地位发生了深刻变化，由传统的劳动密集型生产模式中的主要生产要素，转变为以知识、技能和创新能力为核心的新型生产主体。新质生产力强调的不仅是生产效率的提升，更是对劳动者素质、技能和创新能力的高要求，这使得劳动者在生产过程中的角色和价值得到前所未有的提升。

首先，新质生产力强调劳动者与高科技的融合。劳动者不再仅仅是生产线上的操作者，而是需要具备运用和驾驭新技术的能力，成为数字化、智能化生产过程中的知识型、技能型人才。例如，工业 4.0 时代的智能制造，要求工人掌握机器人操作、编程及维护技能，甚至参与到产品设计和优化中，劳动者从简单的劳动执行者转变为生产过程的参与者和决策者。

其次，新质生产力推动了劳动者就业结构的转型。随着技术变革，传统行业中的低技能岗位被自动化取代，而新兴产业如信息技术、生物科技等的兴起，创造了大量需要高技能、高知识背景的就业机会。这促使劳动者从低附加值的劳动岗位转向高附加值的知识密集型岗位，进一步促进了经济结构的优化。

再者，新质生产力强调劳动者在创新中的核心作用。在创新驱动发展战略的推动下，劳动者不仅是生产者，更是创新者。在研发、设计、服务等环节，劳动者的需求、体验和创意成为创新的重要源泉，创新成果的落地实施则需要高素质劳动者去实现。这使得劳动者在创新链中的地位愈发重要，他们的创新思维和实践能力成为推动新质生产力发展的重要动力。

同时，新质生产力对劳动者素质的高要求也带来了挑战。一方面，劳动力市场面临着技能结构性失衡的问题，部分低技能劳动者可能在技术变革中失去就业机会。另一方面，教育和培训体系需要跟上新质生产力的发展步伐，提供针对性的培训，帮助劳动者提升适应新经济环境的能力。政府和企业应加大对教育和技能提升的投入，通过终身学习机制，确保劳动者能够持续适应新质生产力的发展需求。

劳动者在新质生产力中的地位从单纯的生产者转变为知识型、技能型、创新型的生产主体，他们的参与和创新成为生产力提升的关键。面对新质生产力带来的机遇与挑战，劳动者、教育体系及政府都需要共同努力，通过提升劳动者素质，优化就业结构，确保劳动者能够在新质生产力驱动的经济环境中发挥核心作用，实现经济的高质量发展。

二、劳动资料的智能化变革

劳动资料是生产力的重要物质基础，从石器到铁器，再到现代的高科技设备，其发展反映了生产力的进步。20世纪以来，特别是近几十年，劳动资料的科技含量显著提高，自动化、信息化、智能化的趋势日益明显。从蒸汽机到电力，再到互联网和云计算，劳动资料的革新不断释放出巨大的生产力潜力。当前，5G通信、机器人技术、物联网等先进技术的引入，正推动劳动资料向更加智能、高效和绿色的方向发展。

在新质生产力的概念定义框架中，劳动资料的智能化变革是生产力跃升的关键驱动力。传统劳动资料的升级已不再局限于物质工具的改进，而是扩展到了信息技术、人工智能和自动化系统的集成，这种深度融合改变了生产过程的本质，极大地提升了生产效率。

1. 信息技术的深度渗透

5G、云计算、物联网等信息技术的快速发展，使得劳动资料能够实时收集、处理和传输大量数据，为决策提供实时反馈，不同生产环节的劳动资料可以实现信息的实时共享和无缝衔接，从而提升了生产系统的整体效率。例如，工业4.0中的智能工厂，通过物联网技术，生产设备能够实时监测并调整生产参数，避免了传统生产中因信息不对称导致的低效率问题，显著提高了生产效率和产品质量，进一步促进了新质生产力的实现。

2. 人工智能的广泛应用

人工智能在劳动资料中的应用，如机器学习、深度学习等，使设备具备了自主学习和优化的能力。比如，智能机器人在制造业中的使用，能够执行精确、重复性和危险性的任务，释放人力进行更高层次的创新活动。此外，自动化仓库系统通过 AI 优化物流，提升了库存管理的效率和准确性。这些先进设备的使用，使生产过程更加精确、高效，从而推动了劳动资料的优化升级，促使新质生产力的形成。

3. 自动化与机器人技术

自动化生产线和机器人技术的发展，不仅提高了劳动效率，还降低了生产成本。从汽车组装线上的机器人，到医疗领域的手术机器人，自动化和机器人技术的应用正在颠覆传统劳动方式，极大地提高了生产效率，减少了对低技能劳动力的依赖，在提高生产力的同时，也降低了人为错误和劳动强度。

4. 绿色和可持续技术

随着环保意识的提升，劳动资料的智能化变革也注重绿色和可持续性。例如，清洁能源技术（如太阳能、风能）的应用，减少了对化石燃料的依赖，降低了碳排放。智能电网系统通过优化能源分配，提高了能源使用效率。通过绿色制造技术和循环经济，企业能够实现资源的循环利用，减少对环境的负面影响，从而在提升经济效益的同时，也体现了新质生产力的绿色、环保特性。

5. 数据驱动的决策

数据已成为新的劳动资料，尤其在数字经济中，大数据、区块链等技术的应用，使得企业能够基于海量信息进行决策，提高市场响应速度，优化资源配置。例如，电商平台通过分析用户行为数据，实现个性化推荐，提升了销售效率。

劳动资料的智能化变革正在不断打破生产力的旧有边界，推动新的产业形态和劳动模式的形成。为适应这一变革，政府需要制定相应的法规，保护数据安全，促进信息基础设施建设；企业则需要投资研发，引入新技术，培养员工的数字化技能，以保持竞争力。同时，应对劳动资料智能化可能带来的就业结构变化，提前规划劳动力市场的转型，确保社会的稳定与和谐。同时，劳动资料的智能化变革引致劳动资料的优化组合，是新质生产力形成的关键要素之一，它通过技术革新、资源利用效率的提升以及生产系统的协同效应，推动了新质生产力的发展。在这一过程中，政府需要通过提供财政支持、税收优惠等方式，鼓励企业进行技术创新和设备升级，同时加强职业教育和培训，帮助劳动力适应新质生产力对技能的新要求。企业则需要制定长远的设备更新策略，确保生产系统的平稳过渡，并通过内部培训和外部合作，提升员工的技能水平。

三、劳动对象的拓展与深度开发

劳动对象是生产活动的对象，其范围和性质的变迁直接影响生产力的边界。在农业社会，劳动对象主要限于土地和作物；工业革命后，劳动对象扩展到矿产、原材料等；而在信息时代，虚拟的数字资源、生物技术中的基因工程、新能源领域的可再生能源等，都成为新的劳动对象，拓展了人类的生产领域。特别是数据作为一种新型生产要素，其价值和作用在数字经济中不断凸显，为生产力的跃升开辟了新的路径。

在新质生产力的概念定义框架中，劳动对象的拓展与深度开发是生产力跃升的另一个关键方面。随着科技的进步和社会的发展，劳动对象的范畴不断拓宽，新的生产领域和资源被不断发掘与利用，这为生产力的质变提供了广阔的空间。

1. 生物技术与合成生物的突破

生物技术的发展，尤其是基因工程和合成生物学，将生命科学研究成果引入生产领域。例如，通过基因编辑，科学家能够改造微生物以生产药物、燃料甚至食物，开拓了生物制造的新纪元。这种对生命现象的深度开发，不仅提高了生产力，还可能解决传统生产方式带来的环境问题，如生物降解塑料的生产，既环保又高效。

2. 数字经济与数据资源的崛起

信息时代的劳动对象中，数据成为不可或缺的生产要素。大数据、云计算等技术的运用，使得企业能够挖掘数据价值，进行精准营销、智能预测和优化决策。数据作为一种新的劳动对象，其挖掘、分析和利用能力直接关系到企业竞争力和生产力的提升。同时，劳动对象从单一功能向多功能转变，例如，3D打印技术使得单一材料可以制造出复杂的零件，而通用性强的设备能够适应不同生产任务；物联网技术将物理世界的物体与网络连接，赋予了传统劳动对象如设备、原料等新的功能，使得它们能够实时反馈信息，参与生产决策，甚至自我调整工作状态。这些都体现了劳动对象在新质生产力中角色的转变。

3. 绿色能源与可持续资源的利用

在应对气候变化和资源枯竭的挑战下，绿色能源如太阳能、风能、海洋能等得到了广泛开发和利用。这些可再生能源的劳动对象，不仅为社会提供了清洁的能源，也为生产力的跃升提供了新方向。同时，循环经济模式的推广和生物基材料的使用，如生物降解材料的应用，使得生产过程中的废弃物成为有价值的劳动对象，提高了资源利用率，降低了环境压力。

4. 太空探索与外太空资源的开发

随着太空技术的进步，外太空资源如小行星的矿产、月球的水冰等，正成为新的劳动对象，开启太空经济的潜力。虽然目前仍处于初级阶段，但太空探索的深入将可能为人类提供新的生存和发展的空间，推动生产力的飞跃式发展。

5. 深海与极地的未知领域

深海和极地等极端环境下的资源，如海底矿物、极地生物等，正逐渐成为劳动对象。随着科技的进步，人类对这些区域的探索能力增强，它们蕴含的丰富资源和生态价值为生产力的拓展提供了新的可能。

劳动对象的拓展与深度开发，是新质生产力发展的重要驱动力，它通过科技革新、生产方式转型和绿色化理念的融入，实现了劳动对象的优化利用，推动了生产力的跃升。在这一过程中，需要科技的持续创新、政策的合理引导以及社会的共同参与。既要注重经济效益，也要关注生态和社会效益，实现可持续的生产力提升。同时，面对新的劳动对象，劳动者需要不断学习新的知识和技能，以适应不断变化的生产环境。在新质生产力推动下，劳动者通过先进的技术手段，如虚拟现实和增强现实设备，与劳动对象进行更深层次的交互，提高操作精度和工作效率。同时，劳动资料如自动化设备和智能工具的使用，也使得劳动对象的利用更为精准，促进了整个生产系统的优化。只有生产力三要素的协同优化，才能真正实现新质生产力的跃升。

四、生产力跃升的实践案例

1. 科技驱动生产力跃升的实例

科技驱动的生产力跃升在现实世界中具有丰富的案例，这些实例生动地展示了新质生产力在实践中的强大影响力。以下仅选取信息技术、新能源、生物技术和高端制造业等领域的几个代表性实例，展现科技如何引领生产力的革命性变革。

信息技术产业的快速发展：以美国硅谷为代表的科技创新中心，涌现了一批如谷歌、苹果、亚马逊等科技巨头。这些企业通过研发创新，如搜索引擎优化、智能手机、云计算等，极大地改变了信息获取、传播和处理的方式，提高了社会的信息化水平。同时，这些技术也为其他行业提供了数字化转型的工具，如在线教育、远程医疗、智能制造等，显著提升了生产力。以互联网巨头谷歌为例，其通过人工智能和大数据技术，极大地提升了搜索、广告投放和云计算等业务的效率。谷歌的DeepMind项目就是科技创新推动新质生产力的具体体现，其AlphaGo

在围棋比赛中击败人类顶尖选手，展示了技术革命性突破在新质生产力中的关键作用。这种技术革新不仅提高了生产效率，还通过创新性生产要素配置，如技术人员和数据的整合，推动了新质生产力的形成。

绿色能源的广泛应用：太阳能和风能的广泛应用是新质生产力在能源领域的一个典型实例。随着光伏技术和风力发电技术的进步，这些可再生能源的成本逐渐降低，大规模利用成为可能。例如，德国通过"能源转型"政策，大力推广可再生能源，降低了对化石燃料的依赖，同时也促进了新能源技术的创新，推动了整个能源行业的生产力跃升。

生物技术与基因工程的创新：生物技术在医药、农业和环保等领域展现出强大的生产力提升潜力。例如，CRISPR-Cas9 基因编辑技术的出现，使得科学家能够精确地修改基因，为疾病治疗、作物改良和环境保护开辟了新的途径。基因工程在制药行业中的应用，如生产胰岛素、治疗罕见病的药物，显著提高了医疗生产力。辉瑞制药公司利用生物技术进行新药研发，实现生产效率的提升和新药的快速上市，其生产要素创新配置体现在对高端科研人才的引进和培养，以及对尖端实验室设备的使用。通过高科技创新，辉瑞公司开发了多种具有全球影响力的药品，提高了新质生产力在药品生产领域的体现。

高端制造业的转型升级：德国的"工业 4.0"和中国的"中国制造 2025"等战略，推动了制造业的智能化升级。通过物联网、人工智能和机器人技术，制造业实现了生产过程的自动化、智能化，提高了生产效率，降低了人工错误，同时也减少了对环境的影响。例如，特斯拉的智能制造实践就是新质生产力的一个典范。特斯拉的电动汽车工厂中，通过自动化生产线和机器人技术，实现了汽车生产过程的高度自动化，显著提升了生产效率和产品质量。特斯拉还在电池技术、软件开发等领域进行创新，这些创新性生产要素的配置使得特斯拉在电动汽车市场中独树一帜，体现了新质生产力在产业深度转型中的作用。

上述这些实例表明，科技驱动的生产力跃升不仅体现在单一领域的突破，更在于不同领域之间形成的交叉创新和深度融合。通过科技创新，劳动者能动性得以激发，劳动资料智能化水平提高，劳动对象也得到了前所未有的拓宽和深化。科技驱动的生产力跃升为经济社会的可持续发展注入了强大动力，同时也对政策制定、人才培养和市场环境提出了新的要求。在未来的实践中，我们需要继续关注科技发展，优化生产力三要素的配置，以实现新质生产力的不断跃升和经济社会的持续进步。

2. 产业融合促进生产力优化与提升的实例

产业融合是指不同产业之间边界模糊，相互渗透，形成新的业态和价值链的过程。在新质生产力的视角下，产业融合是生产力优化组合的重要表现，它通过跨界整合资源，推动创新，实现生产力的跃升。以下通过几个具有代表性的案例，展现产业融合如何促进生产力的优化与提升。

数字经济与实体经济的深度融合：数字经济的发展，尤其是电子商务和金融科技的兴起，打破了传统零售和金融行业的边界。例如，阿里巴巴通过电商平台，将消费者与全球供应商直接连接，简化了交易流程，提高了交易效率。同时，金融科技如支付宝、微信支付等，将金融服务嵌入日常生活中，降低了金融服务的门槛，提升了金融服务的便捷性。这些融合案例表明，数字经济与实体经济的深度融合，不仅优化了生产过程，也催生了新的商业模式，促进了生产力的提升。

制造业与服务业的融合创新：制造业与服务业的融合，表现为制造业的服务化和服务业的工业化。例如，通用电气通过提供售后服务、数据分析和解决方案，转变为综合性服务提供商，提升了其产品附加值。另一方面，服务业如物流、咨询等也通过引入信息技术，实现精细化、智能化管理，提高了服务效率。这种融合创新推动了制造业向高端、高附加值方向发展，同时也促进了服务业的专业化和效率提升，共同推动了生产力的优化。

绿色产业与传统产业的协同创新：在应对环境挑战的背景下，绿色产业与传统产业的融合创新成为生产力跃升的新方向。例如，传统汽车制造商如特斯拉，通过引入电动汽车技术，实现了汽车产业的绿色转型。同时，农业与环保技术的融合，如精准农业、循环农业的实践，提高了农业生产效率，减少了环境污染。这些案例表明，产业融合可以推动传统产业向绿色、可持续发展的路径转变，提升整体生产力的同时，也促进了生态文明建设。

文化创意产业与科技产业的交织发展：文化创意产业与科技产业的融合，如数字媒体、虚拟现实、增强现实等，为生产力的优化组合提供了新的可能。例如，迪士尼乐园通过高科技手段，将传统娱乐体验与数字化内容相结合，创造出全新的用户体验。此外，数字艺术、游戏开发等领域也成为了创新的热点，展示了文化与科技融合的巨大生产力潜力。

以上产业融合的实例，揭示了新质生产力在实践中如何通过要素间的交叉创新和协同作用，实现生产力的跃升。产业融合不仅拓宽了劳动对象的范围，也推动了劳动者技能的多元化和劳动资料的智能化。在政策层面，政府应鼓励跨行业合作，出台支持产业融合的政策，优化产业环境，激发创新活力。同时，企业应主动拥抱融合趋势，通过技术创新和商业模式创新，实现生产力的持续提升。

第二节　新质生产力的主要特征：
　　　　高科技、高效能、高质量

新质生产力，作为当代经济发展的关键驱动力，其核心在于高科技的集成应用，不仅推动了产业结构的升级换代，而且通过高效能的运行机制，实现了资源的优化配置与生产效率的显著提升。在国际化的背景下，高质量标准成为衡量新质生产力成果的重要标尺，它不仅关乎产品竞争力，更是我国参与全球价值链高端环节的关键。由此可见，高科技在重塑生产力结构中起决定性作用，技术创新与知识密集型产业的勃兴，是推动新质生产力发展的核心动力。通过高效能管理与技术的结合，新质生产力展现出了在复杂市场环境中快速适应与创新的能力，这不仅减少了能耗与成本，还极大增强了企业的市场响应速度。在当今数字化、智能化的浪潮中，持续的技术革新与质量提升策略是保持生产力发展活力的关键。

一、高科技特征重塑新质生产力的结构形式

高科技，作为新质生产力的火车头，是指那些基于最新科学研究成果，具有高技术含量、高附加值和强烈创新性的技术群。这些技术通常涵盖信息技术、生物技术、新能源技术、航空航天技术、新材料技术等多个领域，它们共同推动着产业的边界和效能极限。高科技不仅仅体现在技术本身的复杂性和先进性，更在于其对社会经济结构的深刻影响。它强调知识密集、创新迅速、迭代频繁，以及对传统生产方式的颠覆性变革。在新质生产力的框架下，高科技被赋予了战略性的地位，因为它们是实现产业结构升级、提高生产效率和创造高质量产品的关键驱动力。

1. 高科技的发展趋势

数字化与智能化：随着人工智能、大数据、云计算的融合发展，高科技正在步入一个全新的智能化时代。这些技术的应用，使得生产系统能够实现更高级别的自动化和个性化生产，提升决策效率和资源使用效率。

绿色科技：面对全球环境挑战，绿色科技，如可再生能源技术、环保技术的开发和应用，成为高科技发展的重要方向。这不仅促进了生产过程的清洁化，也是高质量发展的重要标志。

跨界融合：不同领域的高科技之间界限日益模糊，跨界融合成为趋势，如生物技术与信息技术的结合（如生物信息学），推动了新产业形态的诞生。

国际合作与竞争：在全球化背景下，高科技的发展越来越依赖于跨国合作，同时国际竞争也日趋激烈。技术标准的国际接轨和知识产权的保护成为焦点。

安全与伦理：随着高科技的深入发展，技术安全和伦理问题日益凸显，如何在推动创新的同时确保技术安全、尊重隐私和伦理成为新的挑战。

高科技的发展是新质生产力中最具活力的部分，它引领着产业变革的方向，也是国家竞争力的核心体现。在未来的生产力发展中，高科技的持续进步和创新将是决定性因素。通过深化高科技的研究与应用，新质生产力将更加高效、智能、绿色，为全球经济的高质量增长提供源源不断的动力。

2. 新质生产力的高科技特征体现

首先，体现为科技创新是新质生产力的内核。新一代信息技术，如互联网、大数据、人工智能、物联网等，正在以前所未有的速度融入生产环节，大大提高生产效率，减少人为失误，使产品和服务更精准、个性化。例如，智能制造技术的广泛应用，通过自动化和智能决策，实现了生产过程的精细调控，从而提升了产品质量，降低了成本。

其次，体现在生产要素的创新性配置上。在新质生产力时代，知识、信息、技术、数据等无形生产要素的地位日益攀升，它们与实物生产要素的结合，赋予生产过程更高的附加值。以云计算为例，它通过整合巨大计算资源，使得企业能够高效处理和分析海量数据，从而优化决策，提升资源利用效率。

再者，体现为推动了产业深度转型。高科技产业如数字经济、生物科技、新材料等的崛起，不仅带来了经济的高增长，还在绿色、可持续发展方面表现出巨大潜力，有助于构建更加高级的产业结构。这些新兴产业的发展，实质上是生产力结构的优化，反映了高科技对新质生产力的塑造作用。

此外，还体现为强调绿色和可持续发展的理念。新质生产力强调生产过程中的环保和节能，通过技术创新，减少生产过程中的碳排放，实现资源的高效利用，以促进经济与环境的双赢。这不仅符合新发展理念，也是人类社会对未来发展的重要诉求。

然而，高科技特征也带来了新的挑战，如技术迭代速度过快导致的技能不匹配、数字鸿沟的扩大等。对于劳动者而言，需要不断提升自身技能，适应由高科技驱动的新生产模式。政府和教育机构应当同步改革，提供适应未来工作的教育和培训，以确保劳动力市场的灵活性和适应性。

新质生产力的高科技特征在其发展中起到了决定性作用。它通过推动技术创新、优化生产要素配置、促进产业转型，以及强化绿色发展理念，构建了先进、高效、可持续的生产力体系。在这个过程中，个体、企业、政府和社会需共同努力，应对挑战，把握机遇，以实现经济的高质量发展和人与自然的和谐共生。

3. 高科技如何重塑生产力结构形式

高科技的深度融入，如同一场无声的革命，彻底重塑了新质生产力的结构形式。这一过程涉及多维度的变革，不仅推动了生产要素的重组，而且催生了全新的生产模式和产业生态。

一是生产要素的重组与优化。在传统生产模式中，劳动力、资本和自然资源是核心要素。高科技的引入，特别是信息技术的普及，使得知识和信息成为了至关重要的新型生产要素。智能系统、大数据分析和人工智能算法优化了资源配置，使得劳动力从低效重复工作中解放，转向更高附加值的创新活动。资本的投入方式也发生了变化，更多地流向了研发和创新项目。此外，自然资源的利用更加高效和可持续，通过绿色科技减少了对环境的负担。

二是创新驱动的产业升级。高科技通过推动技术创新，促使产业结构向高技术、高附加值的方向转变。在新质生产力框架下，战略性新兴产业如生物科技、新能源、数字经济等迅速崛起，成为经济增长的新引擎。传统产业通过智能化改造和数字化转型，提升了效能，实现了从制造到"智造"的转变。这种产业升级不仅仅是技术水平的提升，更是生产体系的整体优化，促进了产业链的升级和价值链条的延伸。

三是网络化与智能化的生产系统。随着物联网、云计算的集成应用，生产过程实现了远程监控、智能决策和个性化定制。这种高度互联的生产系统，能够根据市场需求迅速调整生产计划，实现资源的即时优化配置。比如，通过工业4.0的概念，实现了工厂内部及供应链的无缝连接，大大提高了生产效率和响应速度，减少了浪费。

四是产业生态的融合与创新。高科技的融合应用，促进了不同产业之间的边界模糊，形成了跨界合作的新业态。例如，生物技术与信息技术的结合不仅推动了医疗健康领域的发展，也为农业、材料科学等传统领域带来了革新。这种跨界融合不仅创新了产品和服务，还催生了新的商业模式，如平台经济、共享经济等，进一步增强了新质生产力的动态性和适应性。

五是知识产权与创新激励机制。为了支持高科技在新质生产力中的核心地位，知识产权保护机制的完善变得至关重要。创新成果的有效保护，激励了企业的研发投资和技术创新，形成了良性循环。政府通过提供研发补贴、税收优惠等激励措施,激发了全社会的创新活力,加速了高科技成果的商业化进程。

上述高科技的这些作用机制共同作用,不仅改变了生产力的结构形式,也推动了社会经济结构的深刻变革,确保新质生产力能够持续地、高效地驱动经济增长,朝着绿色、智能、高质的未来迈进。

二、高效能特征体现新质生产力的核心竞争力

新质生产力的核心,是高科技的引领、效能的极大化以及质量的卓越追求。它不仅仅体现在技术层面的突破,更是劳动力、劳动资料与劳动对象之间新型的、高效整合的结果。高效能不仅要求技术效率,还涉及管理效率、资源配置效率,是实现经济体系整体效能提升的关键。

1. 新质生产力的高效能特征体现

新质生产力的高效能特征,不仅体现在生产率的提升上,更表现为生产系统的整体效率和资源利用效率的优化。这种高效能特征主要体现在以下几个方面:

首先,新质生产力的高效能特征源于技术创新的推动。科技创新不仅直接提升了生产工具的性能,使得劳动资料的科技含量提高,而且通过改进生产流程,提高了劳动对象的利用效率。例如,自动化和机器人技术在生产过程中的广泛应用,不仅减少了对低技能劳动力的依赖,还使得生产过程更加精准,大幅度提升了生产效率。

其次,新质生产力的高效能特征体现在生产要素的创新性配置上。知识、信息、技术、数据等无形生产要素的广泛使用,使得生产系统的运行更加智能化和网络化,提高了生产要素的流动性和配置效率。通过大数据分析,企业能精准预测市场需求,优化生产计划,实现生产要素的动态调整,有效降低了生产成本和库存压力。

再者,新质生产力的高效能特征还体现在产业层面。高科技产业的

崛起和传统产业的转型升级，使产业结构得以优化，形成了高附加值、高成长性的产业链，推动了整个经济体系的效率提升。此外，绿色生产方式的推广，如循环经济和低碳技术的运用，不仅减少了环境污染，还提升了资源的循环利用率，实现了经济与环境的双重效益。

此外，高效能新质生产力的推动还涉及到生产关系的改革。政府和企业需要共同构建一个有利于创新的市场环境，通过优化资源配置，鼓励企业进行研发投资，降低创新的制度成本。这包括完善知识产权保护机制，促进技术创新的商业化转化，以及通过财政政策和金融支持，引导资本向高科技领域流动。

然而，新质生产力的高效能特征并非没有挑战。快速的技术进步和产业结构变化对劳动力市场提出了新的要求，劳动者必须具备更新迭代的技能和适应性，以应对由高效能生产力带来的变革。因此，教育和培训体系需要不断升级，以培养具备创新思维和高技能的人才，为新质生产力的高效运行提供人力资源保障。

可见，新质生产力的高效能特征是其核心竞争力的体现，它通过技术创新、生产要素的优化配置以及产业结构的转型升级，实现了生产系统的整体效率提升。然而，要充分发挥这种高效能，必须解决劳动力技能提升、生产关系改革以及资源可持续利用等问题。这需要政府、企业和社会的共同努力，以确保新质生产力的高效能特征能够持续推动社会经济的可持续发展。

2. 技术与管理创新驱动新质生产力高效能提升

技术与管理的双重创新，不仅是新质生产力高效能的双轮驱动，更是新质生产力区别于传统生产力的关键所在。技术进步与管理革新协力作用，推动新质生产力效能实现质的飞跃。

技术的革新是新质生产力高效能提升的直接动力。在高科技引领的新时代，技术创新不仅仅是产品和服务的更新，更是生产流程的深刻重塑。例如，人工智能在生产计划、供应链管理中的应用，通过数据分析优化决策过程，减少生产浪费，提高响应速度。物联网技术的普及，使设备实时监控与智能维护成为可能，大幅度降低了停机时间，确保生产线的高效运转。新能源技术与材料科学的进步，促进了生产过程的绿色化，减少了能耗与环境成本。

管理理念与模式的创新，如同润滑剂，确保技术优势转化为实际高效能。精益生产、敏捷管理等现代管理方法，强调快速响应市场变化，通过减少浪费、提高灵活性来提升效能。数字化管理平台的构建，使得数据成为新的管理资源，通过大数据分析优化资源配置，提升决策的精准度和效率。同时，组织结构的扁平化和团队自主管理，促进了创新氛围，加速了知识传递和应用，从而在微观层面提升了整体效能。

新质生产力范畴下的高效能，要求技术与管理的深度融合。例如，通过实施工业互联网，不仅技术系统得到升级，而且管理流程也实现了数字化转型，形成智能决策系统。这种融合创新，不仅能实时分析生产过程中的数据，快速优化生产流程，还能在管理层面促进资源的动态配置，实现生产效率和管理效率的双重提升。具体实例，如特斯拉的智能制造工厂，通过集成自动化、机器人技术和大数据分析，不仅实现了生产效率的大幅度提升，而且在产品迭代和定制化服务上展现出极高的灵活性。这正是技术与管理创新完美结合的典范。

关于新质生产力高效能提升的探索，未来将更加注重可持续性与智能化，人工智能的深度学习与自适应能力、区块链技术在供应链透明度和效率上的应用，以及云计算对资源的弹性管理，将进一步推高效能边界。同时，管理创新将更加侧重于文化创新与人才激励机制，以激发组织的内在活力，确保新质生产力在复杂多变的环境中的持续竞争优势。通过不断的技术创新与管理革新，新质生产力将形成一个自适应、高效运转的生态系统，为经济发展提供更为强劲和可持续的驱动力。

3. 信息技术提升新质生产力的高效运行机制

信息技术的核心，包括但不限于大数据、云计算、人工智能（AI）、物联网（IoT）和区块链，它们共同构成了效能提升的基石。大数据的分析能力，使企业能够从海量信息中提取价值，优化决策。云计算则提供了弹性计算资源，降低了企业 IT 成本，提升了数据处理速度。物联网通过物物相连，将物理世界与数字世界紧密融合，实现了从生产源头到终端消费者的全程智能化管理。

在生产流程中，自动化和智能化技术如机器人、自动化生产线的广泛应用，显著减少了人工错误，提升了生产速率和精确度。AI 的引入，特别是在质量控制、预测维护中的应用，通过机器学习提前预测并解决潜在问题，减少了停机时间，确保生产线的连续高效运行。

云计算和大数据结合，形成了强大的决策支持系统，企业管理层能够基于实时数据分析做出快速准确的决策。这种即时反馈机制，加快了市场响应速度，提升了资源的动态配置效率，确保了企业的战略目标与市场变化的紧密贴合。

信息技术的集成，特别是区块链技术在供应链管理中的应用，提高了供应链的透明度，降低了信任成本，实现了供应链的高效协调。通过智能合约自动执行交易，减少了中间环节，加速了物流与资金流的循环，从而提升了整个供应链的效能。

信息技术还促进了个性化生产的发展，通过 AI 和大数据分析消费者行为，企业能够定制化产品，满足市场多样化需求，提升了产品与服务的市场适应性和顾客满意度，这在一定程度上也是效能的另一种体现，即以更精准的方式满足市场需求。

信息技术还促进了绿色生产，通过智能监控和优化能源使用，减少了生产过程中的废弃物和能耗，支持了可持续发展目标，体现了新质生产力在环境效益上的高效表现。

总而言之，信息技术在提升新质生产力高效能方面扮演着不可或缺的角色，它不仅优化了生产流程，提升了管理效率，还通过创新服务模式，加强了市场适应性和环境可持续性。随着技术的持续进步和应用深化，信息技术将持续推动新质生产力向着更加高效、智能和绿色的方向发展。

4. 实现新质生产力高效能企业的策略实例

以下实例，是几个典型企业通过实施高效能策略，实现了新质生产力的卓越表现。这些实例不仅展示了技术与管理创新的综合应用，也揭示了这些企业如何适应快速变化的市场，达到效能最大化，同时促进可持续发展。

实例一：阿里巴巴的智能供应链

阿里巴巴，作为全球领先的电子商务和云计算公司，其智能供应链是一个高效能的典范。通过大数据分析，阿里巴巴优化库存管理，实现精准预测消费者需求，减少库存积压，降低了物流成本。此外，其物流网络的智能化，使用自动驾驶和无人机配送实验，进一步提高了配送效率。管理上，阿里巴巴强调平台化管理，鼓励内部创业和快速迭代，促进了组织内部的创新速度和效能。

实例二：华为的全栈式创新

华为在高科技领域的全栈式创新策略，不仅体现在产品技术研发，更在于其内部的流程优化和智能化转型。华为通过构建云计算和人工智能平台，实现了研发、生产、服务全链条的数字化管理，大幅提升了决策效率和产品迭代速度。特别是在5G、物联网（IoT）技术的应用上，华为展示了如何通过技术创新，提升网络通信效率和安全性，进而优化整个社会的效能。

实例三：特斯拉的智能制造

特斯拉的智能制造工厂实现了"从设计到生产"的无缝集成。通过高度自动化和机器人技术，特斯拉显著减少了生产周期，实现了零库存运营的理想状态。特斯拉还利用大数据和 AI 进行质量控制，通过智能分析生产数据，实时调整生产流程，优化资源分配。管理上实施扁平化管理，强调跨界团队合作，促进了创新与效能的双重提升。

实例四：比亚迪的绿色效能革命

比亚迪在新能源汽车领域的创新，展现了将绿色技术与高效能生产相结合的实践。通过垂直整合产业链，比亚迪不仅控制了成本，还在电池技术、车型设计和生产流程中融入环保理念。利用先进的电池管理和回收技术，比亚迪不仅提升了汽车的能效，也促进了资源的循环使用，展示了企业如何在追求高效能的同时，贡献于全球环境的可持续发展。

这些案例典型企业实例显示，高效能企业的策略与实践不仅在于单一的技术革新或管理改革，更在于如何将这两者结合起来，形成协同效应。通过技术创新提升产品与服务的效能，同时，通过管理创新优化内部流程和外部响应，这样的综合策略是新质生产力实现高效运行的关键。在面向未来的挑战中，这些企业不仅为同行提供了宝贵的经验，也为全球产业转型升级提供了生动的例证。

三、高质量特征标志新质生产力的质优成效

新质生产力的高质量特征是其区别于传统生产力的重要标志，它强调的不仅仅是生产效率的提高，更是在追求质量、效益、可持续性和社会公平性的统一。高质量特征的核心在于对生产过程的全面优化，以及对环境保护和资源利用的高效，这不仅体现在产品和服务的品质上，更体现在对社会和环境的长期贡献上。

1. 新质生产力的高质量特性体现

首先，新质生产力的高质量特征源于科技创新。科技的进步使得生产工具、生产方法以及生产过程本身得以革新，从而在提升生产效率的

同时，生产出更高品质的产品和服务。例如，采用精密制造技术和绿色生产工艺，能够确保产品的精密度和耐用性，同时减少对环境的负面影响。

其次，新质生产力的高质量特征体现在生产要素配置上的创新性，使得生产系统的运行更为高效。知识、信息、技术、数据等新型生产要素的广泛应用，使得生产过程更为智能化和精细化，既提升了生产效率，又确保了产品质量。通过大数据分析，企业能够精准定位市场，提供个性化服务，从而增强消费者满意度。

再者，新质生产力的高质量特征体现为推动了产业结构的高级化。高科技产业的崛起以及传统产业的绿色化和智能化转型，使得经济的结构更为合理，生产效率和附加值大幅提升。这不仅有益于经济增长，也促进了经济的可持续发展，实现了经济质量的飞跃。

此外，新质生产力的高质量特性还体现在对资源利用的高效和环保。在生产过程中，新质生产力倡导绿色循环，通过节能减排、废物回收与资源再利用，减少对自然资源的过度消耗和环境破坏。这不仅符合可持续发展的理念，也是对未来社会经济模式的积极探索。

然而，新质生产力的高质量特征也带来了一系列挑战。如何在追求高效率的同时，确保生产的公平性和社会福利的提升，是新质生产力发展过程中不可忽视的问题。因此，新质生产力的发展必须兼顾社会公平，通过教育和培训提高全体人口的技能，确保社会各阶层都能从生产力提升中受益。

新质生产力的高质量特征是其先进性的体现，它以科技创新为引领，以提高生产效率和产品质量为基础，同时关注资源利用和社会公平，构建了一种全面、协调、可持续的生产力发展路径。这种高质量特征的生产力模式，为实现经济的长远发展，构建和谐社会，以及保护地球环境提供了有力支持。要持续推动新质生产力的高质量发展，必须在政策、教育、技术、市场等多方面进行改革与创新，确保新质生产力在实现经济效益的同时，能够增进社会福祉，促进人与自然的和谐共生。

2. 全球质量标准框架及其影响

全球质量标准框架是新质生产力在国际化进程中的基石，它不仅确保了产品与服务的高标准，而且是企业参与国际竞争的通行证。在这一框架下，ISO9001、ISO14001等国际标准体系扮演了核心角色，它们不仅关注产品本身的性能，还强调生产过程的环境影响和社会责任。这些标准成为推动企业提升质量管理水平，实现可持续发展的关键。

ISO9001作为质量管理的国际标准，其核心在于系统地管理组织的业务流程，确保持续满足顾客需求，强调过程控制和持续改进，对新质生产力中的高效能和高质量特征有着直接促进作用。企业通过认证，不仅提升了内部管理效率，还增强了国际市场的信任度，是高质量标准的国际语言。

ISO14001则聚焦环境管理，要求企业在生产过程中考虑环境影响，推动绿色生产，与新质生产力中强调的绿色高效相契合。其实施鼓励企业采用循环经济的思维，减少资源消耗和废弃物排放，这不仅符合全球环境保护的趋势，也是提高企业长期竞争力的重要策略。

行业特定的标准，如食品安全的HACCP、医药行业的GMP，对于确保产品安全和提升特定行业的国际竞争力至关重要。这些标准的遵循，要求企业不仅要技术创新，还要在合规性和安全性上达到国际认可的水平，对新质生产力的高质量标准有着深远的影响。

全球质量标准的采纳和执行，对新质生产力的国际影响体现在多个层面：

市场准入——符合国际标准是打开国际市场大门的钥匙，对于中国创造走向世界至关重要。

品牌建设——高标准的产品质量是建立品牌形象的基石，有助于提升中国制造的全球声誉。

技术创新的动力——为了达到国际标准，企业需要不断进行技术革新和管理创新，推动新质生产力的全面发展。

国际合作与交流——遵守国际标准促进了跨国界的产业合作，加速了技术转移和知识共享，为新质生产力的全球协同提供了平台。

消费者信心——统一的质量标准增强了全球消费者的信心，促进了公平贸易，为高质量的产品和服务建立了全球的市场需求。

全球质量标准框架不仅界定了新质生产力在国际市场上的游戏规则，而且通过促进技术提升、管理优化和环境责任，成为推动我国产业从"制造大国"向"质量强国"转变的强大力量。这要求我们在培育和发展新质生产力的进程中，不仅要追求技术创新和高效生产，还必须重视国际质量标准的接轨与超越，以高质量的产品和服务赢得国际竞争的主动权。

3. 高质量发展路径与创新策略

高质量发展的路径不仅要求产品本身达到国际认可的高标准，还要求在创新过程中融入可持续性、智能化和全球视野。在新质生产力框架下，通过创新策略实现产品的高质量发展，促进我国企业在全球市场中的竞争力提升。

创新设计与技术融合：高质量产品的发展首先依赖于创新设计。采用用户中心设计思维，结合大数据分析消费者偏好，可以创造出既满足市场需求又具有前瞻性的产品。技术融合，如将物联网、人工智能与传统制造技术结合，不仅提高了产品的智能化水平，也增强了用户体验，是实现产品高质量的一个关键策略。

质量管理体系的创新：企业应致力于建立或优化 ISO 为基础的质量管理体系，同时引入如六西格玛、精益生产等先进管理工具，减少缺陷，提升效率。在此基础上，探索适合本企业特点的创新管理方法，如利用数字化工具实施实时质量监控，确保生产过程的每一个环节都符合高标准要求。

可持续性与环保标准：随着全球对环保的重视，产品的设计和生产过程需遵循绿色原则，减少环境足迹。这包括使用可回收材料、优化能效和减少废物。企业应主动适应并超越国际环保标准，不仅符合高质量的定义，也增强了品牌的绿色形象。

国际化标准与认证：主动对接并积极参与国际标准化组织的活动，不仅获得 ISO 等国际认证，还应关注特定市场的特殊要求，如欧盟的 CE 标志、美国的 UL 认证等，确保产品能够无障碍进入目标市场，同时提升全球消费者对品牌质量的认可。

研发与持续创新：高质量发展离不开持续的技术研发和产品创新。企业应加大研发投入，鼓励开放式创新，与高校、研究机构合作，利用外部知识资源，加速技术成果转化。同时，跟踪国际前沿技术，快速响应市场变化，不断迭代产品，保持竞争力。

人才培养与企业文化建设：高质量产品的发展背后是高素质的人才团队。企业应建立以创新为核心的企业文化，持续培养和吸引创新人才，提升员工的创新意识和技能，特别是加强质量意识教育，确保每一环节的高品质执行。

全球市场适应性策略：理解并适应不同市场的独特需求，通过本地化策略增强产品的国际竞争力。这包括对不同文化、法律法规的理解，以及通过国际合作，如建立海外研发中心，加深对目标市场的洞察，从而设计出更符合当地市场的产品。

新质生产力框架下，高质量发展路径的探索是一个循序渐进、持续优化的过程，它要求企业在技术创新、管理优化、环境责任和社会责任等多维度上进行综合布局。通过这些策略的实施，新质生产力能够在全球化背景下，不仅提升产品本身的国际竞争力，而且为我国产业升级和推动中国制造向中国创造转变，实现经济高质量发展贡献力量。

第三节　新质生产力的核心标志：全要素生产率大幅提升

2024 年 1 月 31 日，习近平总书记在主持中共中央政治局第十一次集体学习时强调，新质生产力是以全要素生产率大幅提升为核心标志。在系统论的视角下，新质生产力是通过优化新型劳动力的技能、采用先进的劳动工具和创新的劳动对象配置，以及构建支持其发展的新型基础设施，实现全要素生产率跃升的综合体现。新质生产力框架下，科技创新、生产要素的优化配置和产业转型升级，能够显著提升全要素生产率，为经济社会高质量发展提供强大动力。

一、全要素生产率的概念内涵

我国经济已由高速增长阶段转向高质量发展阶段，正处在转变发展方式、优化经济结构、转换增长动力的攻关期。进入经济高质量发展阶段的中国，必然要求实现经济增长动力从资本、土地、劳动力等生产要素投入驱动向更多依靠技术进步等效率驱动的全要素生产率提高的转换。全要素生产率与实现更高质量、更有效率、更加公平、更可持续发展，以及建立现代化经济体系直接相关。

1. 什么是全要素生产率？

全要素生产率（Total Factor Productivity，简称 TFP）的概念来自于生产率，属于经济增长理论，是由 1987 年诺贝尔经济学奖获得者罗伯特·索洛（Robert Solow）提出的索洛增长模型发展而来的。生产率是指投入与产出之比，衡量单位投入的产出水平。从投入的角度看，生产率可分为单要素生产率和全要素生产率（TFP）。前者指产出与一种要素投入之比，如劳动生产率为产出与劳动投入之比；后者指产出与综合要素投入之比，综合要素指资本、劳动、能源及其他要素等两种或多种要素的组合。

简单来讲，全要素生产率（TFP）是指经济增长中扣除劳动、资本等要素投入数量等因素对经济增长率的贡献后的余值，或者说因更有效配置资源实现的额外增长。从形式上看，它是剔除要素数量投入的成果分解余额。从本质上看，它是要素质量以及组合方式变革形成的产出贡献水平。因此，全要素生产率提升形成的产出贡献与一系列的经济制度相关。反映了资源配置状况、生产手段的技术水平、生产对象的变化、生产的组织管理水平、劳动者对生产经营活动的积极性，以及经济制度与各种社会因素对生产活动的影响程度。

全要素生产率不是由资本和劳动直接贡献的经济增长，而是归因于技术进步和其他非资本非劳动力的生产要素的经济增长，即剔除资本、劳动所带来的经济增长的要素。它本质上是体现技术效率和资源配置效率，它是在扣除劳动、资本、土地等各个要素投入之后的"增值"。它更能衡量经济增长的"高质量"，体现经济增长的"新动能"，彰显经济增长的"含金量"，因此是衡量新质生产力发展的核心指标。

由此，提高全要素生产率就是要提高技术效率和提高资源配置效率。主要途径：一是通过技术进步实现生产效率的提高，即依赖于科技创新。二是通过生产要素的重新组合实现资源配置效率的提高，主要表现为在生产要素投入之外，通过技术进步、体制优化、组织管理改善等无形要素推动经济增长的作用，即依赖于制度改革。

2. 全要素生产率有什么作用？

判断一个国家经济增长的状况，不仅要看增长速度，更要看增长质量。全要素生产率与资本、劳动等要素投入都贡献于经济增长。经济学家认为，全要素生产率不仅是衡量生产要素的质量、生产要素配置效率的指标，也是衡量经济增长质量的核心指标，因此，它是探求经济增长源泉的主要工具，又是判断经济增长质量的重要方法。世界银行、OECD 等国际机构在研究经济时，通常把全要素生产率的变动作为考察经济增长质量的重要内容。

党的十八大以来，为适应和引领经济发展新常态，推动经济发展方式转变，党和国家对提高我国全要素生产率予以高度重视。2015 年，李克强总理在《政府工作报告》中首次提出"要增加研发投入，提高全要素生产率"。2016 年，国务院关于印发《"十三五"国家信息化规划》的通知（国发〔2016〕73 号）中，提出"创新驱动发展成效显著，创业创新蓬勃发展，全要素生产率明显提高"作为今后五年经济社会发展的主要目标之一。2017 年，党的十九大报告中提出"推动经济发展质量变革、效率变革、动力变革，提高全要素生产率"，明确将提高全要素生产率作为供给侧结构性改革的重点。2022 年，党的二十大报告指出"加快建设现代化经济体系，着力提高全要素生产率"，凸显了提高全要素生产率的重要性和紧迫性。

3. 全要素生产率如何测算？

由于全要素生产率的变化对判断经济增长质量的重要性，实际中测算的大多是全要素生产率增长率。全要素生产率增长率测算有多种方法，最常用的方法是索洛余值法：

全要素生产率增长率被定义为产出增长率扣除各要素投入增长率的产出效益后的"余值"，即：

TFP 增长率 = 产出增长率 $-\alpha \times$ 资本投入增长率 $-\beta \times$ 劳动投入增长率

其中，α、β 分别为资本产出弹性和劳动产出弹性。资本产出弹性是指当资本投入增加 1% 时，由此带来产出变动的百分比；劳动产出弹资本的前提下，探究经济增长中无法被资本、劳动等要素投入所解释的部分，若增长较大，则反映出经济主体对于劳动和资本的依赖程度下降，反之则依赖程度高。

衡量资源配置效率：测算全要素生产率可分析各种要素对经济增长的贡献度，并根据分析结果科学合理地配置资源。

衡量制度供给效率：全要素生产率可以衡量制度供给的有效性，明确制度是以增加总需求为主还是以调整经济结构、促进技术进步为主。

衡量经济发展水平：从本质上讲，全要素生产率反映某个国家（地区）在一定时期内，摆脱贫困落后和促进经济发展所表现出来的能力和努力程度。

衡量可持续发展水平：全要素生产率也是当今我国衡量经济增长潜力的主要指标。识别经济是投入型增长还是效率型增长，可确定经济增长的可持续性。

综上所述，全要素生产率（TFP）是衡量新质生产力的核心指标，是指产出与综合要素投入之比，反映出不仅是生产要素投入，还包括通过技术进步、体制优化、组织管理改善等无形要素推动经济增长的作用。全要素生产率的增长并非简单地增加单一生产要素投入的结果，而是通过技术进步、管理创新和生产组织优化等方式实现的生产力系统性跃升。

二、全要素生产率大幅提升的要素分析

全要素生产率（TFP）作为衡量生产系统整体效率的指标，它揭示了经济增长中除劳动力、资本等传统投入之外的其他因素对生产效率的贡献。在新质生产力的背景下，全要素生产率的大幅提升意味着生产过程中的所有投入，包括劳动力、资本、技术、知识和创新等，都被更有效地利用，实现了产出的显著增加。

1. 技术进步、创新与全要素生产率提升

技术进步和创新是新质生产力的核心要素，对于全要素生产率的大幅提升起着决定性的作用。科技进步不仅体现在基础科学的重大突破，更在于将这些成果转化为实际生产力的应用创新。这些创新扩散到生产过程中，能够创造新的生产工具、方法和材料，从而扩展生产要素的种类，提高要素的质量，进而提升单位产出的效率。

科技创新是生产率提升的关键。自动化、人工智能、大数据和云计算等前沿技术的应用，显著提高了生产过程的精度、速度和自动化水平，减少了传统劳动和资本的依赖，从而在保持或减少传统要素投入的情况下增加产出，直接促进了全要素生产率的提高。同时，技术进步还通过技术外溢效应，推动整个产业的技术升级，进一步放大了其对全要素生产率的增益影响。

基础科学研究的突破是推动技术进步的源泉。例如，量子计算、基因编辑等领域的突破性进展，可能为未来的新产品、新服务和新生产方式开辟全新的道路，从而为全要素生产率的长期增长提供不竭的动力。通过提升基础研究的投入和国际合作，国家和地区可以加速科技进步，进而提升新质生产力。

创新不仅局限于科技层面，还包括管理创新和商业模式创新。例如，精益生产、敏捷制造和网络化协作等管理理念的引入，能够优化生产流程，降低浪费，提高资源使用效率，间接提升全要素生产率。创新的商业模式，如共享经济、平台经济，通过重新配置资源，创造新的价值网络，同样可以增强经济效率，助力全要素生产率的提升。

在企业层面，创新是提升竞争力的必要手段。企业应根据自身战略定位和市场环境，制定相应的创新策略，包括研发投入、产品创新、市场开发和组织变革等，以确保技术进步与市场需求相匹配，从而最大化科技创新的经济价值。同时，企业还应建立开放的创新生态系统，与高校、研究机构和供应商等进行深度合作，共享创新资源，加速创新成果的商业化进程。

政府在推动科技和创新方面扮演着重要角色。政府通过制定支持研发的政策，提供资金支持，设立创新奖励机制，以及建设知识产权保护体系，可以激励企业和科研机构投入更多的资源进行创新。同时，政府还需通过教育改革，培养具备创新思维和技能的人才，为新质生产力的持续发展提供人力资源保障。

综上，技术进步和创新是新质生产力大幅提升全要素生产率的核心手段，而科技进步的源泉在于基础科学研究的投入和合作，以及创新在科技、管理和商业模式等多方面的实践。政府、企业和科研机构的共同努力，将为全要素生产率的持续提升创造有利条件，推动经济的高质量发展。

2. 资本投入与全要素生产率增长

在新质生产力框架下，资本投入是全要素生产率增长的重要组成部分，它不仅包括物质资本的积累，还包括知识资本、社会资本和制度资本的投入。资本的高效利用和结构优化对于提升全要素生产率至关重要，这是因为资本不仅直接参与生产过程，还通过与人力资本、技术进步和制度环境的互动，影响生产率的提升。

物质资本的积累是生产能力提升的基础。它包括对厂房、设备、原材料等有形资产的投资，它们提供了生产过程的物质基础。然而，单纯增加物质资本投入并不必然导致全要素生产率的提高，关键在于资本的使用效率和配置的合理性。例如，通过引入先进的生产设备，可以提高生产效率，但只有当这些设备与先进的管理技术、熟练的劳动力和适宜的制度环境相结合时，资本的边际产出才能得到提升，从而推动全要素生产率的提高。

知识资本的积累，体现在研发投入、技术引进和知识产权的保护上。高技术含量和高附加值的产品和服务，通常需要大量的知识资本投入。有效的研发投入能够推动技术创新，通过技术转移和消化吸收，企业能够将外部技术转化为内部生产力，提升全要素生产率。知识产权保护则为创新提供了激励，减少了技术外溢和盗版现象，维护了创新者的利益，促进了知识资本的积累。

社会资本是企业与社会、市场之间的关系网络，包括信任、合作、信息传播等无形资产。强大的社会资本可以降低交易成本，促进信息的快速流通，有助于企业快速响应市场变化，提高生产效率。例如，企业通过建立良好的供应商关系、客户关系，可以及时获取最新的市场信息，调整生产策略，从而提高全要素生产率。

制度资本则涉及产权保护、市场规则和政策环境。一个稳定、透明和公平的制度环境可以促进资源的有效配置，激励企业进行创新和资本积累。完善法制，强化知识产权保护，能够降低创新的不确定性，鼓励企业长期投入资本和人力，从而提升全要素生产率。

资本投入与全要素生产率增长的关系并非线性，而是通过复杂的互动机制发挥作用。资本的结构、质量和配置效率，以及与人力资本、技术进步和制度环境的匹配程度，共同决定了资本对全要素生产率的贡献。因此，政府在鼓励资本投入时，应注重资本质量的提升，优化资本结构，强化制度环境，以实现资本投入对全要素生产率增长的乘数效应。

为了实现资本投入的高效利用，企业应结合自身战略定位，制定合理的资本投资策略，注重知识资本、社会资本和制度资本的积累。政府则需提供良好的制度环境，通过财政支持、税收优惠等政策，引导资本向创新和技术密集型领域流动，同时推动资本市场的完善，提高社会资本的流动性和效率。

资本投入是全要素生产率增长的关键因素，其对全要素生产率的贡献取决于资本的结构优化、使用效率和与创新、人力资本及制度环境的协同效应。在新质生产力的视角下，资本的深入挖掘和利用，将是实现经济持续高质量增长的重要途径。

3. 劳动力素质与全要素生产率提升

劳动力素质是新质生产力的关键要素之一，它与全要素生产率提升之间存在密切的关联。在知识经济时代，高素质的劳动力不仅是经济增长的直接驱动力，也是创新和生产率提升的重要源泉。劳动力素质的提升包括技能提升、知识更新、创新能力培养和适应性增强等多方面，这些均对全要素生产率产生积极影响。

技能提升是提高劳动力生产率的基础。通过教育和培训，劳动者可以掌握新技术、新方法，提高生产效率，从而在同样的投入下实现更高的产出。例如，随着数字技术的广泛应用，对具备编程、数据分析等技能的劳动力需求增加，这些技能的掌握直接提高了生产中的信息处理能力和决策效率，有利于全要素生产率的提高。

知识更新是应对快速变化经济环境的必要条件。在新质生产力的框架下，企业需要能快速吸收新知识，运用到生产实践中，以适应市场和技术的快速变化。劳动者持续学习，对新知识的掌握和应用，能够提升生产过程的创新性和灵活性，从而推动全要素生产率的提升。

再者，创新能力的培养是劳动力素质提升的重要方面。具备创新能力的劳动力能主动提出改进生产流程、开发新产品或服务的建议，这些创新活动可以直接提高生产效率，减少浪费，间接提升与全要素生产率。鼓励企业内部的创新文化，促进知识交流和团队合作，有助于培养富有创新精神的劳动力。

适应性增强是劳动力在新质生产力环境中保持竞争力的关键。随着产业结构的调整和新兴产业的崛起，劳动力需要具备快速适应新职业、新技能的能力。这不仅可以降低劳动力市场的摩擦，还能提高劳动力对新生产方式的适应性，从而提高全要素生产率。

劳动力素质的提升与全要素生产率的提升之间存在着正向反馈机制。一方面，高素质的劳动力可以推动技术应用、创新和管理变革，这些变革直接提升了与全要素生产率。另一方面，与全要素生产率的提高会进一步提升劳动力的价值，使其在就业市场上更具竞争力，从而吸引更多的人力资本投资教育和培训，形成持续提升劳动力素质的良性循环。

政府政策应关注劳动力素质的提升，通过优化教育体系，加强职业培训，以及实施终身学习政策，确保劳动力能够跟上经济发展的步伐。企业也应积极投资于员工的持续教育，构建学习型组织，以提高自身的竞争力。同时，政府和企业应协同努力，创建有利于劳动力素质提升的环境，例如提供创新实践的机会、鼓励知识分享和尊重知识产权等，以促进整个社会的与全要素生产率提升。

劳动力素质的提升是新质生产力时代全要素生产率增长的关键驱动力，它通过提高生产效率、推动创新活动和增强适应性，对与全要素生产率的提升产生了深远的影响。通过持续投资于劳动力素质，将有助于构建一个更具竞争力的社会经济体系，实现经济的持续高质量增长。

三、全要素生产率大幅提升的政策策略

新质生产力，作为创新驱动和系统优化的产物，以其科技创新、制度变革、人力资本积累和产业结构优化等特征，显著提升了全要素生产率，从而推动了经济的高质量增长。在政策与实践层面，政府的科技创新政策、教育改革、产业结构调整战略，以及企业的研发投入和创新策略，都在全要素生产率大幅提升中发挥了关键作用。

1. 科技创新政策与全要素生产率增长

在新质生产力时代，科技创新政策是提升全要素生产率的重要手

段。科技创新政策不仅直接激励企业研发，还通过优化创新环境，加速技术扩散，进而提升整个社会的生产效率。它通过创造有利于创新的环境，激励企业投入研发，保护创新成果，推动技术进步，最终促进生产率的持续增长。在新质生产力时代，制定和执行有效的科技创新政策，对于国家和地区实现经济的高质量发展具有重要意义。

科技创新政策通常涵盖多个层面，包括但不限于研发投入支持、知识产权保护、创新激励机制、创新生态建设以及国际合作。这些政策旨在降低创新成本、保护创新成果、激发创新意愿、促进产学研结合，以及引导国际先进科技资源的引进和利用，从而推动整体科技水平的提升。

研发投入支持是科技创新政策的基础，通过设立政府基金、税收优惠、直接补贴等方式，鼓励企业增加科研投入，尤其是在基础研究和前沿技术领域。这种投入可以产生知识溢出效应，为其他企业和社会提供创新源泉，提升整个经济的全要素生产率。

知识产权保护则为创新活动提供了法律保障，通过建立有效的专利制度和版权体系，激励个人和企业进行原创性研发，减少技术模仿和盗窃，从而保护创新者的权益，促进创新活动的持续进行。

创新激励机制，如奖励创新成果、推行股权激励等，能够调动企业内部和外部的创新积极性。这样的机制使得创新收益与创新投入之间建立起正向关联，鼓励企业主动寻求技术创新，以提升自身的竞争力和全要素生产率。

创新生态建设则是科技创新政策的重要组成部分，它包括培育创新文化、构建创新网络、促进产学研合作等。一个良好的创新环境能够降低信息不对称，加速技术转移，增加创新合作的机会，从而促进全要素生产率的提高。

国际合作是科技创新政策的另一重要维度，它鼓励国内企业与国际先进科研机构、企业的交流与合作，促进技术、人才和资本的跨国流动。通过参与全球创新网络，企业能够获取前沿科技信息，提高自身研发能力，进而提升全要素生产率。

实施科技创新政策时，政府扮演着关键角色。政府需要制定适宜的政策框架，提供必要的资源和资金支持，同时通过监管和调控，保证政策的有效执行。此外，政府还需通过教育改革，培养创新人才，为科技创新提供人力资源保障。企业则应积极响应政策，制定符合自身战略的创新策略，与科研机构紧密合作，加速科技成果的商业化进程。

科技创新政策与全要素生产率的增长之间存在着紧密的因果关系。通过上述政策的实施，企业能够提高研发效率，加速技术商业化，进而推动生产率的提升。同时，科技创新政策也通过优化创新环境，促进技术扩散和知识传播，间接提升了全社会的全要素生产率。

2. 产业升级、结构调整和全要素生产率提升

产业升级与结构调整是新质生产力提升全要素生产率的重要路径，它们通过优化经济结构、促进技术创新和提高资源配置效率，对经济的长期增长产生深远影响。

产业升级是指经济结构从低附加值、劳动密集型产业向高附加值、技术密集型产业的转变。这一过程通常伴随着生产过程中的技术升级、组织创新和管理优化，这些变革直接提高了生产效率。例如，从传统制造业向高端制造业、服务业和数字经济的转型，使得企业能够利用更先进的生产技术，提高单位产出，从而提升全要素生产率。

产业结构调整则涉及经济内部不同部门间的资源重新分配。通过优化资源配置，将资本和劳动力从生产率较低的部门转移到生产率较高的部门，可以实现整体生产率的提高。例如，从过度依赖资源消耗的产业转向绿色经济，不仅有助于环境保护，还能通过提高资源利用效率，间接提升全要素生产率。

在新质生产力框架下，政策与实践应当重视以下几个方面来推动产业升级和结构调整，从而提升全要素生产率：

一是战略规划与政策引导。政府应制定明确的产业发展战略，通过财政、税收、信贷等政策工具，引导资源向高附加值和高生产率的产业倾斜。这可能包括提供研发资金、税收优惠、绿色金融等激励机制，以鼓励企业进行技术改造和产业升级。

二是技术创新与扩散。鼓励企业加大研发投入，促进科技成果的商业化应用，同时建立有效的技术转移机制，加速技术创新在不同产业间的传播，以利于整体产业结构的优化升级。

三是教育与培训。教育政策应与产业发展需求紧密对接，培养适应高附加值产业所需的技能型和创新型人才，使劳动力市场与产业升级相匹配，提高人力资本的生产率贡献。

四是基础设施建设。投资于研发基础设施、信息网络和物流体系，为产业升级提供必要的物质条件，降低生产成本，提高生产效率。

五是市场机制与竞争。营造公平竞争的市场环境，通过竞争机制推动企业提高生产效率，促进资源向高生产率的领域流动。

六是国际交流与合作。积极参与国际分工与合作，引进先进的技术和管理经验，同时输出本国的创新成果，在全球范围内优化资源配置，提升全要素生产率。

七是制度创新与法制保障。构建有利于创新、公平竞争的制度环境，通过完善的产权保护、市场监管和法治建设，为产业升级和结构优化提供稳定的制度保障。

通过上述政策与实践，产业升级和结构调整将有效地推动全要素生产率的提高，促进经济的高质量增长。在新质生产力时代，产业升级不仅是个体企业的事，更是整个国家和地区竞争力的关键，它要求政府、企业和科研机构共同努力，形成合力，以迎接全球挑战，实现经济的可持续发展。

第四节　新质生产力的核心要素：科技创新催生新产业新模式新动能

新质生产力，这一概念不仅反映了科技进步对经济增长的决定性影响，更揭示了生产力中的核心要素——科技创新。科技创新的突破，如互联网的普及、人工智能的崛起以及生物工程的飞速发展，已经催生了一系列高附加值的新产业。这些产业不仅改变了生产方式，还带来了全新的产品和服务，从而推动了全球经济结构的转型升级。与此同时，科技创新也孕育了共享经济、平台经济等新型商业模式，它们以其高效、灵活和便捷的特点，重新定义了行业规则，优化了资源配置，提升了社会经济效率。科技创新还为经济社会发展注入了强大的新动能。从新能源技术的突破到智能制造的实现，科技创新不断推动着经济的绿色化和智能化，为可持续发展提供了新的动力。这些新动能的涌现，正在逐步替代传统的增长模式，引领全球经济迈向更高层次的均衡和可持续性。

一、科技创新是新质生产力的核心要素

在 21 世纪的知识经济时代，我们正在经历一场由科技创新引领的深刻变革。这股变革的力量，以其不可抗拒的态势，重塑着全球的产业格局，激发了新的生产力，即新质生产力。新质生产力的精髓在于其以科技创新为核心，融合知识、信息、技术、人才等多元生产要素，形成了对传统生产力的超越和创新。正如约瑟夫·熊彼特所指出，创新是经济发展的本质特征。创新孕育了新质生产力，促进了社会经济结构的深层变革。

1. 新质生产力的历史演变与现状

新质生产力的历史演变可追溯到 18 世纪的工业革命，那时蒸汽机的发明开启了机械化生产的新篇章，生产力得到了前所未有的提升。然而，真正标志着新质生产力崛起的转折点，是在 20 世纪中后期的信息技术革命。这场革命将我们带入了一个知识经济的时代，信息技术、生物技术、纳米技术等高新技术的快速发展，使得生产力的形态发生了深刻变化。

早期的计算机和互联网应用，如自动化生产线和早期的电子商务，是新质生产力初步显现的标志。随着时间的推移，科技创新的步伐不断加快，新质生产力的特征也日益明显。例如，云计算、大数据、人工智能等技术的崛起，使信息处理和决策支持能力大大增强，生产效率得到显著提高。同时，生物科技的进步，如基因编辑技术，不仅在医疗领域带来突破，还在农业、能源等领域展现出巨大潜力。

当前，新质生产力正在以前所未有的速度发展。5G 通信技术的普及，为远程协作、物联网等提供了高速、低延迟的网络环境，进一步推动了生产方式的革新。新能源技术，如太阳能、风能，以及电动汽车等，不仅降低了对化石燃料的依赖，也促进了绿色经济的发展。此外，智能制造、工业互联网、机器人技术等，正在重塑制造业，推动其向更高效、更智能的方向迈进。

在全球范围内，新质生产力的广泛应用已经改变了众多行业的面貌。例如，共享经济模式的出现，如优步（Uber）和爱彼迎（Airbnb），借助移动互联网技术，重新定义了交通和住宿行业。区块链技术的兴起，正在探索如何改进金融交易和供应链管理，提升数据安全和透明度。而智能健康监测设备和远程医疗的普及，正在改善医疗保健的可及性和质量。

新质生产力的历史演变揭示了科技创新对生产力形态的深刻影响，

而当前的现状则展示了新质生产力如何在各个领域催生新的发展动能。在信息化、智能化的大背景下，新质生产力的持续发展将为全球经济和社会的未来带来无法估量的可能性。然而，新质生产力的快速发展也带来了新的挑战。比如，数字化进程中的数据安全和隐私保护问题，以及人工智能可能导致的就业结构变化。此外，全球范围内，技术鸿沟可能导致发展不均衡，加剧社会经济的分化。因此，面对新质生产力的发展现状，我们需要在推动科技创新的同时，关注其可能带来的社会问题，并寻找相应的解决方案，制定适应时代发展的政策举措，推动科技创新与社会经济的和谐互动，确保新质生产力的健康发展。

2. 新质生产力与生俱来的科技特征

新质生产力，作为当前经济社会高质量发展的重要驱动力，超越了传统生产力的范畴，其核心在于科技创新的突破与应用。这一概念的提出，旨在强调科技进步带来的质的飞跃，它不再仅限于传统生产要素的简单叠加，而是通过创新性技术和思维方式的结合，创造出全新的生产力形态。科技创新，作为新质生产力的核心要素，呈现出新质生产力与生俱来的科技特征。

创新性。新质生产力的核心在于创新，这种创新涵盖了技术、组织、商业模式等多个层面。它打破了旧有的生产边界，产生了以前不可想象的产品和服务，如互联网+医疗、AI+教育等，构建了全新的产业生态。

颠覆性。新质生产力往往带来颠覆性的变革，它可以改变甚至重塑原有行业的运作模式。例如，电子商务对传统零售业的颠覆，以及自动驾驶技术对交通运输行业的冲击，都体现了新质生产力的颠覆性特征。

前瞻性。新质生产力具有前瞻性和预见性，它往往预示着未来的发展趋势。如清洁能源技术的研发与应用，预示着经济向绿色、可持续方向的转变；而人工智能与机器学习的发展，则预示着自动化和智能化将成为未来生产的关键。

高附加值。 新型产业往往具有高附加值，它们通过提供高效、精准或个性化的产品和服务，实现了经济效益的显著提升。例如，生物技术产业在制药和健康管理领域的应用，以及信息技术在大数据分析和云计算服务中的价值，都体现了高附加值的特点。

网络效应。 在许多新产业中，技术的网络效应显著，如互联网和物联网产业。这种效应使得技术每增加一个用户，其价值就可能呈指数级增长，从而加速了新质生产力的扩散和影响。

生态整合。 新质生产力倾向于打破行业界限，实现产业间的深度融合，形成跨领域的生态系统。例如，数字平台将金融、物流、信息等多元素整合，构建了全新的商业模式。

社会性。 新质生产力不仅影响经济，还深刻地改变社会结构和生活方式。例如，社交媒体和智能手机的普及，改变了人们的交流方式和消费习惯，同时也影响了社会的组织结构。

理解这些特征，有助于我们更好地把握科技创新的力量，以及它如何在新产业、新模式和新动能的形成中发挥关键作用。科技创新作为新质生产力的核心要素，不仅体现在物质生产力的提升，更体现在对生产关系和社会结构的深刻影响。这种影响不仅体现在经济增长上，还体现在社会的全面进步和人类生活的质量提升上。因此，新质生产力的培育与发展，需要我们持续关注科技创新，促进知识、技术与人才的深度融合，以实现经济社会的可持续高质量增长。

3. 科技创新在新质生产力形成中的关键作用

科技创新在新质生产力形成中扮演着至关重要的角色，它是推动经济社会从传统向现代，从低效向高效转变的决定性力量。科技创新在新质生产力形成中发挥着核心作用，主要体现在以下几个方面：

技术瓶颈的突破。 科技创新首先体现在关键技术的突破上，这些突破往往能解决长期制约行业发展的技术瓶颈。例如，基因编辑技术CRISPR-Cas9 的出现，为生物技术领域开辟了新的研究方向，使得疾病治疗和遗传工程成为可能。同样，量子计算技术的发展，预示着计算能力的巨大飞跃，有望解决传统计算机无法处理的复杂问题，推动信息技术的进一步升级。

新兴产业的催生。科技创新是新兴产业诞生的摇篮。从互联网到人工智能，再到区块链技术，每一次科技创新都催生了一批新兴产业，如虚拟现实、增强现实、无人驾驶汽车等。这些新兴产业不仅创造了新的产品和服务，还引发了新的消费需求，推动了产业结构的深度调整。

商业模式的创新。科技创新不仅推动了新产业的崛起，还孕育了全新的商业模式。例如，共享经济中的共享单车和共享办公空间，通过科技创新实现了资源的高效利用和分配。同时，数字平台如电商平台和社交媒体，通过连接消费者和供应商，降低了交易成本，提升了交易效率，改变了传统商业模式。

生产方式的变革。科技创新改变了生产方式，提高了生产效率。自动化和机器人技术在制造业中的广泛运用，降低了劳动力成本，提升了生产精度和生产速度。物联网和大数据技术的应用，使得预测性维护和精准营销成为可能，进一步优化了生产流程和市场策略。

动能转换与可持续发展。科技创新为经济社会发展提供了新的动能，推动了从化石能源向清洁能源的转变，如太阳能、风能和核能等。这种动能转换不仅有助于解决环境问题，实现绿色发展，而且为经济增长提供了新的源泉。此外，科技创新在环境保护、资源循环利用等方面的作用也不容忽视，它有助于构建循环经济和可持续发展的社会。

社会创新与知识经济。科技创新推动了社会创新，强化了知识经济的地位。随着信息技术的发展，知识和信息成为重要的生产要素，人类社会正迈向知识驱动型经济。科技创新使得知识的传播和应用更为便捷，加速了知识创新的速度，提高了知识的经济价值。

总之，科技创新通过推动技术突破、催生新兴产业、创新商业模式、改变生产方式、转换增长动能和社会创新，不断重塑经济结构，提升生产力的质量和效率。我们需要深入理解科技创新的巨大影响力，把握科技发展趋势，注重以科技创新为引领，推动经济社会的高质量发展和可持续进步。

二、科技创新催生新产业

在新产业层面，科技创新引领了新兴产业的崛起，催生出前所未有的新兴产业和业态，如信息技术、生物技术等领域，这些产业以其高附加值和创新驱动的特点，驱动着产业结构的深度调整和经济的转型升级，重塑了全球经济格局。

1. 科技创新与新兴产业的关联分析

科技创新是产业创新的源泉，两者之间存在密切的共生关系。在新产业形成的过程中，技术创新往往是产业创新的先驱。比如，半导体技术的进步为电子产业的崛起奠定了基础，生物工程技术的突破则推动了生物医药和生物农业的快速发展。技术创新与产业创新的共生机制体现在以下几个方面：一是技术创新孕育新产业。技术的革新往往孕育出全新的产业领域。例如，互联网技术的诞生不仅催生了互联网行业，还孕育了如电子商务、社交媒体、在线娱乐等众多细分领域。二是技术创新推动产业迭代。随着技术的不断进步，传统产业也在不断迭代升级。比如，通信技术从 2G 到 5G 的迭代，推动了移动通信产业的快速发展，也带动了物联网、智慧城市等相关产业的崛起。三是技术创新加速产业升级。在某些传统产业中，如制造、能源等，技术创新有助于实现产业的高级化和智能化。例如，智能制造技术的应用，推动了制造业从劳动密集型向技术密集型转变，提升了生产效率和产品质量。

新兴产业的崛起往往伴随着创新生态系统的形成。这是一种由企业、科研机构、政府、金融市场等多元主体组成的复杂网络，它们相互协作，共同推动科技创新和产业创新。创新生态系统为新兴产业提供了以下关键支持：一是知识共享与合作研发。创新生态系统中的成员通过知识共享和合作研发，加速了技术的突破和应用。例如，大学和科研机构与企业合作，将基础研究成果转化为实际产品和服务。二是资本支持与风险投资。新兴产业的发展需要大量的初期投入，创新生态系统中的投资者，如风险资本、天使投资等，为新产业的初创阶段提供了必要的资金支持。三是政策与法规环境。政府通过制定创新友好型政策，如税收优惠、研发资助等，为新兴产业提供了一个有利于成长的环境。同时，合理的法规框架也能保障创新活动的合法性，降低市场风险。

科技创新和新产业的发展并非孤立进行，而是受到市场需求的强烈影响。市场需求的变迁驱动科技创新，而科技创新又创造出新的市场需求，形成良性反馈循环。例如，消费者对环保产品的需求推动了清洁能源产业的发展，而清洁能源技术的进步又进一步提升了消费者对绿色生活的追求。

新兴产业的崛起往往依赖于整个产业链的协同创新。从上游原材料供应、中游生产制造到下游市场应用，每个环节都需要与新技术相适应。例如，电动汽车产业的发展不仅需要电池技术的突破，还需要充电基础设施、智能交通系统等多方面的协同创新。

通过以上分析，我们可以看出，科技创新与新兴产业的关联是多维度的、动态的，它们相互促进，共同推动新质生产力的形成。科技创新是新兴产业的引擎，而新兴产业则是科技创新的试验田和应用场。在理解这种关联的同时，我们需要认识到，政策环境、市场机制、企业策略等多种因素共同构成了科技创新与新兴产业互动的复杂画卷，这为我们进一步研究科技创新如何催生新产业提供了理论依据和实证素材。

2. 科技创新催生新产业的典型实例

互联网 + 产业：

互联网技术的快速发展，尤其是移动互联网的普及，催生了诸如电子商务、在线教育、远程医疗等新兴产业。以阿里巴巴和亚马逊为代表的电子商务平台，通过整合线上线下的资源，重构了零售行业的价值链，降低了交易成本，提升了交易效率。在线教育平台如 Coursera 和 VIPKID，利用互联网打破了时间与空间的限制，提供了个性化和灵活的学习体验。远程医疗平台则通过视频通话、健康监测等手段，使医疗服务触手可及，尤其在偏远地区和特殊时期，其价值更为突出。这些新产业的发展，无不依赖于互联网技术的创新与应用。

人工智能产业：

人工智能（AI）作为引领新一轮科技革命和产业变革的战略性技术，正在催生诸如自动驾驶、机器人、人工智能医疗等新兴产业。谷歌的 Waymo 和特斯拉的 Autopilot 等自动驾驶项目，正在逐步实现汽车的智能化，有望改变交通行业的格局。机器人技术的进步，如 Boston Dynamics 的 Spot 机器人，正在广泛应用于制造业、服务业和医疗等领域，提高生产效率和服务质量。AI 在医疗领域的应用，如通过深度学习进行疾病诊断和预测，正在显著提升医疗服务的精准性和效率。这些新兴产业的崛起，无一不是基于人工智能技术的突破和创新。

生物科技产业：

生物科技的创新，如基因编辑技术、生物制药、精准医疗等，正在催生全新的医疗和生物技术产业。CRISPR-Cas9 基因编辑技术的出现，使得科学家能够精确地修改基因，为遗传病的治疗打开了新的可能。生物制药的发展，如抗体药物、细胞疗法，正在改变癌症等严重疾病的传统治疗方式。精准医疗的理念，通过基因检测和数据分析，为个性化医疗提供了可能，提高了治疗效果。这些产业的兴起，离不开生物技术的持续创新和突破。

可再生能源产业：

面对全球气候变化的挑战，科技创新在可再生能源领域发挥了关键作用，推动了太阳能、风能、海洋能等新能源产业的发展。例如，光伏技术的进步使得太阳能发电成本大幅下降，太阳能产业正逐步成为主流能源之一。同时，风力发电技术的优化，如大型风力涡轮机的设计，使得风能利用效率显著提高。这些可再生能源产业的崛起，为实现低碳经济和可持续发展提供了强大的动力。

以上实例，揭示了科技创新如何从无到有地创造出全新的产业形态。实例表明，科技创新是新产业诞生的关键驱动力，它通过技术突破、市场需求的拉动、产业链的协同创新以及创新生态系统的支持，催生出一系列高附加值、高增长潜力的新产业。然而，新产业的发展也面临技术挑战、市场不确定性、法规适应性等问题，需要政策支持、市场机制的完善以及企业战略的灵活调整。未来，随着科技创新的不断深化，我们可以期待更多新兴产业的涌现，为新质生产力的提升提供源源不断的动力。

3. 科技创新对传统产业的改造与升级

科技创新不仅催生了新兴产业，还对传统产业进行了深刻改造和升级，赋予其新的生命力。这一过程表现为技术渗透、流程优化、产品创新和模式革新等多个层面。

技术渗透：传统产业的数字化转型

科技创新如信息技术和物联网的普及，正加速传统产业的数字化进程。例如，工业4.0的概念引入，通过自动化、智能化技术的应用，提升了制造业的生产效率和定制化能力。农业领域，精准农业技术利用遥感、物联网等技术进行种植管理，提高了农作物的产量和品质。这些技术的渗透，使得传统产业得以借助科技力量实现效率的提升和生产质量的优化。

流程优化：智能制造与自动化

在制造业中，科技创新推动了生产流程的自动化和智能化。机器人技术、3D打印、无人仓库等的应用，大幅降低了人工成本，提高了生产灵活性。比如，汽车制造过程中，自动驾驶的机器人手臂可以提高精度和生产速度，而3D打印技术则为定制化生产提供了可能。这些变革使得传统产业在保持竞争力的同时，降低了资源消耗和环境影响。

产品创新：科技驱动的新产品

科技创新推动了传统产业的产品创新。在消费品领域，新材料、新设计和新功能的引入，不断满足消费者日益增长的多元化需求。例如，智能家电的普及，如智能冰箱、智能空调等，通过物联网技术实现了远程控制和智能管理，提升了用户体验。在建筑行业，绿色建筑材料的应用和绿色建筑技术的发展，促进了可持续建筑的推广。

模式革新：传统行业的互联网+转型

科技创新带动了传统行业的商业模式创新，如"互联网+"模式的广泛应用。在零售业，线上线下融合的O2O模式，如新零售，使得传统零售业能够提供更加便捷的购物体验。在服务业，如餐饮、旅游、教育等，通过移动互联网平台，消费者可以轻松预订、支付和评价，企业也能更高效地运营和服务。这些模式的创新，极大地拓宽了传统产业的市场空间，提升了服务质量和客户满意度。

绿色科技与可持续发展

面对环境挑战，科技创新也为传统产业的可持续发展提供了出路。例如，清洁生产技术的应用，如循环经济理念下的资源回收与再利用，减少了工业废弃物，降低了环境污染。在能源领域，传统产业如煤炭、石油的清洁化利用技术，如碳捕获和储存，旨在降低碳排放，实现低碳转型。

科技创新对传统产业的改造与升级，不仅提升了传统产业的竞争力，也为传统产业注入了新的活力。在这个过程中，政策支持、企业战略调整以及人才与技术的结合至关重要。通过科技创新，传统产业得以适应新的经济环境，实现产业的升级与转型，从而在新质生产力的框架下发挥出更重要的作用。

三、科技创新催生新模式

在新模式层面，科技创新促进了商业运营模式的创新，如共享经济、数字平台等，这些模式显著提升了效率，改变了传统行业的运作方式。

1. 科技创新引领商业模式创新

科技创新与商业模式创新之间存在着紧密的相互作用关系。一方面，科技创新为商业模式创新提供了可能，新的技术应用使得传统商业模式的局限性被打破，催生出全新的商业实践。例如，区块链技术的出现，为金融行业带来了去中心化的信任机制，诞生了加密货币和智能合约等创新商业模式。另一方面，商业模式的创新也反过来促进了科技创新的扩散和应用，通过解决市场痛点和提升用户体验，推动技术的迭代和升级。

共享经济是科技创新引领的商业模式创新的典型代表。通过互联网技术，共享经济模式将闲置资源高效整合，降低了交易成本，如优步和爱彼迎分别改变了出行和住宿行业。这种模式的出现，得益于移动互联网、大数据和支付技术的成熟，同时也对传统行业的商业模式产生了挑战，如出租车公司和酒店业，促使它们进行变革以适应新的市场环境。

科技创新也催生了平台经济模式，如阿里巴巴、亚马逊等巨头。这些平台通过构建大规模的在线市场，连接消费者和供应商，降低了交易成本，提升了交易效率。它们利用大数据分析和人工智能技术，实现个性化推荐，优化供需匹配，重塑了零售、物流和广告等行业。平台经济模式推动了商业模式从单一销售转向生态系统建设，实现了从产品导向到用户导向的转变。

科技创新使得消费者在商业模式中的角色发生了显著变化。通过社交媒体、在线社区和3D打印技术，企业能够更加直接地倾听消费者需求，实现产品和服务的定制化。例如，宜家的AR应用程序允许消费者在家中预览家具布局，提升了购物体验。这种模式创新提升了消费者满意度，促进了品牌的忠诚度。

科技创新需要得到有效的知识产权保护，以激励创新活动。在数字时代，版权法、专利法和商标法等法律制度的不断完善，为创新者提供了保护，促进了商业模式的持续创新。例如，数字版权管理（DRM）技术的应用，为数字内容的创作和分发提供了保障，推动了数字娱乐产业的发展。

科技创新引领的商业模式创新虽然带来了巨大的机遇，但也伴随着风险。例如，数据隐私和安全问题成为共享经济和平台经济模式的重要挑战，需要通过政策法规、技术手段和企业自律来解决。此外，快速变化的科技创新环境要求企业具备快速适应和持续创新的能力，否则可能面临淘汰。

总之，科技创新在商业模式创新中发挥着关键作用，它推动了共享经济、平台经济等新型商业模式的崛起，促进了消费者参与和定制化生产，同时也对知识产权保护和风险应对提出了新要求。然而，这种创新并非一蹴而就，需要政策支持、市场机制和企业策略的协同配合，以确保商业模式创新的可持续性和社会经济效益。

2. 科技创新对生产组织模式的影响

科技创新不仅改变了商业模式，还对生产组织模式产生了深远的影响，推动了企业内部结构的变革，促进了跨组织的合作和协作。这种影

响体现在以下几个方面:

灵活化与敏捷性。随着云计算、大数据和物联网技术的发展,企业可以迅速获取和处理信息,实现生产计划的实时调整。例如,通过使用先进的供应链管理系统,企业能够实时监控库存和需求,提高生产响应速度,降低库存成本,实现生产过程的敏捷化。

智能化与自动化。人工智能和机器人技术的应用,使得生产过程中的许多任务可以自动化完成,降低了对人工的依赖,提升了生产效率和精度。例如,自动化生产线和无人驾驶运输车在制造业和物流业的广泛应用。同时,AI在预测分析和决策支持中发挥着越来越重要的作用,帮助企业优化生产决策,降低错误率。

去中心化与网络化。区块链技术和分布式账本的出现,推动了生产组织模式的去中心化。通过区块链技术,可以实现信息的透明、安全和不可篡改,降低了信任成本,促进了跨企业、跨国的合作。例如,供应链金融中的区块链应用,使得资金流、信息流和物流三流合一,提高了交易效率,降低了信任风险。

个性化与定制化。3D打印技术的普及,使得生产可以根据客户的具体需求进行定制,减少了大规模生产带来的库存压力。与此同时,大数据和人工智能分析消费者行为和偏好,帮助企业精准预测需求,实现个性化生产。例如,汽车行业的定制化生产,消费者可以自定义车型配置,生产流程则根据客户选择进行调整。

交叉学科与跨部门合作。科技创新往往需要跨学科的知识和技能,推动了企业内部部门间的协作与融合。例如,产品设计、工程技术、数据科学和市场营销等多个团队需要紧密合作,共同开发创新产品和服务。这种协作模式提升了产品的综合竞争力,促进了企业整体创新能力的提升。

知识管理和创新文化。在知识经济时代,企业愈发重视知识的创造、传播和应用。科技创新推动了知识管理系统的建立和完善，使企业能够更好地捕捉、存储和分享知识，培养创新文化，促进员工的学习和创新。例如，企业内部的知识共享平台，鼓励员工分享经验，激发创新思维，推动组织的持续创新。

科技创新对生产组织模式的影响，使得企业能够更快速、更灵活地适应市场变化，提升生产效率，优化资源配置，同时激发员工的创新潜力。然而，这种变革也带来了新的挑战，如如何平衡自动化与就业、如何保障数据安全和隐私、如何构建适应创新的组织文化等。面对这些挑战，企业需要在实际操作中不断调整和完善，以实现科技创新与生产组织模式的深度融合。

第五节 新质生产力的绿色属性：本身就是绿色生产力

推动高质量发展，必须坚定不移贯彻创新、协调、绿色、开放、共享的新发展理念，其中绿色是高质量发展的普遍形态，是高质量发展的底色。2024年1月31日，习近平总书记在中共中央政治局第十一次集体学习时指出"绿色发展是高质量发展的底色，新质生产力本身就是绿色生产力"。这一重要论断，是对"绿水青山就是金山银山"理论的深化，是对"保护生态环境就是保护生产力、改善生态环境就是发展生产力"生态保护与经济发展协调统一的实践指引，更是对新质生产力与绿色生产力内在联系的深刻阐释。绿色生产力，不仅是一个理念，更是一个行动框架，它倡导在经济增长的同时兼顾环境保护和生态和谐。这一概念的提出，是对传统工业生产模式的颠覆，也是对可持续发展目标的积极响应，是实现经济、社会和环境三元平衡的关键，标志着我们正逐步从线性经济模式向循环经济转变。

一、绿色发展理论与实践

绿色发展的理念并非一蹴而就，而是历经了多年的理论探讨和实践探索。在理论层面，绿色发展理论的演进为绿色生产力提供了坚实的理论基础。在实践层面，绿色发展的实践正在全球范围内产生深远影响，推动经济结构优化、环境质量改善和社会公平提升。

1. 绿色发展理论的演进

绿色发展理念的起源可以追溯到 20 世纪 60 年代的环境保护运动，当时人们开始对工业化进程中环境破坏的严重性产生深刻认识。1972年，联合国人类环境大会首次提出了可持续发展概念，标志着绿色发展理念的萌芽。此后，随着地球资源的日益紧张和环境问题的加剧，绿色发展理念逐渐成熟。

1987 年，联合国世界环境与发展委员会发布的《我们共同的未来》报告，正式定义了可持续发展为"满足当代人的需求，而不损害后代满足其需求的能力"。这份报告将绿色发展理念推向了国际舞台，强调经济发展必须与环境保护相协调。20 世纪 90 年代，随着生态经济学的发展，绿色经济和绿色 GDP 等概念逐渐成为绿色发展理论的重要组成部分，强调经济活动应考虑其对生态系统的全面影响。

进入 21 世纪，随着气候变化问题的紧迫性，绿色发展理论进一步深化。2005 年，联合国发表了《千年生态系统评估》，明确提出生态系统服务对人类福祉的重要性，倡导在决策中充分考虑生态系统的健康和可持续性。2012 年联合国可持续发展大会上，绿色经济被正式确立为全球可持续发展的重要路径，强调在所有经济部门中融入环境考量，实现经济增长与环境保护的双赢。

近年来，随着科技的快速发展，绿色发展理论也与新的科技趋势相结合，如循环经济、生态设计、生物经济学等，这些新兴理论进一步丰富了绿色发展的内涵。例如，循环经济倡导物质流动的闭合循环，减少废弃物的产生，提高资源效率；而生态设计则要求产品从设计之初就考虑到其全生命周期的环境影响。

不难看出，绿色发展理论的演进是一个动态的过程，它反映了人类对环境问题认识的深化和对可持续发展路径的不断探索。这一理论的持续发展和应用，为绿色生产力的形成和发展提供了理论支持，也为高质量发展的实践提供了指导。

2. 全球视角下的绿色发展实践

进入21世纪以来，世界各地对于绿色发展理念的采纳和实践逐渐展开。首先，发达国家如德国、丹麦和瑞士等已经将绿色发展纳入国家战略，通过政策引导和技术创新，成功实现了经济增长与环境保护的双赢。以德国为例，其推行的"能源转型"战略，不仅推动了可再生能源的广泛使用，也促进了经济结构的绿色升级。丹麦则凭借其在风能技术领域的领先地位，成为了全球风能产业的典范。这些国家的经验表明，绿色生产力的提升是实现高质量发展的重要驱动力，它能够有效降低环境成本，提高经济效益，并促进社会的全面进步。

与此同时，中国在全球绿色发展的舞台上也扮演着重要角色。中国的绿色发展政策始于对传统发展模式的深刻反思，力求在经济发展中实现环境的和谐共生。自2015年以来，中国政府明确提出"创新、协调、绿色、开放、共享"的发展理念，将绿色发展贯穿于经济社会各个领域。中国将绿色发展作为国家战略，实施了一系列节能减排、循环经济和生态文明建设的举措。中国已经成为全球最大的风能和太阳能市场，同时，通过严格的环保法规推动企业向绿色生产方式转变。

在政策层面，中国推出了一系列推动绿色发展的法规和措施，如"新环保法"等，强化了环保法规的执行力度，以法律手段约束企业和个人的环保行为。同时，中国政府大力推广清洁能源，如风能、太阳能，通过政策扶持和市场机制，使得中国成为全球最大的可再生能源市场。此外，中国致力于构建循环经济体系，通过资源的高效利用和废弃物的减量化、资源化，降低对环境的负面影响。在实践层面，中国在节能减排方面取得了显著成效。例如，通过实施严格的能效标准，中国大幅降低了单位 GDP 的能耗，同时在工业、交通、建筑等各领域推进节能技术和设备的应用。在生态文明建设方面，中国实施大规模的植树造林、湿地保护等生态修复工程，努力改善生态环境。

此外，中国在全球气候治理中发挥了积极的领导作用。在 2015 年巴黎协定中，中国承诺 2030 年前碳排放达到峰值，2060 年前实现碳中和，这一承诺彰显了中国对全球气候变化挑战的负责任态度，体现了中国对全球绿色发展责任的大国担当。通过积极参与国际气候合作，中国正在推动构建公正合理的全球气候治理体系。

然而，全球绿色发展也面临诸多挑战。技术瓶颈限制了绿色能源的大规模应用，资金投入不足阻碍了绿色项目的实施，政策协同的缺失导致了执行效果的打折，而公众对绿色生活方式的接受度和参与度仍有待提高。应对这些挑战，需要全球范围内的合作，包括政府、企业和公众的共同努力，以确保绿色发展的持续推进，为实现高质量、可持续的社会经济奠定坚实基础。

中国在绿色发展道路上虽然取得了重要成就，但未来的挑战依然艰巨。技术瓶颈需要通过持续的科研创新来突破，以降低绿色技术的成本，提高其市场竞争力。绿色发展的资金需求巨大，需要探索多元化的投融资机制。政策协同和执行的强化也是关键，以确保绿色政策的有效落地。此外，提升公众的环保意识和绿色生活方式的普及，是推动绿色发展的重要社会基础。因此，通过持续的政策创新、技术研发和社会动员，中国有望在推动经济高质量发展的同时，实现生态环境的持续改善,为全球绿色发展提供中国智慧和中国方案。

二、绿色发展是高质量发展的底色

高质量发展,作为新时代中国经济社会发展的核心理念与国家战略,超越了单纯的经济增长指标,更强调经济结构的优化、社会福祉的提升和生态环境的改善。这一理念的提出,源于对传统发展路径的反思,即在追求GDP增长的同时,过度依赖资源消耗和环境牺牲,导致了一系列的环境和社会问题。高质量发展要求我们在追求经济增长的同时,兼顾环境保护,实现生态文明与经济社会效益的协同提升,绿色发展是高质量发展的底色。

1. 高质量发展的绿色诉求

高质量发展强调资源的高效利用和循环利用。这要求我们在生产过程中减少对自然资源的过度消耗,通过技术创新和管理优化,提高资源的再生利用率,降低单位产出的资源成本。例如,推广循环经济模式,鼓励废弃物的减量化、资源化和无害化处理,以减少对环境的负面影响。

环境保护是高质量发展的核心诉求之一。这涉及到空气质量、水质、土壤健康和生物多样性等多个方面。高质量发展要求我们制定和执行严格的环保法规,限制污染物排放,提高排放标准,以改善环境质量。同时,通过植树造林、湿地保护、生态修复等措施,增强生态系统的自我修复能力,维护生态平衡。

再者,高质量发展鼓励绿色产业的发展和传统产业的绿色转型。这涉及到清洁能源、绿色交通、环保建材等领域,旨在减少碳排放,降低环境成本。例如,推广电动汽车、太阳能和风能等可再生能源,限制高污染、高能耗产业的发展,引导产业结构向低碳、绿色的方向转变。

高质量发展还关注环境公平和社会公正。这要求在环境保护政策的制定和执行中，充分考虑不同地区、不同群体的利益，防止环境贫困和环境不公现象的出现。通过合理规划，确保所有人都能公平享有清洁的空气、水和土壤，实现环境效益和社会效益的统一。

高质量发展强调公众参与和环境教育。提高公民的环保意识，培养绿色生活方式，是实现环境保护目标的重要途径。通过普及环保知识，鼓励公众参与环保活动，我们可以构建一个支持绿色发展、尊重自然、和谐共生的社会文化环境。

总之，高质量发展强调绿色发展和生态文明建设。它要求我们在经济增长的同时，保护生态环境，实现经济社会发展与自然环境的和谐共生。这需要我们实施绿色发展战略，推广绿色生产方式，优化能源结构，减少污染物排放，保护生物多样性，构建人与自然生命共同体。只有这样，我们才能在追求经济增长的同时，形成生态保护与经济社会发展的良性循环，实现人与自然的和谐共生，迈向真正的高质量发展之路。

2. 国内外高质量发展模式比较

在全球范围内，各国根据自身资源禀赋、发展阶段和战略目标，探索出不同的高质量发展模式。通过比较分析，我们可以看到新质生产力在其中起到的关键作用，以及绿色转型在推动发展方式转变中的重要性。

中国模式：创新驱动与绿色发展并重

中国在推动高质量发展方面，强调了创新驱动和绿色发展两大战略。一方面，通过实施"中国制造2025"、"互联网+"、"双创"（大众创业、万众创新）等政策，推动科技创新和产业升级，提升新质生产力。例如，深圳的科技创新实践，通过集聚高技术产业和创新型企业，打造了全球领先的高新技术产业带。另一方面，中国提出了"碳达峰、碳中和"目标，推动能源结构优化和绿色转型，如浙江的绿色金融改革，通过金融工具引导资金流向绿色产业，促进经济与环境的协调发展。

欧洲模式：绿色经济与社会公平并行

欧洲国家，如德国和丹麦，以其在绿色发展方面取得的显著成就而闻名。德国推行"工业4.0"战略，结合智能生产和绿色技术，提高经济效益的同时减少环境影响。丹麦则大力发展风能产业，成为全球清洁能源的领导者。同时，这些国家注重社会公平，通过建立完善的福利制度和公共服务体系，确保高质量发展惠及全体公民。

北美模式：数字化转型与产业结构优化

美国和加拿大的高质量发展模式特色在于数字化转型。美国凭借强大的科技创新能力，引领全球大数据、云计算、人工智能等领域的革新，推动了产业结构的优化。例如，硅谷的科技创新中心，孕育了众多全球顶尖的科技公司。加拿大则通过科技创新和数字化手段，提升了资源型产业的附加值，实现可持续发展。

发展中国家模式：适应性与可持续性并存

对于许多发展中国家，如印度和巴西，高质量发展意味着既要加速工业化进程，又要确保可持续性和包容性。这些国家通过引入绿色技术和创新模式，如可再生能源和循环经济，努力在发展与环境保护之间找到平衡。同时，他们也在不断探索适应本国国情的创新路径，如印度的普惠金融和巴西的生物经济，以提升新质生产力，促进社会整体进步。

通过上述模式的比较，我们可以看出，无论是发达国家还是发展中国家，新质生产力的培育和绿色转型都是实现高质量发展的关键路径。各国在实践中不断调整政策，结合自身优势，推进技术创新和制度创新，以实现经济、社会和环境的协调发展。中国在这一过程中，不仅积累了丰富的实践经验，也为全球提供了独特的视角和借鉴。

三、新质生产力本身就是绿色生产力

新质生产力的绿色属性是其区别于传统生产力的重要标志，这些属性体现在生产过程的各个环节，包括资源利用、环境保护、技术创新和社会责任等多个维度。

1. 新质生产力的绿色属性解析

第一，新质生产力的资源效率显著提高。它强调在生产过程中充分利用和循环利用资源，减少浪费。例如，在循环经济模式下，废弃物被视为宝贵的资源，通过再利用和回收，实现资源的持续循环，解决了传统生产模式中资源枯竭的问题。这种高效利用资源的模式，不仅降低了生产成本，也减轻了对环境的压力。

第二，新质生产力注重环保技术的应用。绿色技术，如清洁能源、清洁生产技术和碳捕获与封存等，已经成为新质生产力的核心组成部分。这些技术的创新和普及，有助于降低生产过程中的污染排放，减少对生态环境的负面影响。例如，可再生能源技术的推广，不仅减少了对化石燃料的依赖，还减少了温室气体的排放，对应对全球气候变化具有重要意义。

第三，新质生产力体现了社会责任的履行。企业不再仅关注经济效益，而是开始关注其生产活动对社会和环境的影响。通过实施绿色供应链管理、采用环保材料、推广绿色产品，企业不仅提升了自身的社会形象，也推动了整个产业链的绿色转型。此外，绿色金融和碳交易市场的建立，为企业的绿色投资提供了激励，也促使企业在追求利润的同时，更加关注环境和社会的双重效益。

第四，新质生产力具有政策驱动的特点。各国政府通过制定绿色政策，如碳排放交易制度、环保法规等，为绿色生产力的发展提供了有力的制度保障。政策的引导，有助于形成有利于绿色生产力发展的市场环境，鼓励企业进行绿色创新，推动经济结构的绿色转型。

第五，新质生产力对社会文化环境具有改造作用。随着公众环保意识的提高，绿色消费成为趋势，这促使企业生产更加环保的产品，同时也推动了社会对绿色生活方式的接受和实践。文化因素在这里起到了关键作用，它塑造了公众的价值观和行为模式，为绿色生产力的广泛推广奠定了社会基础。

综上，新质生产力的绿色属性体现在其对资源的高效利用、环保技术的采用、社会责任的体现、政策的推动以及社会文化的塑造等多个层面。这些属性共同作用，推动了生产方式的绿色化，为高质量发展提供了可持续的动力，为构建人与自然和谐共生的未来奠定了坚实的基础。

2. 绿色生产力的创新要素与实践

绿色生产力，作为新质生产力的直接体现，是绿色发展理论中的关键概念，它强调在生产过程中既要实现经济效益，又要保证环境的可持续性。绿色生产力的构建是一个多维度、系统性的过程，包括理论创新、技术创新、制度创新和市场创新。

在理论创新层面，绿色生产力引入了生态经济学和可持续发展理论，强调生态系统服务的价值，倡导生产活动与自然环境的和谐共生。它提倡将环境成本纳入经济核算，推动绿色经济指标体系的建立，如绿色 GDP、生态系统服务价值等，以反映经济活动的真实效益。

在技术创新层面，技术创新是绿色生产力发展的核心要素，包括清洁能源技术、资源循环利用技术、污染控制技术等。例如，通过研发高效的太阳能和风能系统，提高能源转换效率，减少对化石燃料的依赖。同时，废弃物处理和再利用技术的进步，使得废弃物转化为资源成为可能，降低了对自然资源的消耗。

在制度创新层面，制度创新则是保障绿色生产力发展的重要保障。这包括环保法规的制定和执行，以及绿色金融、碳交易等市场机制的建立。政府通过设定严格的环保标准，鼓励企业进行绿色生产方式的创新，并通过绿色信贷、绿色债券等金融工具，为绿色项目提供资金支持。

在市场创新层面，体现在绿色市场的形成和发展，如碳市场、绿色产品市场等，通过市场机制引导资源配置向绿色领域倾斜。消费者对绿色产品的需求增长，推动了企业进行绿色生产，同时也促进了绿色产业链的形成和发展。

在实践探索中，各国和地区纷纷推出绿色生产力提升的举措。例如，欧洲的一些国家通过政策引导和技术创新，成功实现了从传统能源向可再生能源的转型。在中国，政府推出了一系列绿色发展战略，如循环经济、绿色发展指标体系等，推动企业进行绿色技术改造，提升资源利用效率。

尽管绿色生产力的提升取得了显著成果，但实践中还面临诸多挑战，如技术创新的瓶颈、市场机制的不完善、制度执行的难度等。因此，未来需要进一步深化理论研究，推动技术创新，优化制度环境，以确保绿色生产力在推动高质量发展中发挥更大的作用，实现经济社会的绿色转型。

3. 国内外绿色生产力实践比较

在全球范围内，各国都在积极探索和实践绿色生产力，以实现经济与环境的和谐共生。

国内实践：

中国作为全球最大的发展中国家，近年来在绿色生产力方面取得了显著进步。一方面，中国政府通过政策引导，如"十三五"、"十四五"规划中的生态文明建设要求，推动企业转型升级，鼓励发展绿色产业，如新能源、节能技术等。另一方面，企业纷纷采取绿色生产策略，如比亚迪在新能源汽车领域的突破，华为在绿色通信解决方案的创新，以及阿里巴巴等企业实施绿色供应链管理，均体现了国内绿色生产力的提升。此外，循环经济模式也在多个领域得到应用，如废弃物资源化利用、农业绿色发展等。

国际实践：

在国际上，发达国家如德国、日本和美国等在绿色生产力方面积累了丰富经验。以德国为例，其"工业4.0"战略将绿色和智能生产相结合，通过数字化和自动化技术提高资源效率。日本则以其先进的循环经济体系著称，如家电回收制度和汽车再利用技术，有效降低了废弃物的产生。美国在清洁能源领域投入大量研发，推动了风能、太阳能等可再生能源的发展，同时，其企业如苹果公司致力于实现供应链的碳中和，体现了绿色生产力在国际企业的应用。

比较国内外实践，可以发现以下几个特点：

一是政策驱动。无论在国内还是国外，政策都是推动绿色生产力发展的关键因素。政府通过立法、补贴、税收优惠等方式，为企业提供转型动力。

二是技术创新。绿色科技在国内外都有显著的发展，但国际上可能更具技术优势，尤其是在可再生能源和资源回收利用方面。

三是企业参与度。国内企业正逐步增强绿色意识，但在绿色供应链管理、环保投入等方面，与国际先进企业仍存在差距。

四是市场规模。国内外市场对绿色产品的需求日益增长，但在绿色金融、碳交易等方面，国际市场的成熟度较高。

五是公众意识。随着教育和媒体的宣传，公众环保意识在国内外都有所提高，但在国际上，消费者对绿色产品和服务的接受度可能更高。

通过上述比较分析，我们可以看出，尽管国内外在绿色生产力实践上存在差异，但都朝着可持续发展的目标迈进。国内在政策引导和企业参与方面取得了积极成果，但在技术创新和市场成熟度上仍有提升空间。借鉴国际经验，中国应进一步强化绿色生产力的培育，加快推动高质量发展的实现。

第三章

做什么？——找准培育和发展新质生产力的着力点

新质生产力是在科技革命和产业变革推动下，以信息技术、生物技术、新材料技术、新能源技术等为代表的新兴技术群体，它们通过不断创新和深度融合，引领生产方式和经济发展方式的深刻变革。在当前全球竞争日趋激烈的大背景下，加快培育新质生产力，对于提升国家竞争力、推动经济社会高质量发展具有重大意义。新质生产力的培育是一个系统工程，涉及科技创新、产业创新、发展方式创新、体制机制创新、人才工作机制创新等多方面。2024年1月31日，习近平总书记在中共中央政治局第十一次集体学习时，就培育和发展新质生产力作出了系统论述："必须加强科技创新特别是原创性、颠覆性科技创新，加快实现高水平科技自立自强"，"要及时将科技创新成果应用到具体产业和产业链上"，"要大力发展数字经济，促进数字经济和实体经济深度融合"，"必须加快发展方式绿色转型，助力碳达峰碳中和"，"生产关系必须与生产力发展要求相适应"。2024年7月，党的二十届三中全会审议通过的《中共中央关于进一步全面深化改革、推进中国式现代化的决定》进一步指出，要"推动技术革命性突破、生产要素创新性配置、产业深度转型升级，推动劳动者、劳动资料、劳动对象优化组合和更新跃升，催生新产业、新模式、新动能，发展以高技术、高效能、高质量为特征的生产力"。这些重要论述和重大部署，对于在推进新时代中国高质量发展的实践中，找准培育新质生产力的着力点指明了方向，提供了实践遵循。

第一节　加快实现高水平科技自立自强

在21世纪全球化竞争的浪潮中，科技自立自强已成为决定国家发展命运的关键因素。我国在科技领域的进步有目共睹，从新中国"两弹一星"的辉煌成就到如今的嫦娥探月、天宫空间站、天问火星探测等，一系列科技创新成果彰显了我国科技实力的飞跃。然而，面对日益加剧的全球科技竞争，面对以美国为首的发达国家在科技领域的优势与对华遏制，以及新兴经济体的快速追赶，我国依然面临着严峻的科技挑战。我国仍需跨越技术瓶颈，破解核心技术依赖难题，以实现更高水平的科技自立自强。习近平强调："必须加强科技创新特别是原创性、颠覆性科技创新，加快实现高水平科技自立自强，打好关键核心技术攻坚战，使原创性、颠覆性科技创新成果竞相涌现，培育发展新质生产力的新动能。"

一、推进高水平科技自立自强的现状与挑战

在社会主义革命和建设、改革开放的各个历史时期，中国共产党都高度重视科技事业。从革命时期高度重视知识分子工作，到新中国成立后吹响"向科学进军"的号角，到改革开放提出"科学技术是第一生产力"的论断；从进入新世纪深入实施知识创新工程、科教兴国战略、人才强国战略，不断完善国家创新体系、建设创新型国家，到党的十八

大后提出创新是第一动力、全面实施创新驱动发展战略、建设世界科技强国、实现高水平科技自立自强，科技事业在党和人民事业中始终具有十分重要的战略地位、发挥了十分重要的战略作用。在现代科技的快速发展中，中国已经成为全球科技创新的重要力量。

1. 主要进展

新时代以来，习近平总书记明确强调创新是引领发展的第一动力，坚持创新发展就必须把创新摆在国家发展全局的核心位置，科技创新是国家竞争力的核心，是全面创新的主要引领。在一系列战略规划强有力的实施保障下，我国在航天科学、信息技术等基础研究和关键核心技术领域取得了一批重大原创性成果，据世界知识产权组织发布的全球创新指数排名，我国由2012年的第34位提升至2023年的第12位，标志着我国已经跻身世界创新型国家前列。主要体现为：

——关键核心技术自给率不断提升。关键核心技术自主可控是实现高水平科技自立自强的关键特征。近年来，随着国家科技重大专项、国家重点研发计划的实施和企业技术创新水平的不断提升，多个重点领域核心技术、关键共性技术实现突破，集成电路、关键元器件和基础软件研发取得积极进展，三代核电、5G通信、新能源汽车、超级计算、高速铁路、大飞机等诸多关键领域成果丰硕，实现了重大突破，部分技术已达到甚至超过国际先进水平。

——重大原创技术持续涌现。我国围绕量子科学、空间科学、铁基超导、干细胞、合成生物学等基础领域集中突破，取得了一批标志性、引领性的重大原创成果。嫦娥五号、天问一号、"中国天眼"等大国重器不断涌现，展示了我国在航天空间领域的自主创新能力，表明我国在深空探测技术上已具备与国际先进水平竞争的实力。

——高水平国际科技合作稳步推进。近年来，我国以更加积极主动的姿态融入全球创新网络，在开放合作中提升自身科技创新能力。据科技部数据，截至2020年，我国已与161个国家建立科技合作关系，签订了114个政府间科技合作协定，与47个国家开展联合项目资助研究，已加入200多个国际科技组织和多边机制。同时，"一带一路"科技创新合作稳步推进，"一带一路"国际科学组织联盟成立，启动建设53家联合实验室。

——创新生态持续优化。从国家各部门到地方，已经形成以国家实验室、工程技术中心、科技创新中心、制造业创新中心等为支撑的科技创新体系，企业、高校和科研机构的多元创新主体相互协作。2012—2022年，中国研发投入总量从相当于美国的40%左右提升至70%左右，连续多年位居世界第二。2022年，中国基础研究经费投入首次超过2000亿元，规模位列世界第二位。中国进入全球研发前2500强的企业数达到762家，是2012年（93家）的8.2倍，总数稳居世界第二位。

——科技体制改革深入推进。2016年，中共中央、国务院发布《国家创新驱动发展战略纲要》，锚定科技创新发展战略目标。党的十九大、二十大报告均对科技创新作出了一系列重大部署，科技计划管理体制、以知识价值为导向的分配机制、财政科研经费管理、加强科技伦理治理等重磅改革举措全面推出，鼓励加大科技创新投入、强化创新主体融通合作、畅通科技成果转移转化等具体措施落实落地。随着新型举国体制加快构建，国家战略科技力量不断完善，我国科技创新基础性制度框架基本确立，科技创新重点领域和关键环节改革取得实质性进展。

2. 制约因素

经过多年努力，我国科技整体水平大幅提升。同时，也要看到，我国原始创新能力还不强，创新生态还不完善，产业链与创新链深度融合不够，科技创新成果转化为实际生产力的比例仍然偏低。这些问题，很多是长期存在的难点，需要继续下大气力加以解决。具体来说有如下方面的问题：

一是原始创新能力还不强。突出表现为原创性技术还不多，关键核心技术的"卡脖子"问题依然突出，特别是在半导体、高端装备、新材料等领域，对外依赖程度较高。这不仅限制了我国科技产业的高端化发展，也在一定程度上影响了国家的经济安全。与发达国家相比，我国基础研究投入强度仍然存在较大差距，基础研究占总研发投入的比例相对偏低，原创性研究成果的数量和质量还有待提升，且我国基础研究投入结构亟待优化，主要依靠政府投入支持，特别是中央财政投入占到90%以上，企业基础研究投入占比明显偏低，约为4%，而美国企业投入基础研究比重约为40%，明显高于我国。此外，我国的科研项目往往偏向于应用研究，而对基础理论和底层技术的探索相对较少，这在一定程度上制约了颠覆性创新的发生。

二是创新生态还不完善。突出表现为创新体系整体效能还不高，科技创新资源整合还不够，科技创新力量布局有待优化，科技投入产出效益较低，科技人才队伍结构有待优化，科技评价体系还不适应科技发展要求，科技生态需要进一步完善。特别是产业链与创新链深度融合不够，仍然存在成果转化效率不高、产学研结合不紧密等问题。尽管我国的科研产出逐年增长，但科技创新成果转化为实际生产力的比例仍然偏低。企业研发投入仍低于发达国家的水平，电子信息、生物医药等领域研发投入水平与发达国家差距较大。在科技人才方面，虽然我国拥有庞大的科研人才队伍，但在顶尖科学家和创新领军人物的培养和吸引上，与国际先进水平相比仍有较大提升空间，科研人才的培养和流动机制也需优化，以吸引和留住全球顶尖的科研人才。

三是美国的打压遏制力度加大。近年来，美国针对我国科技进步实施了"小院高墙"策略，采取了出口管制、实体清单、阻断科技交流、限制投资并购等一系列措施，使得中美科技合作的基础与环境发生重大变故，如2018年美国正式生效的《出口管制改革法案》（ECRA）就强化了其出口管制权力和"长臂管辖"范围，美国还试图通过重塑全球创新、科技、数据等合作规则对我国科技发展进行遏制。针对中国芯片领域的技术进步，美国商务部的产业安全局（BIS）收紧了对中国芯片技术的限制，从扩大限制先进 AI 芯片出口、限制中国获得先进 AI 芯片制造设备和新增中国芯片设计企业的实体清单三个方面扩大了限制范围、降低了限制技术的门槛。

3. 存在的关键核心技术短板

在实现高水平科技自立自强的道路上，当前我国依然面临的关键核心技术短板，主要体现在以下几个方面：

第一，芯片与半导体制造领域是我国关键核心技术的短板之一。虽然近年来我国在芯片设计和封装测试方面取得了一定进步，但高端芯片制造技术，特别是光刻技术，与国际先进水平相比仍存在显著差距。这使得我国在面对如 2018 年的中兴事件那样的国际技术封锁时显得尤为脆弱。加强芯片产业链的自主可控，提高核心技术的研发和生产能力，是我国科技自立自强亟待解决的问题，也是保障国家安全和产业链供应链稳定的关键。

第二，高端软件行业是我国关键核心技术的另一个重要短板。操作系统、数据库管理系统、工业软件等领域，我国产品在全球市场中的份额相对较低，严重依赖国外技术。这不仅影响了我国信息产业的发展，也对国家安全构成潜在威胁。提升国产软件的核心竞争力，打造自主可控的软件生态系统，是我国科技自立自强的重要任务。

第三，精密医疗设备与高端制造业的关键核心技术短板也不容忽视。我国在医疗设备、高端数控机床、航空发动机等领域的自主研发能力相对较弱，高端产品主要依赖进口。这种对外依赖限制了我国相关产业的自主发展，并加大了对国际市场波动的敏感度。加快这些领域的技术创新与产业化进程，是我国科技自立自强的重要环节。

第四，新材料和新能源技术也是我国亟待突破的关键领域。在新材料方面，高性能复合材料、超导材料、纳米材料等的研发和应用与国际先进水平存在差距。新能源技术，尤其是核能、燃料电池和储能技术，虽然取得了一定进展，但在关键核心技术方面仍有待突破，以满足我国绿色能源战略的需求。

总体而言，当前我国科技发展水平虽然不断提升，但要实现高水平科技自立自强，还需在关键核心技术突破、基础研究强化、创新生态优化和科技人才培养等方面下大力气。只有这样，我们才能在激烈的全球科技竞争中保持领先地位，为国家的长远发展提供坚实的技术支撑。

二、具有中国特色科技自主创新道路的实践探索

以习近平同志为核心的党中央坚持深入实施科教兴国战略、人才强国战略、创新驱动发展战略，完善国家创新体系，加快建设科技强国。2022年，党的二十大进一步强调"坚持科技是第一生产力、人才是第一资源、创新是第一动力，加快建设教育强国、科技强国、人才强国"。正是在以习近平同志为核心的党中央坚强领导下，在全国科技界和社会各界共同努力下，我国科技实力正在从量的积累迈向质的飞跃、从点的突破迈向系统能力提升，科技创新取得新的历史性成就，走出了一条具有中国特色的科技自主创新道路。

1. 以创新驱动发展战略为主线，转变传统经济增长模式

2012年11月，党的十八大明确提出要"实施创新驱动发展战略。科技创新是提高社会生产力和综合国力的战略支撑，必须摆在国家发展全局的核心位置"。首次将创新驱动发展战略明确为国家发展全局的核心，这一决策深刻反映了对科技创新在提升社会生产力和综合国力中关键作用的认识，标志着中国开始从传统的经济增长模式向创新驱动转型，中国科技发展进入了一个全新的历史阶段。

科技创新不再仅仅是经济增长的辅助，而是被定位为驱动经济社会发展的核心引擎，孕育新经济形态，催生新产业、新业态、新模式，为新质生产力的发展打开局面。2017年，党的十九大确立了到2035年跻身创新型国家前列的战略目标。2020年，党的十九届五中全会提出了坚持创新在我国现代化建设全局中的核心地位，把科技自立自强作为国家发展的战略支撑。

进入新时代以来，一系列的政策和举措相继出台，以支持创新驱动发展战略的落地。例如，加强基础研究，提升原始创新能力，推动科技成果转化，培育新兴产业，以及构建更加完善的国家创新体系。此外，还通过一系列人才引进和培养政策，吸引和集聚全球的科技人才，为科技创新提供强大的人才支撑。这些政策的实施，旨在促进科技与经济的深度融合，提高国家整体创新能力，使科技创新成为推动经济社会发展的新引擎。

创新驱动发展战略实施以来，已经初见成效，对中国的经济社会发展产生了深远影响。主要体现在以下几个方面：

一是科技创新能力显著提升。随着政策的引导和资金的投入，中国的研发投入大幅增加，科技成果转化速度加快。在多个领域，如5G、人工智能、航空航天、新能源等，中国已经取得了重大突破，一些技术甚至达到了世界领先水平。例如，中国的量子通信技术、超级计算机、高速铁路等，都是创新驱动发展战略下科技创新的典型例证。

二是产业结构优化升级。创新驱动发展战略推动了传统行业的转型升级，加快了新兴产业的发展。通过科技创新，许多传统行业如制造业、农业等实现了智能化、绿色化，新兴产业如互联网、大数据、生物科技等迅速崛起，为经济的可持续发展注入了新的活力。

三是国家创新体系日益完善。在创新驱动发展战略的推动下，国家建立了包括企业、高校、研究机构在内的多元化创新主体，形成了协同创新的新格局。企业的技术创新能力得到提升，成为国家创新体系的核心，而高校和研究机构则在基础研究和人才培养方面发挥着重要作用，形成了科技研发与市场需求的紧密对接。

四是国际科技合作与竞争能力增强。中国在全球科技合作中扮演了更加积极的角色，通过参与国际科研项目、引进先进技术、合作研发等方式，加速了科技领域的国际合作。同时，中国科技创新的国际影响力也日益增强，更多的中国企业和技术在国际市场上崭露头角，提升了中国在全球科技竞争中的地位。

五是人才队伍建设成效明显。创新驱动发展战略强调人才是科技创新的关键，因此，中国在人才引进、培养和激励机制方面进行了改革，吸引了大量国内外优秀人才。这不仅充实了科研队伍，也为科技创新提供了源源不断的智力支持。

创新驱动发展战略的实施，使中国科技自立自强的步伐更加坚定，科技创新已成为推动经济社会高质量发展的核心动力。如今在追求高质量发展的大背景下，技术创新成为形成新质生产力的关键，其显著特征在于对知识、技术和信息依赖程度的不断增强。技术创新所孕育的新产业、新业态、新动能，正成为发展新质生产力的内生动力。战略性新兴产业和未来产业正是在这一背景下，通过技术、制度、管理创新的合力作用加速发展，从而赋能新质生产力。随着创新驱动发展战略的持续深入，中国将在全球科技竞争中占据更重要的位置，加快实现科技强国的目标。

2. 以实现科技强国为目标，大力提高自主创新能力

2012年9月，中共中央、国务院联合发布《关于深化科技体制改革加快国家创新体系建设的意见》，这份里程碑式的文件首次明确提出"新中国成立100周年时成为世界科技强国"的奋斗目标。为了实现这一目标，要求"大力提高自主创新能力，发挥科技支撑引领作用，加快实现创新驱动发展"。

为实现这一目标，中国出台了一系列战略规划和政策文件，在新一代信息技术、高端制造、生物技术、新能源、现代农业等领域，制定了具体的发展蓝图，以期在这些关键领域取得核心技术的突破。2015年5月，国务院印发《中国制造2025》，这是中国实施制造强国战略第一个十年的行动纲领，成为中国深度参与全球新一轮科技革命和产业变革双边多边合作的一个标志性符号。在这些战略规划的指导下，中国科技发展蓝图逐步清晰。一方面，政府加大了对基础研究和原创性研究的投入，鼓励科研人员开展前沿探索，以实现关键核心技术的自主掌控。另一方面，通过优化创新生态系统，政府推动企业成为技术创新的主体，鼓励产学研协同创新，加速科技成果的转化应用。同时，中国积极参与全球科技治理，推动开放创新，与各国共享科技资源，共同应对全球性挑战。然而，面对国际科技竞争的新态势，中国也加强了对关键核心技术的自主研发和保护，确保在重要领域的科技安全。

科技强国目标提出以来，中国科技领域在过去的十几年间取得了显著的进展。主要体现在以下几个方面：

一是科技投入持续增长。国家对科研的投入逐年增加，科研经费的使用效率不断提升，支持了一大批重大科研项目和创新平台的建立。同时，政府引导社会资本投入科技创新，促进了多元化、多层次的科技创新投入体系的形成。

二是基础研究和原创性创新取得了突破。中国在量子科学、嫦娥探月、FAST射电望远镜等项目上实现了重大科学突破，标志着中国在基础科学研究领域正逐步赶超国际先进水平。此外，中国科学家在生物技术、材料科学、能源技术等领域也取得了多项重要成果，提升了国家的原始创新能力。

三是关键核心技术的攻关成效显著。在新一代信息技术、高端制造、新能源等领域，中国成功研发了一系列关键核心技术，打破了国外的技术封锁。例如，5G通信技术的自主研发，使中国成为全球5G技术的领先者；在新能源汽车和高端装备制造业，中国也逐渐掌握核心技术，实现了产业的自主可控。

四是科技成果转化能力增强。政府推动建立科技成果转移转化机制，鼓励科研机构与企业合作，加速了科技成果的产业化进程。许多创新型企业，如华为、阿里巴巴、字节跳动等，已成为全球科技创新的佼佼者，推动了中国新经济的发展。

五是对经济社会和国际上产生了广泛的影响。科技创新成为经济增长的新动能，推动了新兴产业的发展，如人工智能、大数据、云计算等，为中国经济转型升级提供了强大引擎。同时，科技创新也促进了社会治理的现代化，比如在智慧城市建设、公共服务等领域发挥了重要作用。国际影响力方面，中国通过举办国际科技合作交流活动，如世界互联网大会、全球科技创新大会等，提升了在全球科技版图中的地位。中国科技企业在全球市场的影响力日益增强，参与并引领了全球科技规则的制定。

科技强国目标的实施带来了科技领域的重大进展和深远影响。时至今日，技术创新的浪潮已深度融入各行各业的生产实践中，与生产力的发展紧密相连。中国的科技强国目标，不仅是对科技发展的坚定承诺，更是推动创新和新技术研发的重要基石。这一目标正在构建起中国与世界科技交流与对话的桥梁，让中国的科技发展与全球科技趋势紧密相连。

3. 以新型举国体制赋能科技创新，实现科技创新领域新突破

新型举国体制是中国在科技自立自强道路上的重要创新与实践，它是在新时代背景下，对传统举国体制的继承与创新，旨在更有效率地整合资源，集中力量办大事，特别是在关键核心技术的突破和颠覆性技术的发展上。新型举国体制的构建，一方面体现在国家层面的政策导向和战略规划。政府通过制定一系列政策，部署系统性的改革任务，以优化科研环境，提升创新效率。这些政策强调了政府、企业、高校和科研机构的协同创新，鼓励跨界合作，促进科技资源的高效配置。另一方面，新型举国体制在实践中表现为跨部门、跨领域的合作机制。政府通过设立专项基金，支持重大科研项目，鼓励产学研深度融合，以解决核心技术难题。例如，在航天、半导体、新能源等关键领域，政府与企业、科研机构紧密合作，共同推进技术研发和产业化进程。

党的十八大以来，这一体制的构建与完善，成为了推动中国科技自立自强的重要策略。以习近平同志为核心的党中央充分发挥新型举国体制优势，在科技创新领域实现了新的突破。

2015年9月，中共中央、国务院印发《深化科技体制改革实施方案》中部署了10个方面143项改革任务。在新型举国体制下，科技体制改革聚焦以下几个核心领域：科研经费管理改革，人才激励机制改革，产学研深度融合，科研评价体系改革，国际科技合作创新等。截至2021年，143项科技体制改革任务已经全面完成，重点领域和关键环节改革取得实质性进展，科技创新的基础性制度框架基本确立。科技体制改革持续深化，极大释放了创新引擎的动能，助推国家创新体系整体效能显著提升。

2022年9月，中央全面深化改革委员会第27次会议通过的《关于健全社会主义市场经济条件下关键核心技术攻关新型举国体制的意见》，为加强"卡脖子"技术的基础理论和技术原理研究、部署战略性储备性技术研发项目、建设以国家实验室为引领的创新基础平台、力争我国在重要科技领域实现由"跟跑"到"并跑"乃至"领跑"的转变，打下制度基础。

2023年12月，中央经济工作会议强调，要以科技创新推动产业创新，特别是以颠覆性技术和前沿技术催生新产业、新模式、新动能，发展新质生产力。完善新型举国体制，实施制造业重点产业链高质量发展行动，加强质量支撑和标准引领，提升产业链供应链韧性和安全水平。

2024年7月，党的二十届三中全会审议通过的《中共中央关于进一步全面深化改革、推进中国式现代化的决定》强调，要加强关键共性技术、前沿引领技术、现代工程技术、颠覆性技术创新。要健全新型举国体制，提升国家创新体系整体效能。在科技体制改革方面，提出加强国家战略科技力量建设，优化国家科研机构、高水平研究型大学、科技领军企业定位和布局，改进科技计划管理，强化基础研究领域、交叉前沿领域、重点领域前瞻性、引领性布局。

新型举国体制发挥出的独特优势与作用，显著提升了中国科技创新的成效。它充分调动了国家的集体智慧和资源，激发了全社会的创新活力，推动了科研资源的高效配置，加速了科技成果的转化，催生了新产业、新模式的发展。特别是在颠覆性技术和前沿技术方面，新型举国体制助力中国在量子通信、高速铁路、超级计算机等领域取得了世界瞩目的突破，有力推动了中国在全球科技竞争中的地位提升。随着新型举国体制的不断完善，中国有望在更多关键领域实现技术自主，为实现科技强国的目标注入更强动力。

4. 打赢科技创新攻坚战，稳步迈向世界科技强国

当前，中国科技发展已经迈入了一个崭新的阶段，通过核心技术的升级与突破，我们正在迅速追赶世界科技的步伐。在这个过程中，我们不仅在努力实现自主创新，更是致力于让中国科技发展迈入国际领先的地位。基于此背景，中国科技创新攻坚战的帷幕已然拉开，从打好关键核心技术攻坚战，到实现高水平科技自立自强，最终实现原创性、颠覆性科技创新，为中国科技发展提供了更为鲜明的指导路径。

关键核心技术的攻坚：中国在新一代信息技术、高端制造、生物技术、新能源、新材料等关键领域持续投入，以期打破国际技术封锁，实现核心技术自主可控。通过设立重大项目，集中优势资源，鼓励企业、高校和科研机构协同攻关，在5G、人工智能、量子通信、半导体技术、生物医药等多个前沿技术领域取得了重大突破。这些关键核心技术的突破，不仅提升了国家科技竞争力，也为相关产业的健康发展奠定了坚实基础。

高水平科技自立自强：旨在提升中国在全球科技版图中的地位。这需要全面提升科技创新的质量和水平，强化基础研究，鼓励原始创新。政府通过优化科研环境，支持自由探索，鼓励跨学科、跨领域的合作，以催生更多颠覆性、创新性的科研成果。同时，注重培养和引进高端科技人才，打造一流的创新团队，以确保科研活动的国际一流水平。

原创性、颠覆性科技创新：是中国在科技领域实现弯道超车的关键。通过新型举国体制，中国在量子科学、基因编辑、新能源汽车、机器人技术等领域积极探索，推动前沿技术的突破。同时，鼓励企业与科研机构共同参与，加速科技成果的商业化进程，促进新技术的快速应用和市场推广。通过原创性、颠覆性科技创新，中国旨在培育出具有全球影响力的新兴产业，推动经济高质量发展。

综上所述，中国通过实施创新驱动发展战略、设定科技强国目标、构建新型举国体制，以及集中力量攻克关键核心技术、实现高水平科技自立自强、推动原创性颠覆性科技创新，正逐步形成具有中国特色的科技创新发展策略与路径。在战略目标指导下，中国不断强化科技创新能力，坚定不移走中国特色自主创新道路，提升在全球科技竞争中的地位，为国家的长远发展注入强大动力。

三、加快实现高水平科技自立自强的战略路径

当今世界百年未有之大变局加速演进，国际环境错综复杂，世界经

济陷入低迷期，全球产业链供应链面临重塑，不稳定性不确定性明显增加。逆全球化、单边主义、保护主义思潮暗流涌动。科技创新成为国际战略博弈的主要战场，围绕科技制高点的竞争空前激烈。在此背景下，2021年习近平在两院院士大会和中国科协第十次全国代表大会上指出"立足新发展阶段、贯彻新发展理念、构建新发展格局、推动高质量发展，必须深入实施科教兴国战略、人才强国战略、创新驱动发展战略，完善国家创新体系，加快建设科技强国，实现高水平科技自立自强"。"高水平科技自立自强"的提出，在高质量发展的基础上，从战略高度对科技发展提出了更高的要求，强调要掌握自主创新制高点、科技发展主动权和创新收益分配主导权。

正如习近平总书记所指出的，当今世界，新一轮科技革命和产业变革突飞猛进，科学研究范式正在发生深刻变革，学科交叉融合不断发展，科学技术和经济社会发展加速渗透融合。科技创新广度显著加大，宏观世界大至天体运行、星系演化、宇宙起源，微观世界小至基因编辑、粒子结构、量子调控，都是当今世界科技发展的最前沿。科技创新深度显著加深，深空探测成为科技竞争的制高点，深海、深地探测为人类认识自然不断拓展新的视野。科技创新速度显著加快，以信息技术、人工智能为代表的新兴科技快速发展，大大拓展了时间、空间和人们认知范围，人类正在进入一个"人机物"三元融合的万物智能互联时代。生物科学基础研究和应用研究快速发展。科技创新精度显著加强，对生物大分子和基因的研究进入精准调控阶段，从认识生命、改造生命走向合成生命、设计生命，在给人类带来福祉的同时，也带来生命伦理的挑战。

在此背景下，新时代的中国，在加快实现高水平科技自立自强道路上的战略路径是：

第一，加强原创性、引领性科技攻关，坚决打赢关键核心技术攻坚战。要加快制定基础研究十年行动方案。要从国家急迫需要和长远需求出发，在石油天然气、基础原材料、高端芯片、工业软件、农作物种子、科学试验用仪器设备、化学制剂等方面关键核心技术上全力攻坚，加快突破一批药品、医疗器械、医用设备、疫苗等领域关键核心技术。要在事关发展全局和国家安全的基础核心领域，瞄准人工智能、量子信息、集成电路、先进制造、生命健康、脑科学、生物育种、空天科技、深地深海等前沿领域，前瞻部署一批战略性、储备性技术研发项目，瞄准未来科技和产业发展的制高点。

第二，强化国家战略科技力量，提升国家创新体系整体效能。世界科技强国竞争，比拼的是国家战略科技力量。国家实验室、国家科研机构、高水平研究型大学、科技领军企业都是国家战略科技力量的重要组成部分，要自觉履行高水平科技自立自强的使命担当。

第三，推进科技体制改革，形成支持全面创新的基础制度。要健全社会主义市场经济条件下新型举国体制，充分发挥国家作为重大科技创新组织者的作用，支持周期长、风险大、难度高、前景好的战略性科学计划和科学工程，抓系统布局、系统组织、跨界集成，把政府、市场、社会等各方面力量拧成一股绳，形成未来的整体优势。要推动有效市场和有为政府更好结合，充分发挥市场在资源配置中的决定性作用，通过市场需求引导创新资源有效配置，形成推进科技创新的强大合力。

第四，构建开放创新生态，参与全球科技治理。科学技术具有世界性、时代性，是人类共同的财富。要统筹发展和安全，以全球视野谋划和推动创新，积极融入全球创新网络，聚焦气候变化、人类健康等问题，加强同各国科研人员的联合研发。要主动设计和牵头发起国际大科学计划和大科学工程，设立面向全球的科学研究基金。

第五，激发各类人才创新活力，建设全球人才高地。世界科技强国必须能够在全球范围内吸引人才、留住人才、用好人才。我国要实现高水平科技自立自强，归根结底要靠高水平创新人才。

四、以原创性、颠覆性科技创新激发新质生产力新动能

原创性科技创新，是指科学技术基础性研究创新，是实现高水平科技自立自强的基石，它能够催生新的科研范式，开辟新的研究领域，解决传统方法难以解决的难题。颠覆性科技创新，是指那些打破传统技术框架，开辟全新应用领域，甚至改变行业格局的创新，具有根本性变革性质。不同于连续性科技创新和突破性科技创新，原创性、颠覆性科技创新具有显著的冲击力和变革性，能够激发新质生产力的强大动能，对科技进步和社会发展产生深远的影响。

1. 原创性科技创新具有强大驱动力量

原创性科技创新的驱动力量，不仅能突破现有的技术瓶颈，还能催生新的产业和业态，为国家的长远发展注入持续的创新活力。

原创性科技创新有助于打破核心技术的国际垄断。在当前全球科技竞争激烈的格局下，依赖他国技术的时代已经过去。原创性创新可以让我们在关键领域实现自主可控，减少对外部技术的依赖，从而增强国家的科技主权。以半导体制造为例，通过原创性的材料科学、设备制造等领域的创新，我国可以逐步摆脱对高端芯片制造技术的制约，提升整个产业链的独立性。

原创性科技创新能够孕育新的生产力。在信息时代，颠覆性的创新往往能催生新的产业和市场。例如，互联网的出现改变了人们的生活方式，推动了电子商务、社交媒体、大数据和云计算等新兴产业的爆发式增长。同样，人工智能、量子计算、基因编辑等前沿领域的原创成果，预示着新一轮的科技革命和产业变革。我国需要通过原创性科技创新，抓住这些新兴领域的先机，塑造未来的竞争优势。

原创性科技创新对于提升国家整体科技实力至关重要。科研领域中

的原创性发现往往能推动理论的革新,为后续的技术进步奠定坚实的基础。例如,量子力学的诞生为现代电子学、材料科学等领域的发展开辟了道路。我国应强化基础研究,鼓励探索未知,为未来的科技突破储备理论基础。

原创性科技创新还能够强化国家在全球科技治理中的地位。随着科技的全球影响力日益增强,拥有原创性科技成果的国家在国际科技合作和规则制定中将占据更有利的位置。通过积极参与国际科技合作,共享创新成果,我国可以在全球科技治理中发挥更大的作用,为人类的共同进步做出贡献。

原创性科技创新对于提升我国高水平科技自立自强能力,实现从"跟跑"到"并跑"再到"领跑"的转变,具有不可替代的作用。要实现这一目标,我们需要在政策层面提供足够的支持,鼓励自由探索,激发科研人员的创新精神,同时优化科研环境,建立有效的创新生态,以培育更多的原创性科技成果。只有这样,我国才能在全球科技竞赛中持续保持领先地位,为国家的繁荣与安全提供强大的科技支撑。

2. 颠覆性科技创新具有强大变革力量

颠覆性科技创新是科技发展中的关键转折点,它往往能打破现有的技术框架,引发产业的深刻变革,甚至重塑全球经济的格局。颠覆性科技创新通常具有突破性、革命性、引领性、渗透性等特点,能够对现有科技、产业、经济发展方式和社会结构产生重大冲击,甚至颠覆人类传统的认识,一些典型的颠覆性科技包括人工智能、量子计算、新能源等。

颠覆性科技创新能够打破现有的技术壁垒。在一些传统的高技术领域,发达国家长期占据主导地位,而颠覆性创新则为后来者提供了赶超的机会。例如,中国在5G通信领域的快速发展,通过自主研发的颠覆性技术,成功打破了国外的技术垄断,实现了从零到一的突破。这样的例子表明，通过颠覆性创新，我国可以在关键领域实现技术跃升，缩小与发达国家的差距。

颠覆性科技创新能够引发大量的融合式技术创新。颠覆性科技与生态农业、先进制造业、现代服务业的高度集成，引发各行各业新技术不断涌现，生产力不断向更高层次跃升。以人工智能颠覆性科技创新为例，AI技术与各产业的融合，催生了自动驾驶、无人机、云计算、人机交互、脑机接口等大量新技术，增量式技术创新持续提升，企业全要素生产率快速提升，成为培育新质生产力、促进经济增长的新动能。

颠覆性科技创新可以催生新的产业形态。人工智能、量子计算、新能源等颠覆性科技创新开辟了算力、储能、高端芯片、风电设备、动力电池、新能源汽车等新兴产业及量子人工智能、全息显示、视网膜显示等未来产业。从互联网到物联网，从3D打印到区块链，这些颠覆性的技术变革同样催生了全新的业态和商业模式。它们不仅改变了传统行业的运作方式，还孕育出全新的市场空间，为经济发展注入新的活力。对于中国而言，利用颠覆性科技创新，可以提前布局未来产业，如清洁能源、自动驾驶、人工智能等，以抢占全球产业链的高端环节。

颠覆性科技创新有助于提升国家的全球影响力。在科技日益成为国际竞争核心的今天，拥有颠覆性创新成果的国家往往能在全球产业链中占据关键地位，对国际规则和市场格局产生影响力，在国际舞台上扮演更重要的角色。通过在全球科技竞赛中脱颖而出，中国可以增强其在国际科技合作与竞争中的议价能力，推动建立更加公正的全球科技规则。

3. 多措并举加快原创性、颠覆性科技创新

当前，面对新一轮科技革命和产业变革，科技创新特别是原创性、颠覆性科技创新成为新质生产力的新动能，为推动高质量发展提供了强劲动力。原创性、颠覆性科技创新事关国家战略科技力量的塑造与强化，其探索、研发与转化具有前瞻性、复杂性和系统性，必须充分发挥好新型举国体制的优势，强化战略规划的引领作用。2024年《政府工作报告》指出要"集成国家战略科技力量、社会创新资源，推进关键核心技术协同攻关，加强颠覆性技术和前沿技术研究"。

以原创性、颠覆性科技创新激发新质生产力的新动能，需要重点采取以下措施：

第一，明确原创性、颠覆性技术和前沿技术研究方向。瞄准世界科技前沿，面向国家发展战略需求，根据经济社会发展目标导向和自由探索"两条腿走路"的原则，基于我国"十四五"规划和2035年远景目标纲要，明确在人工智能、区块链、生物育种、脑科学、可持续能源、量子信息、人工合成生命、未来网络、深地深海空天科技等颠覆性技术和前沿领域持续深耕，确定优先突破的方向，进一步组织攻关一批需要重点突破的颠覆性核心技术。

第二，加快推进原创性、颠覆性技术的产业化落地，建设一批"战略性新兴产业+"及"未来+"应用场景。战略性新兴产业和未来产业是新质生产力的核心构成，驱动新质生产力发展的是原创性、颠覆性技术创新。将原创性、颠覆性技术创新与产业需求进行匹配，探索原创性、颠覆性技术创新重点应用领域。面向"战略性新兴产业+"及"未来+"应用场景，推进"原创性、颠覆性技术创新——产品研发——场景应用"的融合创新，打造未来农业、未来制造、未来太空、未来深海、未来健康等重点场景。发挥场景创新的牵引作用，率先引导人工智能、量子信息、新能源等原创性、颠覆性技术在应用场景和行业领域产业化落地，释放原创性、颠覆性技术创新对新质生产力发展的放大、叠加、倍增作用。

第三，实现原创性、颠覆性技术创新要素的优化配置。高水平的人才是原创性、颠覆性技术创新的第一资源，实施人才工程，加强人才的自主培养，创新高层次人才的跨国流动，扩大全球科技"朋友圈"。充裕的资金是原创性、颠覆性技术创新成功的关键要素，设立国家原创性、颠覆性技术创新基金，引导战略科技力量和社会资源增加研发投入，在关系到国家安全的原创性、颠覆性技术创新和未来产业应用领域，发挥政府采购等的作用，为新技术、新产品提供市场和资金空间。数据是新的生产要素，高质量的数据供给、充足的算力是以原创性、颠覆性技术创新推动新质生产力发展的重要源泉，加快国家级算力、数据存储等基础设施建设力度，开展国家数据跨境安全流通试点，构建统一公平的数据要素市场体系。完善的制度是原创性、颠覆性技术创新的重要保障，进一步完善反对垄断和不正当竞争、加强知识产权保护等相关法律制度。

第四，营造浓厚的以原创性、颠覆性技术创新撬动新质生产力发展的氛围。在全社会倡导敢为天下先的精神，破除只防出错不求出新、只求保险不担风险的保守意识；在全社会营造允许失败、宽容失败等有利于创新的过程导向意识，破除以成功论英雄的结果导向意识；在全社会营造尊重知识、尊重人才、尊重劳动、尊重创造的环境和氛围，破除金钱至上、权力至上的价值观。

总之，颠覆性科技创新的实现并非易事，需要克服诸多挑战。创新的风险性和不确定性要求我们必须有长远的眼光和足够的耐心，以及对失败的包容。同时，需要在政策层面提供足够的激励与保障，鼓励风险投资和创业，为颠覆性科技创新提供资金保障；需要构建一个鼓励试错、支持跨学科交叉合作的创新环境，激发科研人员的创新精神和创造力，培养和吸引具备创新思维的人才等等。

第二节 加快实现科技创新成果向现实生产力转化

当前，新一轮科技革命和产业变革加速演变，我们要紧紧抓住这一历史性机遇，顺应当代科技革命和产业变革大趋势，加速科技创新成果向现实生产力转化。培育和发展新质生产力，必须加强科技成果转化，科技成果只有实现有效转化，形成现实的生产技术或有效的治理方法，为经济高质量发展提供强有力地支撑，科技才能成为真正的第一生产力。如果科技成果不能转化，不能有效推动经济和社会发展，那么，科技成果顶多算是知识文化成果，不能承担第一生产力的重任。2024年1月31日，习近平总书记在中共中央政治局第十一次集体学习时指出："要及时将科技创新成果应用到具体产业和产业链上，改造提升传统产业，培育壮大新兴产业，布局建设未来产业，完善现代化产业体系。"2024年7月，党的二十届三中全会审议通过的《中共中央关于进一步全面深化改革、推进中国式现代化的决定》提出，要深化科技成果转化机制改革，加强国家技术转移体系建设，加快布局建设一批概念验证、中试验证平台，完善首台（套）、首批次、首版次应用政策，加大政府采购自主创新产品力度。加强技术经理人队伍建设。这一重要部署为加快实现科技创新成果向现实生产力转化明确了实践路径。

一、科技创新成果产业转化机制的构建及完善

科技创新成果，其经济价值体现在能够解决现实问题，提高生产效率，创造新的市场机会，以及推动产业结构的优化升级。科技创新成果的经济价值依赖于其与市场需求的匹配程度。科学研究往往侧重于理论突破和前沿探索，但要实现经济价值，科技成果必须能够解决实际问题，满足现实生产力提升和市场需求。这就需要科研活动与现实生产力提升、市场需求紧密结合，确保科技成果具有实际应用的潜力。然而，这种价值并非自动转化为现实生产力，而是需要通过一套有效的产业转化机制来实现。

1. 科技创新成果如何有效满足现实生产力提升的需求？

现实生产力的提升，尤其是传统产业的改造提升和新兴产业的培育

壮大，离不开科技创新的引领。科技创新需求主要体现在以下几个方面：

提高效率与降低成本——科技创新成果的应用能够提高生产过程的效率，降低资源消耗，减少环境污染，从而实现经济效益和环境效益的双重提升。例如，自动化和智能化技术在制造业中的应用，显著提高了生产效率，降低了人力成本。

产品创新与差异化——科技创新推动产品创新，满足消费者日益多元化的需求，使企业在市场竞争中占据优势。比如，信息技术的快速发展催生了物联网、云计算和大数据等新兴产业，为产品和服务的差异化提供了无限可能。

产业链升级与安全——科技创新成果的转化能够强化产业链供应链，提升其韧性和安全水平。例如，通过集成创新，可以打破产业链中的技术瓶颈，保障关键环节的自主可控，降低外部依赖。

由此，促进实现科技创新成果满足现实生产力提升需求的路径，主要包括：

一是精准对接产业需求。科技创新应紧密围绕产业需求，特别是传统产业的改造提升和新兴产业的培育壮大。这需要科研机构与企业建立长期合作关系，共同确定研发方向，确保科技成果的实用性。

二是技术转移与产业化。通过技术许可、技术转让、共建研发平台等方式，促进科技成果从实验室走向生产线。政府在其中的作用是建立有效的技术转移机制，鼓励企业积极引进和消化吸收新技术。

三是产业生态建设。构建以企业为主体、市场为导向、产学研深度融合的创新体系，促进科技成果的产业化。包括建设科技园区、孵化器等创新载体，为科技成果转化提供平台和资源。通过政府政策引导与支持科技成果转化，包括财政补贴、税收优惠、知识产权保护等政策措施，降低企业转化科技成果的风险，激发创新活力。

四是人才培养与激励。高素质的科技人才是科技创新成果转化为现实生产力的关键。通过教育、培训和人才引进，打造一支既懂科技又懂市场的复合型人才队伍，激励科技人员投身成果转化实践。

以中国为例，为提升现实生产力，培育形成新质生产力，党中央提出实施新型工业化和加快建设制造强国、质量强国、网络强国、数字中国和农业强国等战略，科学布局科技创新、产业创新。通过科技创新满足产业创新需求，提高生产效率，推动产品和服务创新，并通过精准对接、技术转移、产业生态建设等路径，实现科技创新成果向现实生产力的有效转化，从而驱动产业升级，保障国家经济的高质量发展。这些举措的实施，使科技创新成果得以在各个产业中广泛应用，推动产业链的现代化升级，确保产业体系的自主可控和安全可靠。

2. 科技创新成果产业转化机制的关键因素

科技创新成果的产业转化机制是一个复杂而系统的过程，涉及到技术研发、市场应用、政策支持、企业合作等多个层面的互动。这一过程的成功与否，直接决定了科技创新能否有效形成新质生产力，推动产业创新和经济高质量发展。

技术研发是产业转化的源头。在这一阶段，基础研究、应用研究和开发研究相互交织，创造出新的知识和技术。这些创新成果可能源自大学、研究机构或企业内部的研发部门，它们为新的产品、服务或生产过程提供技术支持。例如，新材料的发现和生物技术的进步，为制造业和医疗行业带来了革命性的变革。

市场应用是科技创新成果产业化的关键环节。这一阶段需要将实验室的科技成果转化为具有市场价值的产品或服务，这通常需要跨越"死亡之谷"，即从研发到商业化阶段的鸿沟。市场应用涉及对市场需求的理解、产品设计、原型测试、生产流程的优化等一系列活动。例如，自动驾驶技术的商业化需要解决安全、法规和消费者接受度等问题。

政策支持在推动科技创新和产业创新深度融合中扮演着重要角色。政府通过制定创新政策，提供资金支持、税收优惠、知识产权保护等手段，鼓励企业和研究机构进行科技创新，并促进其成果的产业化。例如，美国政府的 SBIR（Small Business Innovation Research）计划，就为小企业提供研发资金，帮助他们将创新技术转化为商业产品。

产学研合作是加速科技创新产业化的有效途径。企业与学术界、研究机构的紧密合作，可以共享资源，缩短科技成果的转化周期。企业可以利用学术界的理论成果，而学术界则可以从企业的实际需求中找到研究方向。例如，华为与全球多所大学的合作，推动了5G技术的研发和应用。

知识产权保护是保障科技创新产业转化的法律基础。有效的知识产权制度可以激励创新，保护创新者的权益，确保他们在市场竞争中获得回报。同时，它也为技术转让和许可提供了法律框架，促进了技术的扩散和应用。

创新环境的优化对产业转化至关重要。这包括提供良好的基础设施、吸引和培养创新人才、营造开放的市场竞争环境等。例如，硅谷和深圳的创新生态系统，就为科技创新提供了肥沃的土壤，吸引了全球的创新者和投资者。

总之，科技创新成果的产业转化是一个多因素协同作用的过程，涉及到技术、市场、政策、合作与环境等多维度关键因素，完善产业转化机制是实现科技创新成果更高效地转化为现实生产力的关键所在。

3. 加快突破科技成果转化的制度性瓶颈

科技成果转化是一项伟大的事业，习近平总书记高度重视推动科技成果转化应用，多次强调"加速科技成果向现实生产力转化"。当前我国现行的一些激励机制，不完全适用于科技成果转化，如果仅仅依靠最大程度向技术发明人倾斜权益，很难取得预期的效果。完善科技成果转化机制,首要关键是要确立企业创新主体地位。《中共中央关于进一步全面深化改革、推进中国式现代化的决定》明确提出,要强化企业科技创新主体地位,建立培育壮大科技领军企业机制,加强企业主导的产学研深度融合,建立企业研发准备金制度,支持企业主动牵头或参与国家科技攻关任务。

一方面,企业要成为科技研发投入的主体。企业要在激烈的国际竞争中取得优势,必须把眼光放长远,增加研发投入。技术研发的投入要逐步过渡到以企业为主。政府可以通过鼓励企业研发投入的政策和税收优惠等方面的措施,激励企业对研发投入的积极性。企业成为技术创新主体的前提条件是企业自身要成为研发投入的主体,而不是完全依靠国家财政科研经费来扶持。只有企业的研发投入成为主体的时候,企业才可能成为技术创新的主体。企业开展技术研发可以减少成果转化环节,使成果可以直接投入生产,有效地解决科技成果转化问题。国家要制定优惠政策予以鼓励和支持,充分激发各类主体参与科技创新的积极性,建立以企业为主体、产学研用协同的创新机制,形成建设创新型国家的合力。

另一方面,在科技成果转化中应突破现行以管理资金的逻辑来管理资本和资产的思路。大部分科技成果在转化前基本上是无形资产。它与有形资产最大区别就是难以评估。而资金管理与无形资产、资本管理的逻辑完全不同。国家出台一系列支持创新驱动发展的政策后,相关法规和政策的适应性和必要的修改就成了当务之急。要处理好四种不同类别的管理:有形资产和无形资产的管理,资产、资金和资本的管理,国家资本投入的企业和国有法人资产投入的企业的管理;事业法人和企业法人所办的企业的管理。否则,很容易导致责任主体不能区分,就会使所有关于科技成果转化的激励政策难以发挥作用。正确区分和处理好四种关系,尊重法人对资产的管理和独立处置权,责权利一致,才能调动相关企业与机构的积极性，既做到国有资产保值增值，又能促进科技成果转化，实现创新驱动发展的国家战略。

总之，要加快突破科技成果转化的制度性瓶颈，增强企业创新动力，正向激励企业创新，反向倒逼企业创新。要发挥企业出题者作用，推进重点项目协同和研发活动一体化，加快构建龙头企业牵头、高校院所支撑、各创新主体相互协同的创新联合体，发展高效强大的共性技术供给体系，提高科技成果转移转化成效。

二、加强科技成果转化完善国家科技创新体系的实践探索

当今世界，创新能力已经成为经济竞争力的决定性因素。一个国家或地区在科技创新上有多大的作为，就能够在经济社会发展上赢得多大的主动。在我国，推动科技成果转化是国家科技创新体系建设的重要一环，中央政府、相关部门及地方政府根据经济和社会发展需求不断推出科技成果转化的新政策。特别是进入新时代以来，改革力度不断加大，积极探索推动科技成果转化的技术市场各种要素支持，逐步形成了有法规可依的科技成果转化政策体系。广大科研人员参与科技成果转化的积极性普遍提高。《中共中央关于进一步全面深化改革、推进中国式现代化的决定》明确指出，允许科技人员在科技成果转化收益分配上有更大自主权，建立职务科技成果资产单列管理制度，深化职务科技成果赋权改革。深化高校、科研院所收入分配改革。允许更多符合条件的国有企业以创新创造为导向，在科研人员中开展多种形式中长期激励。

1. 支持科技成果转化做到有法规政策可依

改革开放后，国家开始探索调动广大科技人员对科技成果转化的积极性，探索尝试允许科技人员兼职、支持科技人员兴办民营科技企业机制、改革应用开发类国家科研机构并促其走向市场、试行技术有偿转让等。比如从法律角度来讲，就有以《中华人民共和国合同法》为核心的

市场交易及监管体系，以《中华人民共和国科学技术进步法》为核心的科学技术发展体系，以《中华人民共和国促进成果转化法》为核心的成果转体系。

1987年《中华人民共和国技术合同法》出台，开始实施"四技合同"认定登记；实施科技计划，促进科技成果推广应用；建立技术交易所，发展技术市场。科技成果转化开始向注重考虑供需双方利益平衡、市场公平的方向发展。

1996年《中华人民共和国促进科技成果转化法》出台，国家先后推出了中小企业技术创新基金、开发类科技机构转化为企业、风险投资、技术转移行动和国家技术创新工程等措施，支持科技成果转化。2015年，国家修订了《中华人民共和国促进科技成果转化法》。2016年6月1号开始实施科技成果转化转移的行动方案、国家技术体系的建设方案，提出要开展科技成果信息汇交与发布，协同开展科技成果转化转移，建设科技成果中试基地与产业基地，推动科技型创新创业，强化多元化资金投入等关键措施并开展赋予科研人员科技成果所有权和长期使用权的探索。

2016年国务院颁布的《实施〈中华人民共和国促进科技成果转法〉若干规定》，赋予了高校、院所科技成果转化的自主决定权，保障了市场化的科技成果定价方式，提高了科技成果完成人员的奖励和酬金比例，确认了离岗创业、在岗创业、返岗聘任等制度的合法性。相关部委和地方政府积极推动科技成果转化，出台各种鼓励政策。在科技成果转化层面的授权空间、权益分配、制度建设、免责情况等方面实现了大范围突破。

2. 加大政策激励强度，探索科技成果所有权改革

国家在健全科技成果转化法规的同时，还逐步完善科技成果处置收益分配制度，优化国有资产管理，探索所有权改革试点。针对影响科技成果转化积极性的成果所有权和使用权归属不明问题，2020年，科技部、发展改革委、教育部、财政部等9部门联合印发《赋予科研人员职务科技成果所有权或长期使用权试点实施方案》，提出优先在全面创新改革试验区、国家自主创新示范区、国家科技成果转移转化示范区等选择了40家单位开展试点，创新促进科技成果转化的机制和模式，着力破除制约科技成果转化的障碍和藩篱。通过赋予科研人员职务成果所有权或长期使用权实施产权激励，完善科技成果转化激励政策，激发科研人员创新创业的积极性，促进科技与经济深度融合，推动经济高质量发展，加快建设创新型国家。

科技成果赋权改革主要是聚焦成果所有权和长期使用权改革，从规范赋权流程、赋予单位自主权、建立尽职尽责机制，做好顶层设计，统筹推进试点工作。此次改革旨在创新促进科技成果转化的机制和模式，形成可复制、可推广的经验和做法，推动完善相关法律法规和政策措施。进一步激发科研人员创新积极性，促进科技成果转移转化。

改革赋予了科研人员职务成果所有权，赋予了科研人员职务科技成果长期使用权，落实了以增加知识价值为导向的分配政策，优化了科技成果转化国有资产管理方式，强化了科研成果转化全过程管理和服务，加强了赋权科技成果转化的科技安全和科技伦理管理，建立了尽职免责机制，充分发挥专业化技术转移机构的作用，并为改革提供组织领导、评估监测、推广应用等组织保障。

3. 建立专业化技术转移机构并培育技术经理人

科技成果转化涉及技术配套、市场开拓、资本金融、法规政策等多种因素，不同于一般的科研管理，需要成果供给方与技术需求方从技术、生产、市场等各方面进行有效沟通与合作，非科研人员单方面能够独立完成。因此，要建立专业化技术转移机构并培养一批既懂技术又懂市场的技术经理人队伍，建立有效连接技术开发方与成果应用方的工作制度和机制。

为贯彻落实国家关于推进科技成果转移转化的重要部署，探索创新科技成果转移转化机制，加强高校科技成果转移转化能力，2018年教育部发布《高等学校科技成果转化和技术转移基地认定暂行办法》，在高等学校开展科技成果转化和技术转移基地认定工作，截至2020年已经认定71所高校基地和5个地方基地。一些省市也启动了科技成果转化和技术转移基地认定工作。

2020年，《中共中央 国务院关于构建更加完善的要素市场化配置体制机制的意见》中提出，培育发展技术转移机构和技术经理人，建立国家技术转移人才培养体系，提高技术转移专业服务能力。随后，科技部、教育部印发《关于进一步推进高等学校专业化技术转移机构建设发展的实施意见》（以下简称《实施意见》），提出要在"十四五"期间全国创新能力强、科技成果多的高校普遍建立技术转移机构，体制机制落实到位，有效运行并发挥作用；高校科技成果转移转化能力显著增强，技术交易额大幅提升，高校成果转移转化体系基本完善；培育建设100家左右示范性、专业化国家技术转移中心。

根据试点认定条件，科技部、教育部分别对所负责管理的科技成果转化和技术转移基地、国家技术转移机构进行梳理，结合区域分布以及成果转移绩效等情况共推荐20家高校作为首批试点。科技部委托第三方根据《实施意见》和认定条件，对推荐的试点及其机构情况进行审核；对于符合条件的由推荐单位组织各高校编制试点实施方案，并组织开展专家咨询工作，确保试点的建设和实施质量。通过合规性审核的由科技部和教育部联合批复，启动试点建设，并纳入国家技术转移体系管理，建立监测评价与动态调整机制。与此同时，多种渠道开展对相关人员培训，多层面落地实施技术经理人制度。

4. 多措施并举，合力促进科技成果转化

国家有关部委相继出台了一系列完善激励企业创新的政策，如研发费用加计扣除、高新技术企业税收优惠等政策，引导企业加大研发投入，激发了企业的创新活力。2015年习近平总书记在参加十二届全国人大三次会议上海代表团审议时提出，必须破除体制机制障碍，面向经济社会发展主战场，围绕产业链，部署创新链，消除科技创新中的"孤岛现象"，使创新成果更快转化为现实生产力。2018年习近平总书记在两院院士大会上再次提出，要推动企业成为技术创新决策、研发投入、科研组织和成果转化的主体；要加快创新成果转化应用，彻底打通关卡，破解实现技术突破、产品制造、市场模式、产业发展"一条龙"转化瓶颈。

2016年，教育部印发《促进高等学校科技成果转移转化行动计划》（以下简称《行动计划》），明确提出23项重点任务，涉及加强制度建设、创新服务模式、拓展资金渠道、完善成果转化评价体系等九大方面。该行动计划要求建立完善工作机制，优化科技成果转移转化工作流程，实行成果转化公示制度，完善科技成果转化收益分配政策，保障参与科技成果转移转化各方的权益，同时要制定科技人员在岗兼职、离岗创业和返岗任职的制度，完善鼓励科技人员与企业工程人员双向交流政策等措施。《行动计划》明确将科技成果转移转化纳入高校考核评价体系，并将建设科技成果信息系统，完善科技成果信息发布机制，向社会公布科技成果和知识产权信息，提供科技成果信息查询、筛选等服务。

2023年，国务院办公厅印发《专利转化运用专项行动方案（2023—2025年）》，大力推动专利产业化，加快创新成果向现实生产力转化，开展专利转化运用专项行动。从三个方面对专利转化运用专项行动作出具体部署：一是大力推进专利产业化，加快专利价值实现。梳理盘活高校和科研机构存量专利，以专利产业化促进中小企业成长，推进重点产业知识产权强链增效，培育推广专利密集型产品。二是打通转化关键堵点，激发运用内生动力。强化高校、科研机构专利转化激励，强化提升专利质量促进专利产业化的政策导向,加强促进转化运用的知识产权保护工作。三是培育知识产权要素市场,构建良好服务生态。高标准建设知识产权市场体系,推进多元化知识产权金融支持,完善专利转化运用服务链条,畅通知识产权要素国际循环。

党的十八大以来,我国科技成果转化的法规体系已经建立,政策激励措施日趋增强,广大科研人员的积极性普遍提高。科技成果转化活动持续活跃,对支撑国家经济和社会高质量发展的作用越来越显著。

三、深化改革进一步提升高校科技创新能力

高校是教育、科技、人才的集中交汇点,是基础研究的主力军、重大科技突破的策源地。近年来,我国高校在国家创新体系中发挥了重要作用。比如,在量子科技、生命科学、物质科学、空间科学等领域,取得一批重大原创成果。2024年6月公布的2023年度国家科学技术奖励中,由高校牵头的占到三大奖励总数的三分之二左右,最高科技奖得主的两位院士均来自高校。《中共中央关于进一步全面深化改革、推进中国式现代化的决定》强调,分类推进高校改革,建立科技发展、国家战略需求牵引的学科设置调整机制和人才培养模式,超常布局急需学科专业,加强基础学科、新兴学科、交叉学科建设和拔尖人才培养,着力加强创新能力培养。完善高校科技创新机制,提高成果转化效能。

2024年7月19日,在解读党的二十届三中全会精神的中共中央新闻发布会上,教育部党组书记、部长怀进鹏介绍,下一步,将优化高等教育布局,着力强化高校有目标有组织的人才培养、科技创新和社会服务,加强制度创新和科技创新"双轮驱动",为加快建设世界重要人才中心和创新高地提供有力支撑。

1. 分类推进高校改革

经济社会发展实际上对学校和人才的需求是多样的,在高校中既需

要"全能选手",又要有"单项冠军"。必须进一步明确各类高校发展定位,建立分类管理、分类评价机制,引导不同类型高校在不同领域、不同赛道塑造并发挥高校的优势,追求卓越、办出特色。加快建设中国特色、世界一流的大学和优势学科,实施一流学科培优行动,聚焦优势突破方向,打造一批一流学科标杆,在重大任务完成中提升学科建设能力。

2. 着力加强创新能力培养

创新之教育培养创造之人才,创造之人才造就创新之国家。必须进一步聚焦国家重大战略需求与科技发展态势,动态调整高校学科设置,优化人才培养模式,超常布局急需学科专业。深入实施国家基础学科拔尖人才培养战略行动,深化新工科、新医科、新农科、新文科建设,打造一流核心课程、教材、实践项目和师资团队,强化科技教育与人文教育协同,以学生人文底蕴的提升促进科技创新思维的提高,构建高质量拔尖创新人才自主培养体系。

3. 完善高校科技创新机制

实施基础学科与交叉学科突破计划,提升基础研究的组织化程度,把重大任务作为科教融汇的"发动机",引领学科交叉融合,推动产出更多原创性、颠覆性科技创新成果。特别是将加强青年科技人才培养,通过长周期稳定支持、长周期评价,引导支持一批具有家国情怀、创新能力突出的高校青年教师,开展高水平自由探索,挑战科学"无人区"。提高高校科技成果转化效能,打造高校区域技术转移转化中心,加快布局建设高等研究院,推动高校和企业"双向奔赴",促进高校科研成果高水平创造、高效率转化,不断助力发展新质生产力。

四、以科技创新驱动产业创新

科技创新,作为 21 世纪全球经济发展的引擎,在全球范围内引发了深刻的产业变革。随着科技与产业的深度融合,科技创新推动产业创新,传统产业得以改造提升,新兴产业得以培育壮大,未来产业开始提前布局,产业链的结构与效能也随之重塑。科技创新成果转化已成为各国创新驱动发展战略的重要组成部分。《中共中央关于进一步全面深化改革、推进中国式现代化的决定》提出,加强新领域新赛道制度供给,建立未来产业投入增长机制,完善推动新一代信息技术、人工智能、航空航天、新能源、新材料、高端装备、生物医药、量子科技等战略性产业发展政策和治理体系,引导新兴产业健康有序发展。以国家标准提升引领传统产业优化升级,支持企业用数智技术、绿色技术改造提升传统产业。强化环保、安全等制度约束。这一系列部署中,既有对"新"的培育,也有对"旧"的改造提升,贯穿着因地制宜发展新质生产力的辩证思维,既体现了鼓励产业发展的导向,也是坚持因地制宜、分类指导的要求。

1. 以科技创新改造提升传统产业

传统产业,如制造业、农业和能源业,往往发展历史悠久,但在面对数字化、自动化和绿色转型的挑战时,科技创新成果的应用,在改造提升传统产业方面发挥着至关重要的作用。科技创新通过提高生产效率、优化生产流程、降低运营成本和创造新的商业模式,推动传统产业的转型升级,提升其在全球价值链中的地位。以下是一些科技创新改造提升传统产业的现实体现:

——智能制造在汽车业的应用

汽车制造业是全球最重要的传统产业之一。近年来,随着物联网、大数据和人工智能等技术的普及,汽车制造业正在经历一场深刻的变革。美国特斯拉公司就是一个典型的例子,其创新的生产模式结合了自动化生产线和电动汽车技术,极大地提高了生产效率,降低了成本,同时也推动了新能源汽车产业的发展。特斯拉的 Model 3 生产线就采用了高度自动化和数字化的生产方式，减少了人工干预，提升了生产速度和质量。

再以德国的"工业4.0"为例，德国宝马汽车工厂，通过引入物联网、大数据和人工智能，实现生产过程的高度自动化和智能化。工厂采用自动化机器人进行汽车组装，显著提高了生产效率，降低了人工错误，同时减少了对环境的影响。这种智能化生产方式使得德国制造业在全球市场上保持了竞争力。自动化和机器人技术的应用是科技创新改造提升传统产业的一个典型代表。

——精准农业的实践

在农业领域，科技创新成果改造提升体现在精准农业的应用。精准农业利用遥感技术、GPS定位、无人机、物联网设备和大数据分析，实现了农田管理的精细化和高效化，农民可以实现精准种植和管理，提高作物产量，减少资源浪费。例如，中国的"智慧农业"项目就是一个典范，通过大数据分析和智能化决策支持，为农作物种植提供定制化的解决方案，提升了农业的生产效率和可持续性。

再如，美国的John Deere公司推出智能农业解决方案，通过精确播种、施肥和灌溉，减少了资源浪费，提高了农作物产量。这种科技创新成果的应用不仅提高了农业生产力，还推动了农业向可持续和环保的方向发展。

——绿色能源的转型

传统能源产业，如煤炭和石油，在科技创新的影响下，正在经历绿色和可再生能源的革命，正在向可再生能源转变。科技创新成果的应用在这一过程中起到了催化作用，比如，太阳能电池板技术的进步降低了光伏发电的成本，而风能技术的创新则提高了风力发电的效率。太阳能和风能技术的创新与应用，使得可再生能源的使用成本大幅下降，为全球能源产业的可持续发展开辟了新的道路。

例如，中国在太阳能和风能领域的快速发展，如大型风力发电场和太阳能光伏电站的建设，展示了科技创新如何助力传统产业实现绿色转型。再例如，美国的特斯拉公司通过创新的电池技术和电动汽车设计，推动了电动汽车市场的快速发展，降低了对化石燃料的依赖，促进了能源结构的绿色转型。

——数字化零售业的崛起

零售业是一个典型的传统产业，电子商务和移动支付技术的兴起及应用，正在重塑这一行业。例如，阿里巴巴和亚马逊等企业通过构建线上平台，利用大数据和人工智能进行个性化推荐，改变了消费者的购物习惯，同时也提升了商家的运营效率。

科技创新引发了商业模式的创新，如无人零售。例如，亚马逊的无人便利店 Amazon Go，运用计算机视觉和传感器融合技术，实现了无感支付，为消费者提供了便捷的购物体验。这种模式的出现，推动了零售业的数字化转型，改变了传统的零售业态。此外，智能物流和无人配送技术的应用，例如，京东的无人仓库和无人机配送，进一步优化了零售业的供应链。

这些实例表明，科技创新通过技术的引入、应用和产业化，可以对传统产业进行深度改造，提升其附加值，降低环境成本，并催生新的商业模式。传统产业在科技创新的推动下，不断向高附加值、高效率、环保和可持续的方向发展，进一步推动了产业转型升级。科技创新与传统产业的深度融合，有助于构建现代化产业体系，增强产业链的韧性和安全性，确保产业体系的自主可控，从而为经济高质量发展注入新的活力。科技创新改造提升传统产业的过程，需要政策支持、企业创新和市场需求的共同作用，实现科技创新成果的深度应用和产业化转化。传统产业的改造侧重于如何通过制度建设更好支持转型升级，标准引领很关键。

场推广和售后服务等多个环节。例如，在新能源汽车领域，从电池技术研发、整车制造、充电桩建设到售后服务网络的搭建，都需要科技创新的全面渗透和产业链的紧密协作。这种全方位的产业链构建，确保了新兴产业的健康发展，也有利于科技创新成果的快速转化，为经济增长提供了新的动力。

以科技创新培育新兴产业是一个动态的过程，需要不断适应市场需求和技术进步，通过科技创新与产业链的深度融合，新兴产业逐步发展壮大，成为推动经济高质量发展的重要力量。同时，需要政府、企业、科研机构和投资者共同参与，通过政策引导、资金支持、技术研发和市场开拓，构建完整的产业链。在这个动态过程中，政策环境的优化、市场机制的完善以及跨领域的合作，都将对科技创新成果的高效转化产生积极影响，为新兴产业的可持续发展提供坚实的基础。总之，加快形成新领域新赛道，需要完善以科技创新引领产业创新的机制、鼓励和包容产业发展的机制等。

3. 以科技创新布局建设未来产业

未来产业，如量子科技、人工智能、生物科技的融合应用以及空天科技、深地深海等，是科技成果转化的新前沿，有望引领新一轮的产业革命。在当前全球科技快速发展和产业变革的大背景下，人工智能、量子信息、集成电路、先进制造、生命健康、脑科学、生物育种、空天科技、深地深海等前沿领域，代表未来科技和产业发展的的重点方向，事关发展全局和国家安全。例如：

——量子科技的突破与应用

量子科技，包括量子计算、量子通信和量子精密测量，是未来产业的重要组成部分。量子计算的超强计算能力将重塑信息处理的格局，为材料科学、药物设计、气候模拟等领域提供前所未有的计算资源。量子通信则有望实现完全安全的信息传输，保障信息安全。量子精密测量在导航、传感和科学研究中具有巨大的应用潜力。各国政府和企业已经开始积极布局量子科技，投资研发，搭建基础设施，以抢占未来技术制高点。

——人工智能的深化与融合

人工智能（AI）正逐步渗透到各个行业，从智能制造、智慧城市到智慧医疗，无处不在。未来，AI将进一步深化与其他科技的融合，如AI+5G、AI+物联网、AI+生物技术等，催生出新的产业形态和服务。例如，AI在医疗领域的应用可能实现个性化治疗和精准医疗，而在交通领域，自动驾驶技术将重塑出行模式，推动智能交通系统的形成。

——生物科技与数字化的结合

生物科技与数字技术的融合是未来产业另一大亮点。基因组学、表观遗传学和生物信息学的进步，将使生命科学产业进入一个全新的数据驱动时代。例如，基于大数据的精准医疗将实现个性化治疗方案，而数字化生命科学平台将加速新药研发速度。此外，生物制造和生物经济的发展也将受益于数字化技术，实现更高效、更环保的生产模式。

——太空经济的拓展

太空经济包括卫星通信、太空旅游、轨道资源开发等，是未来产业的新兴领域。随着航天技术的不断进步，太空经济有望成为新的经济增长点。例如，星座组网项目（如"星链"Starlink）正在改变全球互联网接入的格局，而太空资源的探索和利用，如月球和小行星的开采，将开启新的产业链条。

以科技创新布局未来产业的关键在于前瞻性的研究与开发，以及政策环境的支持。政府需要制定长远的科技发展战略，引导资金投入前沿领域，同时培育创新生态系统，鼓励跨界合作。企业则需把握科技发展趋势，加大研发投入，构建适应未来市场的商业模式。此外，教育和人才培养也是不可或缺的一环，需要培养具备跨学科知识和创新能力的人才，以应对未来产业的挑战。总之，未来产业孵化培育需要可持续的投入，要建立投入增长机制。

同时，科技创新不仅要瞄准新技术的开发，更要关注新技术在各个领域的应用。通过对应用场景的创新，如智慧医疗、智能交通、虚拟现实等，推动未来产业与社会各领域的深度融合，创造新的经济增长点。

第三节　加快促进数字经济和实体经济深度融合

当前，新一轮科技革命和产业变革正在重构全球创新版图、重塑全球经济结构，数字技术、数字经济作为世界科技革命和产业变革的先机，日益融入经济社会发展各领域全过程，全球经济数字化转型已是大势所趋。抢抓数字经济发展之先机，促进数字经济和实体经济深度融合，是把握新一轮科技革命和产业变革机遇、加快推动实体经济高质量发展，以及建设以实体经济为支撑的现代化产业体系的战略选择，关系着国家在未来发展和国际竞争中赢得战略主动。以习近平同志为核心的党中央高度重视发展数字技术、数字经济，持续推动实体经济和数字经济深度融合发展。党的二十大报告强调："加快发展数字经济，促进数字经济和实体经济深度融合，打造具有国际竞争力的数字产业集群"并作出一系列战略部署。党的二十届三中全会审议通过的《中共中央关于进一步全面深化改革、推进中国式现代化的决定》，明确"健全促进实体经济和数字经济深度融合制度"，"加快推进新型工业化"，"建立保持制造业合理比重投入机制"，"加快构建促进数字经济发展体制机制"，"完善促进数字产业化和产业数字化政策体系"等一系列要求，持续促进数字技术和实体经济深度融合。

一、全球数字经济的发展历程、现状与时代价值

2021年10月18日,习近平总书记在主持中共十九届中央政治局第三十四次集体学习时指出:"数字经济发展速度之快、辐射范围之广、影响程度之深前所未有,正在成为重组全球要素资源、重塑全球经济结构、改变全球竞争格局的关键力量"。近年来,互联网、大数据、云计算、人工智能、区块链等新技术深刻演变,产业数字化、智能化、绿色化转型不断加速,智能产业、数字经济蓬勃发展,极大改变全球要素资源配置方式、产业发展模式和人民生活方式。

1. 数字经济的定义

数字经济是继农业经济、工业经济之后的更高级经济阶段。数字经济是以数字化的知识和信息为关键生产要素,以数字技术创新为核心驱动力,以现代信息网络为重要载体,以信息通信技术融合应用、全要素数字化转型为重要推动力,通过数字技术与实体经济深度融合,不断提高传统产业数字化、智能化水平,加速重构经济发展与政府治理模式的新型经济形态。

数字经济,这一术语最早在20世纪90年代由美国经济学家唐·塔普斯科特提出,他将数字经济定义为"一种全新的经济形态,基于信息和通信技术,其中信息和知识不仅是主要的生产要素,也是交换和消费的主要对象"。自此,数字经济的概念逐渐被学术界和政府政策制定者广泛接受并深入探讨。

关于数字经济的定义,许多国际机构和组织都做出了概括,以2016年G20杭州峰会发布的《二十国集团数字经济发展与合作倡议》中的定义最具代表性:"数字经济是指以使用数字化的知识和信息作为关键生产要素、以现代信息网络作为重要载体、以信息通信技术的有效使用作为效率提升和经济结构优化的重要推动力的一系列经济活动。"可以

说，数字经济代表了围绕数据这种关键的生产要素所进行的一系列生产、流通和消费的经济活动的总和。

在我国，国家统计局 2021 年发布的《数字经济及其核心产业统计分类（2021）》文件中，对数字经济及其分类范围做了明确说明：数字经济是指以数据资源作为关键生产要素、以现代信息网络作为重要载体、以信息通信技术的有效使用作为效率提升和经济结构优化的重要推动力的一系列经济活动。文件中将数字经济产业范围确定为五大类，分别是：01 数字产品制造业、02 数字产品服务业、03 数字技术应用业、04 数字要素驱动业、05 数字化效率提升业。

数字经济按照其内部结构可划分为"数字产业化"和"产业数字化"两大部分。简单的说，数字产业化，指的是数字技术形成产业的过程，为数字经济进步提供了基础的技术、产品、服务和解决方案等，如人工智能、云计算等新技术。产业数字化，指的是传统产业的数字化升级过程，主要是应用数字技术带来了生产数量的提高和生产效率的提升等，如机器人的使用大大提升了企业的劳动生产率。

整体而言，广义来说，推动生产力发展的经济形态都可以归纳为数字经济范畴。在技术层面，包括大数据、云计算、物联网、区块链、人工智能、5G 通信等新兴技术。在应用层面，包括新零售、新制造、新社交电商等新经济新业态。网红经济、互联网经济等也都是数字经济范畴。

2. 数字经济的发展历程

数字经济的发展历程可以划分为几个重要的阶段，每个阶段都反映了技术进步、社会需求变化以及全球经济结构的演化。

第一阶段是信息时代初期，这主要发生在 20 世纪 70 年代至 90 年代。这一时期，个人计算机的普及和互联网的诞生，使得信息的处理、存储和传输能力显著增强。在这个阶段，电子数据处理和电子商务开始萌芽，例如早期的电子支付系统和互联网拍卖，标志着数字经济的初步形成。

第二阶段是21世纪初互联网的爆炸性增长，催生了Web 2.0时代。这一时期，社交网络、云计算和移动互联网技术的兴起，使得用户能更便捷地分享、创造和消费数字内容。大数据、人工智能和物联网等技术的快速发展，推动了数字经济的深化，各行各业开始广泛采用数字化手段，实现业务流程的优化和创新。

第三阶段是近年来的数字化转型加速期，新技术如区块链、5G通信以及量子计算的出现，进一步推动了数字经济的边界扩展。这场转型不仅改变了传统的经济活动，如金融、教育、医疗等，也催生了如共享经济、平台经济、智能供应链等新的商业模式，这些都极大地丰富了数字经济的内涵。

数字经济的发展历程见证了信息科技的迭代更新，以及它们对经济活动的深刻重塑。从早期的电子化，到互联网化，再到智能化，数字经济的内涵不断扩展，其外延也在不断延伸，从最初的电信和计算机行业，扩展到现在的各个产业部门，甚至深入到社会生活的方方面面。

3. 全球数字经济的发展现状

近年来，世界主要国家都不遗余力加强在数字科技创新、技术标准和国际规则制定等方面的布局，谋求在全球数字经济竞争中抢占先机。一方面，数字经济增长速度快、发展潜力大，日益成为各国经济发展的重要动能和国民经济的重要支柱。另一方面，新一代信息技术将推动形成一个万物互联、数据资源成为重要价值来源的社会，对关键数字技术、设备、平台和数据的掌控直接关系到个人隐私与信息安全、产业安全、政治安全、国防安全等国家安全各个方面。因此，数字经济已成为全球竞争的焦点领域。

从产业渗透上看，发达国家产业数字化转型起步早、技术应用强、积极拥抱数字经济时代，加强数字技术创新和应用，推动产业升级和结构优化，促进创新创业和经济增长。只有这样，我们才能在数字经济的浪潮中抓住机遇，实现经济的高质量发展和新质生产力的崛起。

二、中国数字经济发展现状与政策体系

迄今为止，我国数字经济已取得巨大进步，新业态、新模式层出不穷，数字经济成为推动中国经济高质量发展的新引擎。目前，数字技术正在加快向实体经济的融合渗透，数字经济与其他产业融合深入推进，提升经济发展空间。

1. 发展现状

近年来，我国产业数字化进程提速升级，数字产业化规模持续壮大。2023年国家互联网信息办公室发布的《数字中国发展报告（2022年）》显示，2022年，我国数字经济规模达50.2万亿元，同比增长10.3%，总量稳居世界第二，占国内生产总值（GDP）比重高达40%以上。数字经济与实体经济的"双向奔赴"，不断催生新产业、新业态、新模式，为经济社会发展注入了澎湃的新活力、新动能。

——信息基础设施全球领先。建成全球规模最大的光纤和第四代移动通信（4G）网络，第五代移动通信（5G）网络建设和应用加速推进。宽带用户普及率明显提高，光纤用户占比超过94%，移动宽带用户普及率达到108%，互联网协议第六版（IPv6）活跃用户数达到4.6亿。

——产业数字化转型稳步推进。农业数字化全面推进。服务业数字化水平显著提高。工业数字化转型加速，工业企业生产设备数字化水平持续提升，更多企业迈上"云端"。

——新业态新模式竞相发展。数字技术与各行业加速融合，电子商务蓬勃发展，移动支付广泛普及，在线学习、远程会议、网络购物、视频直播等生产生活新方式加速推广，互联网平台日益壮大。

——数字政府建设成效显著。一体化政务服务和监管效能大幅度提升,"一网通办"、"最多跑一次"、"一网统管"、"一网协同"等服务管理新模式广泛普及,数字营商环境持续优化,在线政务服务水平跃居全球领先行列。

与此同时,我国数字经济发展也面临一些问题和挑战:数字经济大而不强,数据资源规模庞大,但价值潜力还没有充分释放;关键技术工程亟待突破,关键领域创新能力不足,产业链供应链受制于人的局面尚未根本改变;法律制度环境仍需完善,数字经济治理体系需进一步完善;数字经济发展不平衡,不同行业、不同区域、不同群体间数字鸿沟未有效弥合,甚至有进一步扩大趋势;数字经济国际话语权仍需提高,数据开放情况与发达国家相比仍有差距,不适应社会经济快速发展的需求,等等。

2. 政策体系

数字经济在中国之所以能够快速发展,得益于政府出台了一系列有利于行业发展的政策措施,全力建设配套基础设施,并采取灵活的监管措施,为数字经济发展提供了广阔空间。2015 年以来,我国政府对于数字经济发展过程中,相关技术、商业模式的出现与发展采取了"先发展、后监管","有所为有所不为"的灵活监管策略,已经被实践所证明是一条行之有效的正确方针。

2015 年,《国务院关于积极推进"互联网"＋行动的指导意见》发布,我国数字经济建设由此展开。

2016 年,中共中央、国务院颁布《国家信息化发展战略纲要》,提出建设网络强国"三步走"计划,我国数字经济行业发展已具雏形。同年,国务院发布《"十三五"国家战略性新兴产业发展规划》,新增了"数字创意产业"。

2017 年,"数字经济"首次出现在政府工作报告中,这意味着数字经济发展已经上升到国家战略高度。

2018年，我国正式发布《数字经济发展战略纲要》，明确我国数字经济发展基础设施、服务等方面的系统战略部署。

2019年，《国家数字经济创新发展试验区实施方案》发布，国家数字经济创新发展试验区工作开展法规颁布。

2020年，《关于推进"上云用数赋智"行动培育新经济发展实施方案》颁布，以"上云用数赋智"深入推进企业数字化转型。

2021年，《中华人民共和国国民经济和社会发展第十四个五年规划和2035年远景目标纲要》首次提出"数字化"在我国现代化建设全局中的重要地位，提出加快建设数字经济、数字社会、数字政府的13个总体目标，描绘了建设数字中国的宏伟蓝图。明确提出：迎接数字时代，激活数据要素潜能，推进网络强国建设，加快建设数字经济、数字社会、数字政府，以数字化转型整体驱动生产方式、生活方式和治理方式变革。数字经济正在成为我国实现2035年远景目标及第二个百年奋斗目标的新动能。

2022年，国务院颁布《"十四五"数字经济发展规划》，提出到2025年，数字经济核心产业增加值占国内生产总值比重达到10%，数据要素市场体系初步建立，产业数字化转型迈上新台阶，数字产业化水平显著提升，数字化公共服务更加普惠均等，数字经济治理体系更加完善。

2023年，《数字经济核心产业分类与国际专利分类参照关系表（2023）》以及《数字经济和绿色发展国际经贸合作框架倡议》发布，数字经济发展进入国际化阶段。同年，国务院发布《数字中国建设整体布局规划》，引起讨论热潮。数字中国建设的目标是以信息化、智能化、网络化等手段，推动各行业的数字化转型，其中，构建数字经济体系和数字社会体系是政策措施的重点内容。

据不完全统计，我国政府共出台了 9 部数字经济相关政策。其中，国务院出台了 4 部数字经济有关政策，重点包括：数字经济制度完善、数字政府建设、数字安全体系构建等。按照政策内容来看，《"十四五"数字经济发展规划》和《数字中国建设整体布局规划》涵盖内容较为全面广泛，其余 7 部政策则分别针对政府治理、乡村发展、中小企业转型、社会福利等领域提出数字经济发展的相应措施。

同时，国家银保监会、财政部、住房和城乡建设部、中央互联网信息办公室和工业和信息化部分别出台了对应领域的数字化发展政策，涉及领域包括：住房公积金、中小企业发展、银行业保险业转型、数字乡村、银行函证规范化等。

2024 年 4 月，国家发展改革委办公厅、国家数据局综合司印发《数字经济 2024 年工作要点》，从九方面对 2024 年数字经济重点工作作出部署。包括：适度超前布局数字基础设施；加快构建数据基础制度；深入推进产业数字化转型；加快推动数字技术创新突破；不断提升公共服务水平；推动完善数字经济治理体系；全面筑牢数字安全屏障；主动拓展数字经济国际合作；加强跨部门协同联动。

下一步，国家发改委、国家数据局将会同有关部门，充分依托数字经济发展部际联席会议制度，围绕基础制度、重大设施、技术创新、产业发展、转型赋能、安全治理、国际合作等重点领域多向发力，强化统筹协调、形成政策合力，夯实数字经济基础支撑，加快改革破局，拓展新赛道，深化赋能增效，释放数字红利，优化发展环境，加快形成一批标志性成果。

三、中国数字经济发展的未来趋势

自 2022 年至今，在数据要素市场推行三年后，中国的各要素市场在新质生产力的推动下不断与数据要素融合，正在重塑产业发展与治理的规则体系。2024年4月1日，2024年全国数据工作会议在北京召开。会议指出，要促进数据科技创新发展。围绕技术发展加快产业布局，形成数据科技与数据产业相互融合、相互促进的良性发展态势。

未来随着新型基础设施建设的加快，云计算、大数据、人工智能等技术创新和融合应用的进一步发展，实体经济数字化转型将迎来新的发展时期，数字经济发展规模将进一步提升。根据中国信息通信研究院预测，到2025年中国数字经济规模将达到60万亿元左右，数字经济将成为经济高质量发展的新动能。此外，根据历年数字经济的内部发展结构，预计2025年中国数字产业化规模将达到9万亿元左右，产业数字化规模将达到51万亿元左右。

结合我国"十四五"规划和数字经济发展的历程来看，我国数字经济发展趋势主要在数字技术应用、核心技术研发及数字经济治理等方面。从数字应用层面来看，尽管我国在数字经济方面的发展已经取得一定的成就，但是在数字技术融合方面仍有较大差距，许多企业应用数字技术并未达到预期效果。

因此，展望未来，数字经济发展的重点在于"推动互联网、大数据、人工智能同产业深度融合"，利用数字技术推动企业协同研发、设计等持续创新，并通过数字化实现生产制造的柔性化、精细化、个性化、智能化和平台化，结合消费端的大数据，对消费者的个性化需求进行更精准的分析，从而更好地满足消费者的需求。具体有三个重点领域的创新应用：一是高端芯片、操作系统、人工智能关键算法、传感器等关键领域，以及相关的基础理论、基础算法、装备材料等；二是通用处理器、云计算系统和软件核心技术一体化研发；三是量子计算、量子通信、神经芯片、DNA存储等前沿技术，并加强信息科学与生命科学、材料等基础学科的交叉创新。

基于上述，中国数字经济发展的未来趋势体现为：

1. 核心技术持续强化

强化核心技术仍是我国数字经济发展的一个重要趋势,有利于解决我国数字经济大而不强的问题。从本质上看,我国仍然不是"数字经济强国"。作为当前全球研发投入最集中、创新最活跃、应用最广泛、辐射带动作用最大的技术创新领域,数字科技领域也是我国核心技术"卡脖子"相对突出的重要领域。

因此,应当加强自主创新和国际合作,持续推动应用场景开放,加强从基础层、技术层到应用层各个层级数字科技的持续性创新和应用。从未来发展趋势看,我国数字经济仍应在网络基础技术、高端芯片、大数据技术、云计算技术等多个方面加强研发,从而持续强化核心技术。

2. 数字经济治理融合统一

数字经济治理层面上,随着数字经济推动社会经济的进步的同时,大量治理问题也不断显现。数字经济治理涉及到国际国内的复杂体系,不仅包括政府对数字空间的管治,也包括网络上各种主体的治理行为。从未来发展看,需要协同政府、网民、平台、各种虚拟组织等各个主体之间的治理行为,推动数字经济"技治、法治、自治"三者的融合互动,使"工具、法律、自律"三者之间达到统一,从而推动数字经济健康发展。而大数据、人工智能、云计算、5G等新一代信息技术,将继续加深与治理体系的融合,优化升级治理结构和治理流程,提高治理的效率和治理,使治理活动更好地服务于社会经济发展和人民生活福祉的提高。

3. 数字经济人才培养加速

数字经济领域核心人才层面,我国需要加快数字经济领域核心人才的培养。数字经济的转型发展推动数字人才需求结构发生显著变化,对数字人才提出了更高要求。中国信息通信研究院发布的《中国数字经济发展报告(2022年)》显示,2021年中国数字化人才缺口已接近1100

万，而且伴随全行业数字化的快速推进，数字人才需求缺口还会持续加大。紧缺的数字化人才不仅包括数字产业化创造的数字技术、数字研发岗位，也包括产业数字化转型过程中产生的大量数字技能人才。

需要引起重视的是，未来几年，几乎所有行业都需大量数字化人才帮助企业完成数字化转型。国家、地方政府应当加强顶层设计和规划，引领数字人才建设，打造数字人才培养机制；企业、高校、科研院所应充分发挥各自主体优势，推动数字经济领域相关人才的培养，同时建立产学研联合培养机制，加强高校、科研院所和企业间紧密合作、协同培养。

4. 数字经济基础设施建设加快

我国需要加快部署未来决定数字经济发展的新型基础设施建设。目前，包括工信部、国家发改委等多部门明确将适度超前部署5G、数据中心等新型基础设施建设，多方正加紧绘制新一轮"新基建"规划图。据工信部此前发布的数据，2021年全年新增5G基站数达到了65.4万个，千兆光网覆盖到了3亿户家庭，"5G+工业互联网"在采矿、钢铁、电力等10个重点行业形成了远程设备操控、机器视觉质检等20个典型应用场景。在推动新型数字化基础设施建设过程中，既要充分发挥与传统数字基础设施的协同作用，同时也要根据未来发展导向布局，以技术创新推动产品创新、应用创新，有效培育新业态、激发新动能。

总之，数字经济的健康发展有利于推动构筑国家竞争新优势，当今时代，数字技术、数字经济是世界科技革命和产业变革的先机，是新一轮国际竞争重点领域，中国要抓住先机、抢占未来发展制高点，牢牢把握百年未有之大变局和中华民族实现伟大复兴战略全局，探索气候变化、绿色发展、传统行业转型升级等重点领域的数字化解决方案，全力打好国际"数字突围战"。

四、以产业数字化和数字产业化加快数实深度融合

数字经济的本质在于数字化。数字化是由计算机与互联网等生产工具革命所引起的工业经济转向数字经济的一种社会经济过程。具体来说,数字化包括数字技术的产业化、传统产业的数字化、基础设施的数字化、生活方式的数字化等内容。数字产业化与产业数字化,是数字经济的两个关键运用,体现了数字经济和实体经济的深度融合。

1. 数字产业化、产业数字化的概念区分

"数字产业化"、"产业数字化"近两年多次出现在政府工作报告和《"十四五"规划纲要》)中,成为备受关注的热词。

数字产业化,是指以数字化技术为核心,以数据为生产要素,以云计算、大数据、人工智能等为手段,从事信息传输、信息安全、软硬件开发、数字创意等领域的新兴产业。数字化产业是数字经济的重要组成部分,具有高技术含量、高附加值和高创新性等特点。

科技创新绝不仅仅是实验室里的研究,而是必须将科技创新成果转化为推动经济社会发展的现实动力。数字产业化的目的正是将数字化的知识和信息转化为生产要素,通过信息技术创新和管理创新、商业模式创新融合,不断催生新产业新业态新模式,最终形成数字产业链和产业集群。数字产业化的典型行业:互联网、软件和信息服务、电信行业等。

产业数字化,是指将传统的产业与数字化技术相结合,通过数字化手段来提升产业的效率、降低成本、优化资源配置、提高市场竞争力等。产业数字化的核心是利用数字化技术对传统产业进行改造和升级,使其更具有创新力和适应性。通过产业数字化,企业可以提高生产效率、降低成本、提升产品质量,并能够更好地适应市场需求变化。

推进产业结构优化升级是提高我国经济综合竞争力的关键举措。现

代数字信息技术对经济发展具有独特的放大、叠加、倍增作用。有关研究成果表明，数字化程度每提高10%，人均GDP增长0.5%至0.62%。产业数字化以"鼎新"带动"革故"，以增量带动存量，通过推动互联网、大数据、人工智能和实体经济深度融合，提高全要素生产率。产业数字化的典型行业：金融、医疗、教育、能源等传统行业。

数字产业化和产业数字化产业之间存在密切联系，两者相互促进、相互融合。数字产业化是创造，产业数字化是转变，两者互为补充。数字产业化可以为产业数字化提供强大的技术支撑和动力支持，同时产业数字化也可以为数字产业化发展提供坚实的基础和广阔的市场。只有将两者有机结合起来，融合共生，才能实现产业的可持续发展和创新进步。

但两者也存在区别：一是主体不同。数字化产业的主体是新兴产业，而产业数字化的主体则是传统产业。二是手段不同。数字化产业是以数字化技术为核心，以数据为生产要素，以云计算、大数据、人工智能等为手段开展业务。而产业数字化则主要采用数字化技术对传统产业进行改造和升级。三是目标不同。数字化产业的目标是推动新兴产业的发展，促进数字经济的繁荣。而产业数字化的目标是提高传统产业的效率、降低成本、优化资源配置等。四是价值不同。数字化产业的价值主要体现在推动新兴产业的创新发展和促进数字经济的繁荣方面。而产业数字化的价值主要体现在传统产业的转型升级和提质增效方面。五是发展阶段不同。数字化产业处于新兴产业的快速发展阶段，而产业数字化处于传统产业的转型升级阶段。

2. 数字产业化与产业数字化发展状况

近年来，大数据、云计算、物联网、人工智能等新一代信息技术应用在生产生活各领域加速落地，全社会数字化进程的加快，为数字产业的规模化发展奠定了基础。

中国信息通信研究院发布的《中国数字经济发展研究报告（2023）》统计数据显示，2022年，我国数字产业化规模达到9.2万亿元，同比名义增长10.3%，占GDP比重为7.6%，占数字经济比重为18.3%，数字产业化向强基础、重创新筑优势方向转变。数字产业收入规模为29.3万亿元，同比增长9.8%，数字产业化基础夯实。产业内部结构持续软化，电信业、互联网、软件业收入占比47.4%，较上年提高0.4个百分点。与此同时，2022年，产业数字化规模为41万亿元，同比名义增长10.3%，占GDP比重为33.9%，占数字经济比重为81.7%。互联网、大数据、人工智能等数字技术更加突出赋能作用，与实体经济融合走深向实，产业数字化探索更加丰富多样，产业数字化对数字经济增长的主引擎作用更加凸显。

同时，中国信息通信研究院发布的《全球数字经济白皮书（2023年）》统计数据显示，全球数字经济多极化趋势进一步深化，从规模看，美国数字经济规模蝉联世界第一，达17.2万亿美元，中国位居第二，规模为7.5万亿美元；从占比看，英国、德国、美国数字经济占GDP比重均超过65%，同时德国产业数字化比重连续多年高于其他国家，达到92.1%。不论是产业数字化，还是数字产业化，我国目前仍然存在着巨大的发展空间。我国数字经济发展总体水平和质量，与发达国家相比还存在较大差距，尤其是在一些基础性、关键性的领域。

3. 推进数字产业化与产业数字化协调发展，加快数实深度融合

2023年中共中央、国务院发布的《数字中国建设整体布局规划》中明确了，数字产业化和产业数字化是数字经济发展的核心。具体而言：数字产业化聚焦需求端，以数据信息为核心；产业数字化聚焦供给端，以实体经济为核心，相辅相成，相互促进。实体经济转型升级中遇到的数字设备、技术难题，需要数字产业的突破、创新和支持。数字经济作为新时代经济发展的重要引擎，推动传统产业通过数字化改造升级为智能制造，进而提升产业链水平尤为关键。

2024年《中共中央关于进一步全面深化改革、推进中国式现代化的决定》围绕健全促进实体经济和数字经济深度融合制度，对数字产业化和产业数字化发展作出了一系列重要部署。在数字产业化方面，提出要加快新一代信息技术全方位全链条普及应用，发展工业互联网，打造具有国际竞争力的数字产业集群。促进平台经济创新发展，健全平台经济常态化监管制度。建设和运营国家数据基础设施，促进数据共享。加快建立数据产权归属认定、市场交易、权益分配、利益保护制度，提升数据安全治理监管能力，建立高效便利安全的数据跨境流动机制。产业数字化方面，提出要加快推进新型工业化，培育壮大先进制造业集群，推动制造业高端化、智能化、绿色化发展。建设一批行业共性技术平台，加快产业模式和企业组织形态变革，健全提升优势产业领先地位体制机制。优化重大产业基金运作和监管机制，确保资金投向符合国家战略要求。建立保持制造业合理比重投入机制，合理降低制造业综合成本和税费负担。

由此，应大力推进数字产业化与产业数字化协调发展，加快促进数字经济和实体经济深度融合：

一是加强关键数字技术创新应用。加快数字技术的创新应用，支持科技企业发展壮大。聚焦高端芯片、操作系统、人工智能关键算法、传感器等关键领域，加快推进基础理论、基础算法、装备材料等研发突破与迭代应用。加强通用处理器、云计算系统和软件核心技术一体化研发。加快布局量子计算、量子通信、神经芯片、DNA存储等前沿技术，加强信息科学与生命科学、材料等基础学科的交叉创新，支持数字技术开源社区等创新联合体发展，完善开源知识产权和法律体系，鼓励企业开放软件源代码、硬件设计和应用服务。

二是加快推动数字产业化。培育壮大人工智能、大数据、区块链、云计算、网络安全等新兴数字产业，提升通信设备、核心电子元器件、关键软件等产业水平。构建基于5G的应用场景和产业生态，在智能交通、智慧物流、智慧能源、智慧医疗等重点领域开展试点示范。鼓励企业开放搜索、电商、社交等数据，发展第三方大数据服务产业。打造智慧利民的生态圈、新型数字消费业态、面向未来的智能沉浸式服务体验，促进共享经济、平台经济健康发展。

三是推进产业数字化转型。加强行业的传统基础设施数字化、智能化改造，实施"上云用数赋智"行动，推动数据赋能全产业链协同转型。畅通数据资源大循环，释放商业数据价值潜能，建立符合国家政策的数据资产计价研究与分配机制。在重点行业和区域建设若干国际水准的工业互联网平台和数字化转型促进中心，深化研发设计、生产制造、经营管理、市场服务等环节的数字化应用，培育发展个性定制、柔性制造等新模式，加快产业园区数字化改造。深入推进服务业数字化转型，培育众包设计、智慧物流、新零售等新增长点。加快发展智慧农业，推进农业生产经营和管理服务数字化改造。

四是建立健全数据要素产权制度体系，培育发展数据要素市场。健全要素参与收入分配机制，激发劳动、知识、技术、管理、资本和数据等生产要素活力，更好体现知识、技术、人才的市场价值，营造鼓励创新、宽容失败的良好氛围。从法律层面明确数据要素的产权归属，制定数据要素的价值评价体系，为数据要素的评估和交易提供科学根据。培育发展数据要素市场，加强数据开放共享，强化数据信息安全。不断完善人才培养、使用、激励和竞争机制，注重人才与数据要素、产业发展的融合，积极培育创新型人才。

综上所述，数字经济和实体经济深度融合是一项长期系统工程，需要我们准确把握融合趋势，深入研究问题短板，以数字经济和实体经济深度融合为重点，做大做强做优数字经济，为实体经济高质量发展注入强劲"数字"新动能，加快形成新质生产力。

第四节　加快发展方式绿色转型

2024年1月31日，习近平总书记在中共中央政治局第十一次集体学习时指出："绿色发展是高质量发展的底色，新质生产力本身就是绿色生产力。必须加快发展方式绿色转型，助力碳达峰碳中和"，"加快绿色科技创新和先进绿色技术推广应用，做强绿色制造业，发展绿色服务业，壮大绿色能源产业，发展绿色低碳产业和供应链，构建绿色低碳循环经济体系"，为加快发展方式绿色转型提供了实践遵循。2024年7月，党的二十届三中全会审议通过的《中共中央关于进一步全面深化改革、推进中国式现代化的决定》强调，中国式现代化是人与自然和谐共生的现代化。在深化生态文明体制改革方面，提出完善生态文明基础体制，健全生态环境治理体系，健全绿色低碳发展机制；提出实施分区域、差异化、精准管控的生态环境管理制度，健全横向生态保护补偿机制，实施支持绿色低碳发展的财税、金融、投资、价格政策和标准体系，加快规划建设新型能源体系。这一系列重要部署为加快发展方式绿色转型实践明确了顶层设计。绿色低碳发展是人类社会永续发展的必要条件，注重的是解决人与自然和谐共生的问题，与新质生产力的理念高度一致，代表了当今科技和产业变革的方向，确保经济社会发展与生态环境和谐共生。采用资源节约、环境友好型技术和绿色、低碳、循环、可持续的生产方式是新质生产力的必然选择。

一、做强绿色制造业

工业是中国经济发展的根基，是推动经济提质增效的主战场，也是我国能源消费和碳排放的重要领域之一。加快工业绿色发展是完整、准确、全面贯彻新发展理念的战略要求，是推进新型工业化的应有之义，是促进全球可持续发展的大势所趋。绿色制造作为绿色发展的根本要求，从设计、制造、包装、运输、使用到报废处理的产品全生命周期，必须综合考虑环境影响和资源效益，目的是革新传统设计、制造技术和生产方式，多方面、全流程实现"绿色化"，从而构建起以绿色为特征的制造体系。

1. 绿色制造业发展状况

党的十八大以来，我国绿色制造业发展取得了显著成效。绿色低碳已成为推进新型工业化的生态底色，绿色低碳产业已经成为我国经济高质量发展的新动能。

产业结构明显改善，传统制造业加快调整优化，战略性新兴产业蓬勃发展，新一代信息技术、高端装备、新材料、新能源等领域建成45个国家先进制造业集群，主导产业总产值达20万亿元。同时，资源利用效率明显提升，钢铁、电解铝、水泥熟料、平板玻璃等单位产品综合能耗大幅降低，单位产品能效处于世界先进水平。绿色供给明显增强，多晶硅、硅片、电池、组件产量全球占比很高。标杆引领作用不断显现。

绿色低碳已成为当前推进新型工业化的生态底色。绿色工厂和工业园区支撑起绿色制造基本面，截至2023年底，在国家层面已经累计培育绿色工厂5095家、绿色工业园区371家、绿色供应链管理企业605家，培育绿色制造专业化服务机构500余家，并推动省、市两级建立绿色制造体系，国家级绿色工厂产值占规模以上制造业产值的比重超过了17%。绿色工业园区平均固废处置利用率超过95%；已建设近万家数字化车间和智能工厂，产业提质增效碳减排成果显著。此外，融合程度明显加深，数字技术与制造业快速融合发展，越来越多的中国工厂入选世界数字化典型的"灯塔工厂",成为中国制造业迈向高质量发展的缩影。

然而,当前我国绿色制造业仍然面临能源结构偏煤、关键技术不强、资源循环利用机制不畅、中小企业绿色转型压力较大等困难和问题。做强绿色制造业,就要牢固树立和践行"绿水青山就是金山银山"的理念,从产业、产品、技术等层面入手,加快推动制造业向"绿"而行。

2. 全面推广绿色制造的实践策略

2023 年 12 月展开的全国工业和信息化工作会议指出,要推动工业绿色低碳发展,稳妥推进工业领域碳减排,大力发展绿色低碳产业,全面推广绿色制造。为此,要深入践行"绿水青山就是金山银山"的理念,加快工业发展方式绿色转型,继续坚持降碳、减污、扩绿、增长协同推进,把绿色发展理念贯穿工业生产全过程、全链条、全领域,着力推动产业结构高端化、能源消费低碳化、资源利用循环化、生产过程清洁化、产品供给绿色化、制造流程数字化转型。

当前,全面推广绿色制造,加快工业绿色低碳发展的实践策略是:

第一,大力发展绿色低碳产业,推动绿色发展的产业动能转换。

绿色低碳产业已经成为我国高质量发展的新动能,"新三样"等新兴绿色低碳产业蓬勃发展。工信部数据显示,2023 年,我国汽车产销量首次双双突破 3000 万辆,创下历史新高。海关总署数据显示,2023 年,我国电动载人汽车、锂离子蓄电池和太阳能蓄电池"新三样"产品合计出口 1.06 万亿元,首次突破万亿元大关,增长 29.9%。国家能源局数据显示,2023 年 1—11 月,我国光伏新增装机 163.88GW,同比增长 149.4%,接近 2022 年的两倍,光伏发电已超越水电成为我国装机规模第二大电源形式,在可再生能源中排名第一。

下一步,要大力发展新兴产业,培育壮大低碳、零碳和负碳产业,推动高碳产业和低碳产业动能转换;不断提高"新三样"的产业链、供应链韧性，促进产业链上下游加强对接、协同发展，建设统一大市场；利用光伏、锂电等产业外向型发展优势和全球能源革命机遇，推动国际产能和应用合作进程；统筹资源加大绿色低碳产业支持力度，加快关键材料设备、工艺薄弱环节突破，保障高质量产品供给；加强行业自律和配套建设，引导绿色低碳产业有序布局。

第二，全面推广绿色制造，引领产业高质量绿色发展。

推进绿色制造是所有工业企业实现"双碳"目标的重要路径和重要抓手。我国大力推广绿色制造理念，不断健全绿色标准体系，持续提高绿色制造水平，绿色制造产业日益壮大，实现了工业经济绿色低碳高质量发展。工信部数据显示，目前我国工业互联网已覆盖45个国民经济大类，覆盖工业大类的85%以上，"5G+工业互联网"在10个重点行业领域形成20个典型应用场景。工业企业积极打造绿色制造体系，释放绿色效益。例如，京东方旗下量产的14条半导体显示生产线和1座智能制造工厂全部被评为"国家级绿色工厂"，TCL建成13家国际级或国家级绿色工厂，帮助12个行业的50多个工厂实现能源系统的智能化管理。隆基绿能嘉兴基地在智能化技术赋能下，整线工艺稳定性达到行业最优，单位能耗降低20%。

下一步，要深入实施绿色制造工程，打造一批绿色工厂、绿色工业园区、绿色低碳服务商、绿色供应链，完善绿色制造标准和服务体系；进一步完善与绿色技术相关的成果转化、技术交易等制度，激活传统制造业绿色转型的内驱动力；以制造业绿色改造升级为重点，实施生产过程清洁化、能源利用低碳化、水资源利用高效化和基础制造工艺生态化，推广循环生产方式；大力推动绿色制造关键技术的研发和产业化，重点突破节能关键技术装备。

第三，增强绿色产品供给，促进绿色消费，为高质量发展提供绿色动能。

绿色发展是满足人民日益增长的美好生活需要的发展，高质量发展和绿色消费相辅相成、相得益彰，增强绿色产品供给、培育壮大绿色消费，为高质量发展提供了强大绿色发展动能。2022年1月，国家发展改革委、工业和信息化部等七部委联合印发了《促进绿色消费实施方案》，要求大力发展绿色消费。2023年，国家积极出台促进绿色消费的相关政策，国家商务部、发展改革委等四部委联合印发《关于做好2023年促进绿色智能家电消费工作的通知》，从供给端、需求端两端发力，打造绿色消费场景，促进新能源汽车、绿色家电等大宗消费，有力拉动了绿色产品供给能力和绿色消费。新能源汽车销售持续火爆，工信部数据显示，2023年，我国新能源汽车新车销量达到汽车新车总销量的30.8%。2023年12月，理想、零跑、极氪的电动汽车交付量同比增速均超过100%。家电企业竞相推出高能效、环保节能的产品，受到消费者的青睐，海尔新款洗衣机的用水量比传统洗衣机节省38%，美的将微波炉产品的热效率值提升至60%，海信100英寸激光电视的功耗只有约250瓦。

下一步，要稳住新能源汽车等大宗消费，同时继续开展绿色智能家电、绿色建材下乡活动；强化针对绿色产品的质量安全责任保障，严厉打击虚标绿色低碳产品行为；探索实施全国绿色消费积分制度，鼓励各类销售平台制定绿色低碳产品消费激励办法，通过发放绿色消费券、绿色积分等方式激励绿色消费；鼓励行业协会、平台企业、制造企业、流通企业等共同发起绿色消费行动计划，推出更丰富的绿色低碳产品和绿色消费场景。

3. 加快推动制造业绿色化发展的未来目标与思路

绿色发展是高质量发展的底色，制造业绿色化发展的关键点在于加快发展方式绿色转型。做大做强绿色制造业，对于传统产业的绿色化改造、新兴产业的提质增效、新质生产力的加快培育具有重要意义。

近年来，我国加快建设现代化产业体系，推进新型工业化，推动制造业高端化、智能化、绿色化发展，取得积极成效。2023年，我国高技术制造业、装备制造业增加值占规模以上工业增加值比重分别达到15.7%和33.6%。新能源汽车产销超过950万辆，连续多年领跑全球，动力电池产量占全球60%左右，光伏产业链主要环节产量连续多年保持全球第一。

2024年3月1日，工业和信息化部联合国家发展改革委、财政部等七部门发布我国首个《关于加快推动制造业绿色化发展的指导意见》（以下简称《意见》）。《意见》提出，到2030年，绿色工厂产值占制造业总产值比重超过40%，绿色发展成为推进新型工业化的坚实基础。到2035年，制造业绿色发展内生动力显著增强，碳排放达峰后稳中有降，碳中和能力稳步提升，在全球产业链供应链绿色低碳竞争优势凸显，绿色发展成为新型工业化的普遍形态。

《意见》就传统产业绿色低碳如何转型升级、新兴产业绿色低碳如何高起点发展、制造业绿色如何融合新业态、制造业绿色发展基础能力如何提升等四个方面，明确了制造业绿色发展的主要思路与要求。具体如下：

一是要加快传统产业绿色低碳转型升级。《意见》提出，加快传统产业产品结构、用能结构、原料结构优化调整和工艺流程再造，构建清洁高效低碳的工业能源消费结构。

我国的传统产业量大面广，规模体量占到我国工业80%以上，工业绿色低碳转型的关键和难点在于钢铁、有色、石化化工建材等这些传统产业的绿色低碳转型。要利用先进的技术、装备和工艺，来推动传统产业的绿色低碳升级改造。近年来，我国传统产业通过绿色低碳改造升级、技术装备水平、资源能源利用效率等方面都迈上了一个新台阶，重点行业和领域主要污染物和二氧化碳排放强度持续下降。我国钢铁、电解铝、水泥熟料、平板玻璃等重点工业产品能效水平持续提升。钢铁、石化化工行业规模以上工业重复用水率分别超过97%和95%，处于国际先进水平。截至2023年底，累计有89家钢铁企业4.26亿吨粗钢产能完成全流程超低排放改造。

《意见》提出，到2030年，主要再生资源循环利用量达到5.1亿吨，大宗工业固废综合利用率达到62%，电解铝使用可再生能源比例达到30%以上，短流程炼钢比例达到20%以上，合成气一步法制烯烃、乙醇等短流程合成技术实现规模化应用。

二是推动新兴产业绿色低碳高起点发展。《意见》提出，推动新兴产业绿色低碳高质量发展重点是：要聚焦风能、光伏、新能源汽车动力电池方面，要补上回收利用这些关键短板。要进一步地努力提升绿色环保装备、新能源装备、新能源汽车等绿色低碳产业的竞争力，谋划布局氢能储能、生物制造、碳捕集、碳封存等面向未来能源和未来制造这些方面的产业发展。

新兴产业是引领未来发展和经济高质量发展的重要力量。当前，我国工业经济绿色化程度显著提升，新兴产业蓬勃发展，展现出强大的生命力和巨大的市场潜力。近年来，我国新兴产业在政策支持、资金投入、地方布局等多方面因素的推动下，呈现出良好的发展态势，我国产业总体上处在由全球价值链中低端环节向中高端环节攀升的阶段，迫切需要把握新一轮科技革命和产业变革方向，依托新科技、创造新动力、拓展新空间。

《意见》提出，在新一代信息技术领域，引导数据中心扩大绿色能源利用比例，推动低功耗芯片等技术产品应用，探索构建市场导向的绿色低碳算力应用体系。在高端装备领域，加快增材制造、柔性成型、无损检测和拆解等关键再制造技术创新与产业化应用，推动高技术含量、高附加值装备开展再制造。

三是培育制造业绿色融合新业态。《意见》提出，要推动数字化和绿色化深度融合，绿色制造业和现代服务业深度融合，绿色消费需求和绿色产品供给深度融合。

产业融合跨界成为推动高质量发展的关键，我国制造业在绿色化转型的过程中，不仅注重节能减排，更积极探索与其他产业的深度融合。例如，钢铁光伏跨界合作，轧钢进入"绿电时代"。据统计，在25年的寿命周期内，20兆瓦光伏发电项目，预计可提供绿电5.1亿千瓦时，减少二氧化碳排放量48万吨。

《意见》提出，充分发挥数字技术在提高资源效率、环境效益、管理效能等方面的赋能作用，加速生产方式数字化绿色化协同转型。面向重点行业领域在生产制造全流程拓展"新一代信息技术+绿色低碳"典型应用场景，提高全要素生产率。

四是提升制造业绿色发展基础能力。《意见》提出，要构建绿色低碳技术创新体系，完善绿色化发展政策体系，健全绿色低碳标准体系，优化绿色低碳标杆培育体系。到2030年，完成500项以上碳达峰急需标准制修订。各级绿色工厂产值占制造业总产值比重超过40%。鼓励绿色工厂进一步深挖节能降碳潜力，创建"零碳"工厂。

二、发展绿色服务业

党的二十大报告提出："构建优质高效的服务业新体系，推动现代服务业同先进制造业、现代农业深度融合"。服务业是国民经济的重要组成部分，发展绿色服务业，高度契合新时代经济高质量发展的总体目标，能够为人与自然和谐共生的中国式现代化建设提供强大动力支撑。推动服务业绿色化转型，培育绿色低碳服务新业态，提升服务业的绿色发展水平，是培育和发展新质生产力的客观要求，具有重要的现实意义。

1. 新时代我国服务业发展取得显著成就

新时代以来，我国服务业发展取得显著成就。一是规模逐步壮大。服务业增加值从 2012 年的 24.49 万亿元增长至 2022 年的 63.87 万亿元，按不变价计算，年均增长 6.9%，高于国内生产总值（GDP）年均增速 0.7 个百分点。二是结构不断优化。服务业增加值占 GDP 的比重从 2012 年的 44.6% 提高到 2022 年 52.8%，经济增长贡献率约 55%，信息传输、软件和信息技术服务业，金融业，租赁和商务服务业等现代服务业增加值占服务业增加值比重提高 5 个百分点以上。三是吸纳就业稳步增长。2012—2022 年服务业就业人员累计增加 7090 万人，2022 年服务业就业人员占全国就业人员总数的 47.2%，比 2012 年提高 11.1 个百分点。四是创新创业持续活跃。截至 2022 年底，全国登记在册个体工商户达 1.14 亿户，其中服务业占比约 9 成。"互联网+"激发服务业新动能，服务业数字化步伐加快。五是对外开放深入扩展。服务业领域开放持续扩大，服务贸易总额达 5.98 万亿元，年均增长 7%，知识密集型服务进出口竞争力显著提升。总的看，服务业作为推动经济增长的主动力、吸纳就业的主渠道、扩大投资的主平台、促进消费的主阵地的地位作用日益稳固，构建优质高效服务业新体系具备了良好基础。

2. 绿色服务业是新兴服务业

当前，在整个生产环节，生产全链条的绿色化趋势越来越明显，绿色工厂及其延伸到消费市场的产品、供应链和公共服务系统等正在构建成一套完整的绿色生产体系。因此，绿色服务业是新兴服务业。

绿色服务业作为新兴服务业，以节能环保和资源循环利用为重点，包括节能减排、资源循环利用等绿色技术研发、咨询、技术推广，以及资源回收利用、能效管理、碳资产管理等。在这一过程中，需要建立绿色服务标准，培育服务人才，提高绿色服务能力和质量；探索绿色服务的发展模式，制定鼓励绿色服务的政策。

绿色技术服务行业包括咨询、规划、设计、监理、检测等传统行业以及软件开发、新型城市基础设施管理等新型行业。由于绿色产业产生而新增加的技术咨询服务行业、新型施工行业、智慧节能运营管理行业、宣传行业，其涉及到的所有软件设备、研发的新技术、新建的工作场地、建筑工业化生产现场施工、专业化能源服务管理、环境服务管理、能源管理平台、各种宣传媒介等投资建设都应包含在绿色技术服务产业链产值中。

绿色化改造措施，包括：推进能效、水效对标达标活动，培育行业领跑者；加强资源循环利用，建设废旧纺织品回收和再利用体系；研发适应市场需求的再生纤维产品，加大绿色设计开发投入力度，打造具有绿色内涵的品牌，为社会提供更多的绿色产品，引导绿色消费等。

因此，聚焦绿色金融、绿色发展、绿色生态、绿色产业等国家战略型和成长型业务，积极稳健布局新能源、新科技、新材料等新兴行业和产业，基于生态联动的谋篇布局，通过构建绿色金融体系加大对绿色环保产业的投资和布局，致力于打造国际化、专业化、生态化、规模化、协同化的大型绿色产业集团是地方政府正在积极推动的事情。

3. 促进绿色服务业发展的国家政策

由于对"绿色服务业"的界定尚未形成共识，国内并没有直接以"绿色服务业"为主题制定和出台相关政策，但绿色服务业发展已经在经济社会中崭露头角，并实现了良好发展。2021年2月，国务院印发《关于加快建立健全绿色低碳循环发展经济体系的指导意见》（以下简称《指导意见》）。《指导意见》表示，坚持重点突破，以节能环保、清洁生产、清洁能源等为重点率先突破，做好与农业、制造业、服务业和信息技术的融合发展，全面带动一二三产业和基础设施绿色升级。

《指导意见》部署中涉及提高服务业绿色发展水平的表述，具体如下：

署文件。由此可以预见，打造绿色低碳循环发展经济体系将成为未来经济社会发展的一项长期重点工作。

三、壮大绿色能源产业

党的十八大以来，习近平总书记站在战略和全局高度，对做好能源工作作出一系列重要论述，提出了"四个革命、一个合作"能源安全新战略，强调要加快建设新型能源体系，大力推进能源技术革命，特别是2024年2月在中共中央政治局第十二次集体学习时明确指出要以更大力度推动新能源高质量发展。这为我国能源发展指明了方向和路径，为新能源高质量发展、更好地保障能源安全提供了根本遵循。当前，随着各国加速传统能源向新能源转型，全球能源治理正由资源主导向技术创新主导转变。适应这一趋势，需要以更大力度推动新能源高质量发展，进一步强化科技创新，加快形成新质生产力，为经济高质量发展提供更多新动能。

1. 全球新能源发展的现状与趋势

当今，新一轮科技革命和产业变革深入推进，全球能源发展呈现新趋势、新特点、新格局。大力发展新能源、加快能源低碳转型已成为世界各国普遍共识和一致做法，全球新能源产业发展提速。

一是各国普遍重视新能源发展。美国、欧盟等国家和地区纷纷提出加速新能源发展方案。美国提出"能源独立"，通过设立法案和计划，推动页岩油气技术应用，支持可再生能源技术，为新能源产业提供资金和政策支持。欧盟将大力发展新能源作为应对气候变化和推进能源转型的重点，推动绿色新政一揽子计划，发布《欧盟实现经济、安全和可持续能源供应的联合行动》《欧洲风电行动计划》，提出推广太阳能和风能、加速氢能部署、增加生物甲烷产量等措施，增加投资支持海上风电、绿氢、可再生燃料等发展。日本希望通过全面系统布局主导全球氢能产业链，目前已在氢燃料电池研发方面取得相对领先地位。

二是风电光伏仍是当前新能源发展的主体。各主要经济体在扩大风电光伏装机规模的同时，重点围绕降本增效开展技术攻关。美国和欧盟均积极推动钙钛矿、硅基光伏等技术创新，同时注重风电向远海高空、大型化、智能化发展。

三是新能源将成为未来能源发展的主要方向。联合国政府间气候变化专门委员会（IPCC）研究认为，为把全球升温控制在 1.5°C 左右，2050 年可再生能源应占电力供应的 70%—85%，国际能源署（IEA）、国际可再生能源署（IRENA）等机构的研究也指出，2050 年全球 85%—90% 的发电将来自可再生能源。2023 年《中美关于加强合作应对气候危机的阳光之乡声明》、第二十八届联合国气候变化大会的《全球可再生能源和能源效率承诺》，均提出努力争取到 2030 年全球可再生能源装机增至 3 倍。

总体来说，当前全球绿色低碳发展任务迫切且艰巨，仍存在巨大绿色产能缺口，需要世界各国发挥各自比较优势，分工协作，共同努力，而中国新能源产业将是不可或缺的中坚力量。

2. 我国绿色能源产业发展成就与挑战

新时代以来，我国持续推动传统能源产业转型升级，大力培育新能源产业发展壮大，形成了全球领先的清洁能源产业体系，光伏、风电已成为我国具有国际竞争优势的产业。

据国家能源局数据，我国新能源装机规模大，连续多年稳居世界第一，约占全球的 40%，是美国、欧盟和印度三个国家（地区）之和。我国能源结构调整加速推进，2023 年可再生能源发电装机占比历史性突破 50%，煤炭消费比重年均下降超过 1 个百分点，单位 GDP 能耗累计下降约 27%，降幅超过同期世界平均水平的两倍。我国新能源发展速度快，年均保持两位数的增长率，已成为全国新增电力装机主体，占全球风电光伏新增装机的一半以上。我国新能源技术水平高，在全球处于领跑地位。陆上低风速风电技术国际一流，海上大容量风电机组技术保持国际同步，在精准测风、超大型风机、漂浮式基础、柔性直流、智能化等领域已达到世界先进水平。

我国新能源产业竞争力强，已建成先进完备、具备国际竞争优势的全产业链体系。除满足国内需求外，我国风电光伏产品已覆盖全球200多个国家和地区，已成为名副其实的全球新能源产业中心。全球风电机组关键零部件和光伏多晶硅、硅片、电池片、组件等大部分是由我国生产制造。产业发展壮大，带动了一大批新能源企业参与国际合作，成为共建"一带一路"合作的亮点。我国新能源减碳贡献多，是全球应对气候变化、减少碳排放的重要引领者和推动者。国家能源局数据显示，2022年，我国单位GDP可再生能源发电装机约663瓦/万美元，是全球平均水平的2.1倍、美国的4.8倍。

新时代以来，经过持续努力，我国新能源实现从小到大到强、从跟跑到并跑到领跑的跨越式发展，为经济发展注入了新动能，为能源保供贡献了新力量，为全球能源转型提供了新方案。

然而，同时也要看到，我国绿色能源产业发展面临的压力与挑战。

一是当前和今后一个时期，我国能源发展面临的需求压力与供给制约仍将长期存在。我国传统能源具有"富煤、少油、缺气"的资源禀赋特点，我国产业结构偏重、能源结构偏煤、能源效率偏低，按照2030年非化石能源消费比重达到25%目标推算，我国每年非化石能源消费比重要提高1个百分点即5000多万吨标准煤，任务艰巨。从推动绿色低碳转型看，我国第二产业能耗约占全国能源消费总量的70%，二氧化碳排放约占全国碳排放总量的八成，传统能源结构转型任务较为艰巨。

二是尽管我国在绿色能源技术研发方面取得了不少突破，但与发达国家相比，仍存在较大差距。一些核心技术尚未掌握，导致我国在绿色能源设备的制造和运营成本上居高不下，对形成国际竞争力造成影响。例如，目前我国钙钛矿电池技术在实验室层面暂时领先，但尚未大规模产业化，若国外钙钛矿电池产业发展速度超预期，我国光伏产业就可能面临被"弯道超车"。另外，我国风机主轴承、光伏控制系统的芯片等部分核心零部件尚未实现自主可控，锂、钴等关键资源对外依存度也较高。

三是外部环境日益严峻复杂。近年来，美欧一方面意图通过技术、标准、政策等手段谋求新能源发展主导权，另一方面在环境、贸易、人权等领域对我新能源企业频频出手，把中国视为主要竞争对手遏制打压。美国和欧盟对我出口进行抵制，对光伏、电池等产品征收所谓"反倾销税"，美国甚至援引国内法"长臂管辖"，对我相关企业进行制裁。此外，一些国家和地区还存在为保护其本地产业市场份额而阻碍我国新能源产品进入的情况。

面对压力与挑战，我们要准确把握未来发展趋势，迎难而上，持续巩固提升我国新能源发展的国际领先优势。

3. 以更大力度推动新能源高质量发展的政策举措

2022年1月，国家发展改革委、国家能源局印发《关于完善能源绿色低碳转型体制机制和政策措施的意见》，这是《中共中央 国务院关于完整准确全面贯彻新发展理念做好碳达峰碳中和工作的意见》（2021年）、《2030年前碳达峰行动方案》（2021年）在能源领域政策保障措施的具体化，将与能源领域碳达峰系列政策协同实施，形成政策合力，成体系地推进能源绿色低碳转型。

2024年3月，国家能源局印发《2024年能源工作指导意见》，进一步强调能源安全保障、继续推进能源低碳转型，特别提出能源改革创新，目标更加明确，道路更加清晰。

以更大力度推动新能源高质量发展是一项长期的系统工程，必须统筹谋划、协同配合，加大创新、深化合作，持续推动新能源技术进步和产业发展。在国家层面的实践举措，具体包括：

第一，加强和完善顶层设计。在保障能源安全基础上，进一步加大政策供给，构建多元绿色低碳能源供应结构，为新能源高质量发展提供支撑保障。统筹谋划中长期能源电力优化布局，加强能源规划与国土空间规划、生态环保规划等的衔接，引导各地以消纳责任权重为底线，以合理利用率为上限，有序推动风电光伏发展。大力促进绿色能源消费，建立健全绿证、绿电、碳市场协同机制。扩大可再生能源非电直接利用规模，倡导绿色低碳生产生活方式，提高终端用能的绿色能源比重。

第二，扎实推进新能源基础设施建设。继续推动风电光伏发电体系快速发展，坚持集中式和分布式并举、陆上和海上并重，加快推动以沙漠、戈壁、荒漠地区为重点的大型风电光伏基地建设，试点推动深远海海上风电开发。因地制宜推动生物质能、地热能、海洋能等新能源发展。抓紧建设新型电力系统，推动新型储能多元化高质量发展，推进电网基础设施智能化改造和智能微电网建设，开展配电网高质量发展专项行动，提高电网对清洁能源的接纳、配置和调控能力。加强充电基础设施建设，加快构建广泛覆盖、结构优化、功能多样的充电基础设施网络体系，支持新能源汽车快速发展。

第三，大力推进能源科技创新。统筹科研力量和资源加大对新能源关键共性技术研发平台的支持，重点推进钙钛矿光伏、大型风机等高效发电技术，柔性直流等输配电和智慧电网技术，液流电池和压缩空气等储能技术，氢氨醇制输储用技术等创新。实施科技创新2030"智能电网"重大专项和"可再生能源"等能源领域国家重点研发计划，加快关键零部件、核心材料国产化替代步伐。加快先进技术应用，支持先进技术商业化，通过规模化应用提升先进技术应用水平和国产化设备的可靠性、经济性和先进性，加快形成新质生产力。

第四,持续深化能源体制机制改革。健全能源法律法规体系,推动出台能源法,抓紧修订可再生能源法。加强能源标准体系建设,完善引领能源清洁低碳发展的相关标准和技术规范。进一步优化能源领域营商环境,增强各类经营主体的创新活力。建立全国统一电力市场体系,完善电力中长期、现货、辅助服务交易有机衔接机制。适应新能源大规模接网需求,进一步完善电力辅助服务市场基本规则和绿证绿电交易机制,促进绿色电力消费。促进智能微电网发展,积极培育新能源开发利用的能源生产消费新业态、新模式。

第五,全方位加强能源国际合作。拓展能源多元合作新局面,加快推进"一带一路"绿色能源合作,推动更多绿色能源合作项目落地。统筹深化中俄能源合作,加强中欧在氢能、储能、风电、智慧能源等领域技术创新对话合作,务实开展中美能源领域交流。积极参与全球能源治理。深化与发展中国家绿色产能合作,积极推动风电、太阳能发电、智慧电网等项目落地。积极探索与发达国家、东道国和跨国公司开展多方合作的有效途径,深入推进与重点能源资源国的互利合作。加强与周边国家电力互联互通,推动构建能源绿色低碳转型共赢新模式。加强绿色低碳能源技术、标准制定等国际合作,推动可再生能源绿色电力证书国际认可,有效应对美西方碳关税政策影响。

四、打造绿色低碳供应链

加快发展方式绿色转型,要在绿色低碳产业链供应链上发力。2023年中央经济工作会议强调,要提升产业链供应链韧性和安全水平,加快打造绿色低碳供应链。在全球气候变化和环境保护的紧迫背景下,绿色低碳产业链供应链的发展已成为各国竞相追求的战略目标。绿色转型不能仅停留在生产端,要建设自主可控的绿色供应链体系,带动产业链上下游共同节能降碳。绿色低碳产业和供应链不仅有助于减少温室气体排放，还能促进经济结构的优化升级，为可持续发展提供新的动能。

1. 绿色供应链的概念与产生背景

绿色供应链这一概念，最初由于 1996 年由美国密歇根州立大学的制造研究协会在一项"环境负责制造（ERM）"的研究中首次提出，又称环境意识供应链或环境供应链，是一种在整个供应链中综合考虑环境影响和资源效率的现代管理模式。它以绿色制造理论和供应链管理技术为基础，涉及供应商、生产厂、销售商和用户，其目的是使得产品从物料获取、加工、包装、仓储、运输、使用到报废处理的整个过程中，对环境的影响（负作用）最小，资源效率最高。此后，"绿色供应链"的概念逐渐进入大众视野，并被广泛地研究和引用。

打造绿色低碳供应链，需要理解认知供应链整个环节的碳足迹：一个完整的供应链应该是一个循环供应链，它包括正向供应链和逆向供应链。在供应链中的所有活动都可能存在一系列的碳足迹，从原材料采购、处理、产品制造、交付运输、使用，一直到产品的生命终结的整个生命周期都伴随着碳足迹。

同时，还需要提升理解认知的是，低碳是一种价值取向，低碳的价值取向使企业在整个价值链中坚持可持续发展，节能与减排并举，持续提高企业的可持续发展的理念。然而，低碳也不是等同于无碳，欧洲激进的环保主义者从单纯的环保角度出发，不考虑经济常识，提出狭义的低碳认知，是单位产品碳基能源使用的最小化。无碳的终极目标是要取消碳，从经济性角度出发，这是不经济和不可持续的。从供应链角度来看，低碳意味着需要整个供应链体系在成本、效率和低碳三个维度寻找最优解，而并非仅仅从成本和效率两个维度出发。

在气候变暖、环境污染、资源枯竭等全球化问题面前，可持续发展已成为一种共识。供应链作为企业活动的一部分，其碳排放是全球温室气体排放的重要组成部分。据全球环境信息研究中心（CDP）数据显示，一家公司的供应链环节所产生的碳排放往往是其企业运营范围碳排放的5.5倍。2018年，美国环境保护署（EPA）气候领导力中心发表了一份研究报告《供应链参与的新趋势》，该报告指出：在过去的十年中，越来越多的企业获得了测量其温室气体（GHG）清单，以及制定和实现GHG减排目标的经验。领先企业已制定了宏伟的温室气体目标，并将温室气体减排战略落实到其业务实践中。2016年，世界多个国家共同缔结了《巴黎协定》，其宗旨是将全球平均气温升幅控制在2摄氏度以内，并努力将升温限制在1.5摄氏度以内。为了实现这一目标，各国需要采取减排措施，包括在供应链管理中实施低碳发展策略。在此背景下，"绿色供应链"概念应运而生。

根据我国2017年国家标准化管理委员会发布的《绿色制造——制造企业绿色供应链管理导则》显示，绿色供应链的定义是指"在传统供应链基础上，将绿色制造、产品全生命周期和生产者责任延伸理念融入企业业务流程，综合考虑企业经济效益与资源节约、环境保护、人体健康安全要求的协调统一的供应链系统"。在运作管理层面，绿色供应链主要包括绿色采购、绿色设计、绿色生产、绿色物流、绿色销售、绿色回收等六个方面。

2. 我国产业链供应链绿色低碳化转型的实践成效

党的十八大以来，我国在推进产业链供应链绿色低碳化转型实践中，取得了明显成效：

一是完善"碳达峰碳中和"顶层设计，进一步健全产业绿色低碳化转型的制度体系。

我国把绿色、循环、低碳发展作为生态文明建设的基本途径，出台了一系列促进产业绿色低碳化转型的政策。"碳达峰碳中和"战略提出以来，以《中共中央 国务院关于完整准确全面贯彻新发展理念做好碳达峰碳中和工作的意见》（2021年）为顶层设计，以《2030年前碳达峰行动方案》（2021年）和分领域分行业实施方案，金融、价格、财税、土地、政府采购、标准等保障方案为补充的"1+N"政策体系基本建立。这些政策为产业链供应链绿色低碳化转型提供了更加全面、更具激励性的制度保障。

2021年2月，国务院印发《关于加快建立健全绿色低碳循环发展经济体系的指导意见》，绿色供应链正是其中重要一环，提出全方位全过程推行绿色规划、绿色设计、绿色投资、绿色建设、绿色生产、绿色流通、绿色生活、绿色消费，使发展建立在高效利用资源、严格保护生态环境、有效控制温室气体排放的基础上，统筹推进高质量发展和高水平保护，建立健全绿色低碳循环发展的经济体系，确保实现碳达峰、碳中和目标，推动我国绿色发展迈上新台阶。

二是深化供给侧结构性改革，产业、能源、交通等领域绿色转型步伐加快。

我国把供给侧结构性改革作为经济发展的主线，通过改革的方式推进结构调整，减少无效和低端供给，扩大有效和中高端供给，增强供给结构对需求变化的适应性和灵活性，特别是在产业、能源、交通等领域的结构性转型上取得了明显成效。

三是推进节能减排和循环利用，产业能源资源利用效率明显提升。

我国大力推进节能减排和资源节约集约循环利用，引导重点行业企业节能改造，积极发展循环经济，推动我国能源资源利用效率大幅提升。单位GDP能耗呈逐年下降态势；同时重点推进工业能效、水效提升，打造一批行业能效、水效"领跑者"，工业能源资源高效节约利用成效显著。

四是开展标杆建设和试点示范，打造一批绿色制造、绿色农业、绿色服务的示范主体。

开展标杆建设试点示范是我国推进产业链供应链绿色低碳化发展的

重要举措之一。在工业领域，全面推行绿色制造，培育一批在绿色低碳化发展方面处于前沿的示范主体，以点带面引领制造业绿色转型。在农业领域，大力发展绿色种养循环农业，打通种养循环堵点，增强绿色优质农产品供给，促进农业节能增效。在服务业领域，研究出台了绿色旅游景区标准、绿色旅游饭店评定标准、绿色餐厅标准、绿色物流服务质量要求等行业标准，以标准化引领推动服务业绿色低碳化转型。

在一系列国家政策举措引导支持下，融供应端、物流端和消费端为一体的绿色低碳供应链，对我国传统供应链管理运作方式产生了重大变革，助力经济高质量发展。在地方实践方面，天津、上海、东莞、深圳等城市率先开展了绿色供应链管理创新和试点工作，结合地方产业特色探索了不同的绿色供应链示范管理模式，形成了政府引导、企业参与、协会支持的绿色供应链推进格局。在行业实践方面，汽车制造、房地产、电子电器、零售、家具、物流等行业的龙头企业，通过全产业链的绿色化改造，率先开展绿色供应链实践，推动我国企业供应链绿色化改造进程，在节能减排方面取得一定成效。

3. 我国绿色低碳供应链发展存在的问题与挑战

绿色低碳供应链管理属于超前的环境战略，它所带来的是环境长期效益，短期效益却不明显，需要政府和企业共同努力，在国际竞争格局中，发挥新的竞争优势。目前中国绿色低碳供应链管理在企业实施面临如下问题与挑战：

一是低碳技术创新和应用水平不高，绿色循环生产方式尚未完全建立。

绿色低碳化转型离不开低碳技术的创新和推广应用。从技术研发看，目前我国低碳技术战略储备不足，关键技术自给率偏低，低碳技术发展和支撑能力建设的短板效应明显，总体技术水平落后，特别是在温室气体捕捉封存技术、储能技术及氢能技术等新兴领域短板明显。在技善绿色低碳转型相关技术标准及相应的碳排放量、碳减排量等核算标准。

第二，加大绿色低碳适用技术创新应用的支持力度。

强化碳中和科技工作的宏观统筹与协调管理，打造绿色低碳科技国家战略力量。聚焦产业链供应链绿色低碳化转型的"卡脖子"难题，发挥新型举国体制优势，补齐关键核心技术领域的"短板"，加快形成一批碳中和领域的原创性、引领性、颠覆性技术。强化基础研究支持力度，完善基础学科布局，鼓励基础领域学科交叉研究。加大财政投入支持力度，优化创新投入、研发、转化和激励机制，促进适用技术的研发和推广应用。

第三，完善产业链绿色低碳化转型财税金融政策。

扩大碳排放权交易市场的覆盖范围和参与主体，推动配额分配方式改革，形成以碳市场为主体、以碳税为补充的混合式碳定价机制。引入更多机构投资者和个人投资者，提高碳排放权交易市场的活跃度和流动性。逐步适时扩大碳排放权配额有偿分配范围和比例，实现以免费分配为主、免费与有偿分配并存的格局。

发挥政府采购的导向支持作用，建立绿色低碳物资采购目录和供应链协同采购机制。针对高碳消费行为，构建灵活多样的成本约束调控机制，择时对碳密集消费品开征碳税。探索将碳排放权作为信贷融资的增信措施，适时鼓励银行将碳排放控制管理纳入授信评价体系，探索碳排放权抵押融资机制。

第四，加强绿色低碳领域人才培养。

强化教育的系统性变革和人才的专业化培养，将绿色低碳理念深度植入各学科、各层级教育培养体系。瞄准科技前沿，加快造就一批储能、氢能和碳捕捉等领域的紧缺人才。聚焦产业需求，加快培养一批碳中和专业人才，大力培育复合型人才和通用人才。在具有较好基础的高校探索建设碳经济、碳金融、碳管理等新学科。优化职业学校教育和职业技能培训体系，发展订单制、现代学徒制等多元化人才培养模式。优化碳中和领域职业能力证书制度，提高"双碳"领域技术技能人才和产业工人的社会待遇。

第五，开展产业链供应链绿色低碳化转型试点示范。

积极培育打造一批绿色设计产品、绿色工厂、绿色园区和绿色供应链管理企业，鼓励企业探索绿色低碳化转型的路径和模式。打造低碳交通、低碳建筑、低碳商场、低碳社区等多元示范应用场景，建设一批低碳绿色城市、零碳城市。选取一部分可再生能源基础较好的西部地区城市、中部地区小城镇和东部地区工业园区，率先实现100%的可再生能源供应。

第六，增强全社会的绿色低碳意识。

增强全社会的绿色低碳、环保节约意识，加强生态文明教育，把绿色低碳教育内容列入中小学课程中，积极开展绿色校园创建、低碳环保行动、绿色环保使者等实践活动，让广大学生增强低碳生活意识，从小培养爱护环境、倡导低碳生活的好习惯。强化绿色文明宣传教育和"双碳"科普，增强全民节约意识、环保意识、生态意识。强化消费者绿色环保意识，依托各类支付平台和消费平台，做好绿色消费行为的统一记录，探索实行个人碳积分制度，研究制定量化算法和奖励规则，建立个人数字碳账本并与绿色金融、信用体系相连接。

第七，强化产业链供应链绿色治理监管。

构建多部门协调联动的综合执法体制机制，依托新一代信息技术提高执法效能。明确各部门对环境信息披露的监管职能，建立环境信息整合管理平台，实现碳排放信息在一定权限内的共享，更好地形成监管合力。将有害物质使用和可回收利用率管理纳入相关行业管理内容，生产企业定期报送有害物质使用及可回收利用率等相关数据信息，特别是上市公司要定期向社会公开披露相关信息。

推行年度信息披露制度，完善环境信息披露的激励约束机制，开展环境信息披露评估。强化金融机构的环境责任，定期公开披露发放碳减排贷款情况及贷款带动的碳减排量等信息。促进实体企业公开披露碳排放及配额分配、交易、履约，以及碳资产管理、开展碳金融业务等情况。引导社会中介机构参与环境信息披露。

第八，促进全球产业链供应链绿色低碳协同合作。

加强产业链供应链绿色低碳化转型的国际合作，利用中国在新能源、新能源汽车、5G等方面的技术优势，加强与"一带一路"沿线国家和地区在重点低碳领域的产业合作。鼓励国内新能源龙头企业"走出去"，积极参与引领低碳技术、清洁能源、绿色投资、绿色金融国际合作，推动建成一批绿色能源国际合作示范项目。

通过与上下游企业的联动、协作与融合，建立安全稳定、绿色可持续、国际化的供应链体系。优化劳动密集型产业的国际化布局，利用区域全面经济伙伴协定（RCEP）优势，强化我国与东盟、日韩等成员伙伴间的重点产业链合作，巩固提升我国在轻工、纺织、家电等重点产业领域的优势地位。做好应对碳边境调节税等绿色贸易壁垒的政策储备。

五、构建绿色低碳循环经济体系

绿色低碳循环发展是融合了绿色发展、低碳发展和循环发展原则、规律及特征的一种经济社会发展战略或发展模式，它是从发展方式视角中人与自然之间关系的维度定义的经济体系类型。在推进经济高质量发展的过程中，绿色发展侧重解决生态环境保护及其质量改善问题，低碳发展侧重解决节能减碳问题，循环发展侧重解决资源保护与高效利用问题。绿色制造业、绿色服务业、绿色能源产业、绿色低碳产业和供应链共同组成了我国绿色低碳循环经济体系，旨在实现经济发展与环境保护的和谐共生。党的二十届三中全会审议通过的《中共中央关于进一步全面深化改革、推进中国式现代化的决定》聚焦建设美丽中国，加快经济社会发展全面绿色转型，健全生态环境治理体系，推进生态优先、节约集约、绿色低碳发展，促进人与自然和谐共生。对深化生态文明体制改革作出部署，提出健全绿色低碳发展机制。这一重要部署表明，建立健全绿色低碳循环发展经济体系，走生态优先、绿色低碳发展道路，才能在经济发展中促进绿色转型、在绿色转型中实现更大发展。

1. 建设绿色低碳循环经济体系的顶层设计

党的十八大以来，以习近平同志为核心的党中央坚持生态优先、绿色发展战略，作出了一系列重大决策部署，一以贯之加以推进。

2021年2月，国务院印发《关于加快建立健全绿色低碳循环发展经济体系的指导意见》（以下简称《指导意见》）。《指导意见》围绕建立健全绿色低碳循环发展的生产体系、流通体系、消费体系，加快基础设施绿色升级，构建市场导向的绿色技术创新体系，完善政策法规体系等，进行了全方位部署和安排，具有理念的引领性和实践的可操作性。《指导意见》为构建我国经济可持续发展新模式提供了顶层设计，是推进经济转型发展的战略部署。

为贯彻落实《指导意见》，国务院及各部委推出了一系列相关工作政策举措。如：2021年12月，国务院日前印发《"十四五"节能减排综合工作方案》（以下简称《方案》），为加快建立健全绿色低碳循环发展经济体系，推进经济社会发展全面绿色转型，助力实现碳达峰碳中和目标，作出了总体部署。其中，"加快建立健全绿色低碳循环发展经济体系"是《方案》明确的要求，也是推进节能减排的必要之举。《方案》提出"以钢铁、有色金属、建材、石化化工等行业为重点，推进节能改造和污染物深度治理"、"坚决遏制高耗能高排放项目盲目发展"、"推动制定修订资源综合利用法、节约能源法、循环经济促进法"等，具有很强的针对性。

进入 2024 年后，2 月，国务院办公厅印发《关于加快构建废弃物循环利用体系的意见》，提出加快构建覆盖全面、运转高效、规范有序的废弃物循环利用体系；3 月，国家发展改革委发布《绿色低碳转型产业指导目录（2024 年版）》，引导产业迈向绿色发展；同月，国务院印发《推动大规模设备更新和消费品以旧换新行动方案》，提出实施回收循环利用行动等等。一系列相关政策密集出台，为各地区各部门发展循环经济指明了方向和路径。

2. 推动绿色低碳循环经济发展的着力点

《中共中央关于进一步全面深化改革、推进中国式现代化的决定》提出了关于健全绿色低碳发展机制的一系列重要部署，如"实施支持绿色低碳发展的财税、金融、投资、价格政策和标准体系"，"优化政府绿色采购政策"，"加快规划建设新型能源体系"，"建立能耗双控向碳排放双控全面转型新机制"，"构建碳排放统计核算体系、产品碳标识认证制度、产品碳足迹管理体系"，等等。这一系列改革部署，将进一步统筹好发展和保护的关系，推动绿水青山的自然财富、生态财富转化为社会财富、经济财富，同时将助推我国新型能源体系建设更加健全，保障碳市场高效运行的基础性制度更加完善。

绿色低碳循环经济是绿色生产模式的深化和拓展，它以资源高效利用和循环利用为核心，通过"减量化、再利用、再循环"的原则，构建一个低消耗、低排放、高效率的经济发展模式，是培育新质生产力的重要战略。在这一模式下，资源被视为宝贵的资本，而废弃物则被视为潜在的资源，通过技术创新和管理创新，实现经济与环境的和谐共生。

绿色低碳循环经济要求企业在产品设计阶段就考虑资源的全生命周期管理，推广绿色设计，减少产品在生产、使用和废弃过程中的环境影响。例如，采用可降解或可回收的材料，设计易于拆解和再利用的产品，以降低废弃物的产生。此外，企业应优化生产流程，提高原材料和能源的利用率，减少生产过程中的废弃物和排放。

——在废弃物处理方面，绿色低碳循环经济强调资源的回收和再利用。建立完善的废弃物分类、收集、处理和再生利用体系，将废弃物转化为新的生产原料，降低对新鲜资源的依赖。例如，废旧电子产品和废塑料的回收再制造，既节约了资源，又减轻了环境压力。

——在政策层面，政府应制定扶持绿色低碳循环经济发展的法律法规，如绿色低碳循环经济促进法，鼓励资源循环利用产业的发展，提供税收优惠和财政补贴。同时，建立绿色低碳循环经济评价体系，将资源效率和废弃物减量化作为衡量企业发展的重要指标，引导企业向循环经济模式转型。

——在市场机制中，绿色低碳循环经济需要建立资源价格机制，通过市场手段反映资源的稀缺性和环境成本。例如，实施资源税和排放权交易，使企业和消费者更加关注资源的节约和环境的保护。此外，政策应引导消费者选择绿色产品，通过绿色消费推动绿色低碳循环经济的发展。

——教育和公众参与同样重要。通过教育普及绿色低碳循环经济知识，提高公众的环保意识，鼓励大众参与废弃物分类和回收，形成全社会共同推动绿色低碳循环经济的良好氛围。同时，通过企业社会责任的实践，促进企业与社区的合作，共同参与绿色低碳循环经济的建设。

——绿色低碳循环经济的实施还需要科研支持。政府和企业应加大研发投入，推动循环技术和工艺的创新，如废弃物高效处理技术、资源高效利用技术等，以科技手段推动绿色低碳循环经济的深入发展。

总之，绿色低碳循环经济是绿色发展的重要组成部分，它通过最大限度地减少资源消耗和环境污染，实现经济与环境的共赢。在新质生产力的培育中，绿色低碳循环经济体系的构建不仅有助于提高资源利用效关系，共同推动经济高质量发展。两者的辩证关系要求我们在实践中不断探索，把握经济发展的内在规律，为新质生产力的充分释放和新型生产关系的构建提供坚实的理论指导与实践路径。这不仅是推动经济高质量发展的关键，也是中国特色社会主义进入新时代的必然选择，是实现经济转型升级，建设社会主义现代化强国的必由之路。

二、新质生产力对传统生产关系的冲击

新质生产力的崛起，犹如一股强劲的冲击波，不断挑战和重塑旧的生产关系。它以其独特的特性——创新性、灵活性和高度的资源整合能力，对传统生产关系形成直接冲击，迫使生产关系必须进行深刻变革以适应这一变化。

1. 新质生产力的创新性对依赖传统生产模式的组织结构形成了冲击

企业结构和管理模式的局限性是当前生产关系需要变革的一大原因。传统生产关系中，企业通常按照层级结构组织，强调分工明确、职责分明，这在一定程度上限制了员工的创新空间和决策灵活性。传统的层级结构和刚性管理方式无法激发员工的创新精神。然而，新质生产力往往要求企业具备更高的灵活性和适应性，更具有创新精神，能够快速响应市场变化，这就需要企业组织结构更加扁平化，鼓励员工参与决策，实现知识和信息的快速流动。例如，华为的液态化组织架构便是对传统管理模式的创新，它强调组织的流动性和动态调整，以适应快速变化的市场环境。

2. 新质生产力对资源配置模式提出了新的要求

资源配置的低效也是当前生产关系的一大难题。在传统的生产模式中，物质资源的投入往往占据主导地位，土地、劳动、资本是经济活动的主要要素。而现阶段的经济形态，知识、管理、技术、数据、创新、创意等成为决定经济高质量发展以及高层级经济形态的重要生产要素，

也成为新型经济形态高端竞争和核心竞争的关键领域。新质生产力强调这些无形资产在生产过程中的核心作用，要求生产关系能够有效调动和整合这些创新要素，以提高生产效率和创新能力。而这些新型生产要素的价值在传统生产关系中未能得到充分认识和有效利用，导致了生产要素的配置偏向保守，难以适应新质生产力对创新性和灵活性的高要求。例如，在许多企业中，依然存在过度依赖传统人力、资本等投入，而忽视对知识产权、数据等无形资产的投资，这在一定程度上制约了创新能力和生产力的提升。

3. 新质生产力对利益分配机制提出了挑战

利益分配机制在当前生产关系中也显现出其局限。随着知识经济的发展，生产要素由物质资本为主转向人力资本和技术资本，传统的以物质资本为主导的分配方式极易导致知识和技能等生产要素所有者的贡献未得到充分回报，这不仅影响了创新者的积极性，也可能加剧社会分配不公，进一步削弱生产关系与新质生产力的契合度。新质生产力要求生产关系改革现有的分配机制，确保知识创造者和创新人才得到应有的回报，激发他们的积极性和创造性。

4. 新质生产力还对经济社会制度环境产生了冲击

旧的经济体制和科研体制在一定程度上阻碍了新质生产力的发展。传统的政府主导的资源配置方式，往往无法适应市场机制在促进创新中的重要作用。此外，科研机构与产业界之间的壁垒，使得科研成果的转化过程漫长且效率低下。这不仅限制了科技成果的快速应用，还抑制了创新要素的充分涌现和流通。同时，传统的法规和政策无法适应新质生产力带来的变革，如数据安全、知识产权保护以及公平竞争的维护等方面，都需要新的制度框架来支撑。这在一定程度上也影响着生产关系的调整，要求政策制定者与时俱进，构建与新质生产力相适应的政策法规体系。

总之，新质生产力对传统生产关系的冲击主要体现在组织结构的调整、资源配置模式的革新、利益分配机制的改革以及制度环境的演变等方面。面对这些冲击，生产关系必须进行深度调整，以期在与新质生产力的互动中找到新的平衡，形成与与之相适应的新型生产关系。

三、新型生产关系的内涵与特点

与新质生产力相适应的新型生产关系，是在全球化和信息化时代背景下，随着生产力的快速发展和社会经济结构的深刻变革而形成的。它包含以下几个核心内涵和特点：

1. 创新导向

创新导向是新型生产关系的核心特征，它鼓励知识、技术和信息等新型生产要素的投入和使用，为新质生产力的发展提供关键支撑，推动生产模式从传统的要素投入型向创新驱动型转变。这要求生产关系能够为创新活动提供足够的空间和激励，如通过知识产权保护、研发投入支持以及合理的风险承担机制，激发创新主体的积极性，促进技术进步和产品创新，从而推动新质生产力的提升。

2. 灵活性与适应性

新型生产关系要求组织结构和管理方式要具备高度的灵活性和适应性，以快速响应市场变化和新质生产力的发展需求。例如，采用液态化、平台化等组织模式，鼓励员工创新，企业能够迅速调整结构，提高企业的敏捷性，提升适应新质生产力的能力，促进生产力的动态优化。

3. 资源优化配置

资源优化配置是新型生产关系的关键，它强调在数据、知识和技术等新型生产要素上的投入和使用，确保这些要素在经济体系中发挥最大价值。在新型生产关系中，资源配置更加注重效率和公平，新型生产要素如数据、知识、技术得以充分流动和优化配置。通过深化经济体制改革，改变市场分割，发展要素市场，构建公平的市场环境，使得创新要素在经济体系中发挥最大效用。新型生产关系能够打破传统壁垒，使得资源配置更加合理，有效促进新质生产力的释放。

4. 科研生产一体化

新型生产关系提倡产学研深度融合，消除科研成果从实验室到市场的壁垒，确保科研成果能迅速转化为生产力。科研生产一体化则缩短了从科研成果到实际生产力的转化周期，确保科技创新能迅速转化为经济效益，形成技术创新与经济发展的良性循环。这不仅提升了新质生产力的转化效率，也为新经济形态的形成提供了源源不断的动力。

5. 创新主体多元化

在新型生产关系中，企业、科研机构、教育机构等多元主体共同参与创新活动，形成多元化的创新体系，以提升整体创新能力。创新主体多元化意味着多种创新力量共同参与，企业、科研机构和教育机构的紧密合作，使得创新链条更加完整，创新资源得以充分调动，有利于培育具有新质生产力的创新项目和产业。

6. 公平与共享

新型生产关系强调分配机制的公平性，确保创新成果能惠及更广泛的群体，实现共同富裕。这包括优化收入分配，保护知识产权，以及建立健全的社会保障体系，以促进社会资源的公正分配。公平与共享原则确保了创新成果的公平分配，激励了所有创新参与者，从而吸引了更多的创新资源投入，形成持续的创新动力。同时，健全的社会保障体系有助于减少社会不平等，为新质生产力的发展营造一个和谐的社会环境。

7. 国际化与开放性

在全球化背景下，新型生产关系要求参与国际科技合作，引进和培养国际人才，提升国家在全球价值链中的地位，同时制定有利于新质生产力发展的国际规则，维护公平的国际贸易环境。新型生产关系的国际化与开放性，使得国家能够积极参与全球科技创新合作，为新质生产力的发展创造多元化、开放性的外部环境。

新型生产关系的特点在于其对创新的重视、对市场的敏感性、对资源的高效利用，以及对社会公平的追求和外部开放性。这些特点使得生产关系能够与新质生产力形成良好的互动，推动社会经济结构的优化和转型升级，从而实现经济的高质量发展。

四、以进一步全面深化改革为抓手加快形成新型生产关系

党的十八大后，我国改革开放驶入"快车道"，涉及经济社会发展的各个领域。以习近平同志为核心的党中央坚持目标引领，突出问题导向，以前所未有的决心和勇气开启了全面深化改革的进程。

2013年11月，党的十八届三中全会提出，经济体制改革是全面深化改革的重点，核心问题是处理好政府和市场的关系，使市场在资源配置中起决定性作用和更好发挥政府作用。全会审议通过了《中共中央关于全面深化改革若干重大问题的决定》，提出全面深化改革的总目标是完善和发展中国特色社会主义制度，推进国家治理体系和治理能力现代化。

2022年10月，党的二十大报告把"坚持深化改革开放"列为前进道路上必须牢牢把握的重大原则之一，并对新时代新征程全面深化改革作出重大战略部署。随后，在党的二十届一中全会上，习近平强调"加强改革系统集成、协同高效"，"在重要领域和关键环节取得新突破"。

2023年2月，党的二十届二中全会对深化党和国家机构改革、推进国家治理体系和治理能力现代化作出重要部署。4月，在二十届中央全面深化改革委员会第一次会议上，习近平强调"要把全面深化改革作为推进中国式现代化的根本动力，作为稳大局、应变局、开新局的重要抓手"。

2024年3月，习近平在全国两会上强调，"要谋划进一步全面深化改革重大举措"。4月，习近平主持召开中央政治局会议时强调，"必须自觉把改革摆在更加突出位置，紧紧围绕推进中国式现代化进一步全面深化改革"。5月，习近平在企业和专家座谈会上指出，"进一步全面深化改革，要紧扣推进中国式现代化这个主题"。6月，习近平主持召开中央政治局会议，明确了进一步全面深化改革的总目标、原则、根本保证等。

2024年7月，党的二十届三中全会审议通过了《中共中央关于进一步全面深化改革、推进中国式现代化的决定》，全会坚持把高质量发展作为全面建设社会主义现代化国家的首要任务，聚焦构建高水平社会主义市场经济体制等7个方面，对进一步全面深化改革做出系统部署，包括构建高水平社会主义市场经济体制、健全推动经济高质量发展体制机制、构建支持全面创新体制机制、健全宏观经济治理体系、完善城乡融合发展体制机制、完善高水平对外开放体制机制等14个具体层面，既是党的十八届三中全会以来全面深化改革的实践续篇，也是新征程推进中国式现代化的时代新篇，是我们党历史上又一重要纲领性文献。

1. 加快形成同新质生产力更相适应的生产关系的改革重点

生产关系必须与生产力发展要求相适应是马克思主义政治经济学的基本原理。任何时候，生产力的发展都离不开与之相匹配的生产关系。2024年1月31日，习近平总书记在中共中央政治局第十一次集体学习时明确指出："发展新质生产力，必须进一步全面深化改革，形成与之相适应的新型生产关系"。形成新型生产关系是适应并促进新质生产力发展的必然要求，既包括对现有生产关系中不适应新质生产力发展的部分进行变革，也包括构建新质生产力发展所需要的新的新型生产关系。通过深化改革，不断创造性地突破体制机制藩篱、调整完善生产关系，使生产力得到极大解放和发展，这是我国改革开放四十多年伟大实践积累的宝贵经验。当前培育和发展新质生产力，同样需要创造性地运用这一宝贵经验。

新质生产力的培育和发展，需要新型生产关系与之相适应，迫切要求通过进一步全面深化改革来不断完善现有生产关系。党的二十届三中全会审议通过的《中共中央关于进一步全面深化改革、推进中国式现代化的决定》提出，要健全因地制宜发展新质生产力体制机制，加快形成同新质生产力更相适应的生产关系，促进各类先进生产要素向发展新质生产力集聚，大幅提升全要素生产率。由此，进一步全面深化改革要突出问题导向，改革的重点包括：

——构建高水平社会主义市场经济体制，加快建设全国统一大市场，完善产权保护、市场准入、公平竞争、社会信用等市场经济基础制度，形成支撑新发展格局的基础体制条件。建立高标准市场体系，创新政府监管方式，推动要素市场化改革，创新生产要素配置方式，让各类优质生产要素向形成新质生产力的方向顺畅流动。更好发挥市场机制作用，实现资源配置效率最优化和效益最大化，畅通国民经济循环，激发全社会内生动力和创新活力。

——积极发展壮大民营经济，激发民营企业内生动力和创新活力，促进不同所有制经济在社会主义市场经济制度框架中和谐发展，催生新动能、新业态、新服务。有效破除制约民营企业形成新质生产力的各类制度障碍，鼓励民营企业数字化转型，完善民营企业参与国家重大项目建设长效机制，支持有能力的民营企业牵头承担国家重大技术攻关任务。推动在重点行业建立公共研发平台，支持民营企业与科研机构、高校合作建立技术研发中心等创新平台，走专精特新发展道路。加大高端装备、智慧物流、绿色低碳等领域应用场景开放力度，鼓励民营企业参与新场景开发建设。

——完善营商环境，着力打造科技创新与产业融合体系、金融支持体系，为新质生产力的原始创新能力发掘和成果市场推广提供良好成长环境。打破区域市场分割，推动城乡、区域经济一体化，消除新质生产力发展的障碍。加强知识产权保护，建设公正透明的市场环境，加强反垄断与反不正当竞争执法，充分保障企业的合法权益，推动市场的动态有序竞争。

——完善实现共同富裕的体制机制，让全体人民共享新质生产力发展带来的财富增长。调整收入分配结构，确保人力资本和技术资本所有者的贡献得到合理回报，促进创新动力。完善实施再分配政策，缩小收入差距，实现共同富裕，为新质生产力发展创造稳定的社会环境。

——改革企业管理制度，建立适应新质生产力技术特点的企业组织结构。推进实施股权激励，吸引和留住创新人才。鼓励企业组织创新，支持液态化、平台化等灵活的组织模式。推动企业成为创新主体，落实税收优惠、财政补贴等政策，激励企业加大研发投入。

——扩大高水平对外开放，为发展新质生产力营造良好国际环境。积极参与全球科技创新合作，加强国际科技交流与合作，引进先进技术和管理经验，培养国际人才，提升本国在全球价值链中的地位，实现新质生产力的国际化发展。积极参与国际规则制定，加强多边合作，维护多边贸易体系，确保我国新质生产力在公平的国际贸易环境中发展。

2. 着力社会生产各个环节构建新型生产关系

社会生产是人类社会存在和发展的前提，它是一个由生产、分配、交换、消费四个环节构成的不断循环的总的再生产过程。其中，生产决定其他环节，其他环节反作用于生产。因此，新质生产力也决定了必然要出现与之相匹配的新型生产、分配、交换和消费关系。

第一，着力生产环节，打通束缚新质生产力发展的科技创新堵点。坚持"两个毫不动摇"原则，深化国有企业创新机制改革，打造从研发投入、成果转化到人才培养的完整链条，加强基础研究和应用基础研究,突出国有企业的创新引领的示范作用。健全新型举国体制,坚持有效市场和有为政府"双轮驱动",高效配置科技力量和创新资源,增强国家战略科技力量。以国家重大项目和平台为抓手,形成关键核心技术攻关团队。整合政府、市场和社会资源,为关键科技领域的基础设施建设和基础研发提供全方位、多元化的政策与资金支持。

第二,着力分配环节,健全和完善劳动、知识、技术、管理、数据和资本等生产要素参与分配机制,激发新质生产力发展各类主体的创新活力。在构建数据产权制度体系的基础上,及时建构与之特性相适应的分配制度,保障数据所有者的权益。健全由市场评价贡献、按贡献决定报酬的生产要素分配机制,尤其对于发展新质生产力的创新劳动者,应形成强激励收入体系。同时培育创新文化,弘扬科学家精神,涵养优良学风,营造创新氛围。

第三,着力交换环节,建立高标准市场体系,创新生产要素配置方式,促进各类先进优质生产要素向发展新质生产力顺畅流动、高效配置。建立健全公平有序的市场竞争机制,强化市场基础制度规则统一;不断完善适应新质生产力发展要求的成果导向的市场评价体系,进一步完善科技成果评价机制、构建新型生产要素的市场贡献评价体系;推动构建保障生产要素顺畅流动的体制机制,引导各类要素协同向新质生产力发展过程集聚。

第四,着力消费环节,持续推进促进国内消费的措施,大力发展数字消费、绿色消费、健康消费,形成新质生产力系统发展的良性循环。坚持将扩大国内消费摆在优先位置,持续推进促进消费系列举措,引导数字化、绿色化、健康化消费,进而与战略性新兴产业和未来产业发展相协同;提振消费信心,引导人们准确把握经济形势,不断提升消费力,促进新质生产力系统与新质消费力系统的良性互动。

近年来一些地方积极推进全面深化改革,为新质生产力发展注入了活力。在广东，深市创业板改革并试点注册制以来，创业板创新成长特色更鲜明，更多资本进入创新创业领域；在浙江，义乌首批"共享专利"面向全省企业开放许可，有效破解高校院所成果"转化难"和中小企业技术"获取难"问题，等等。只有坚持全面深化改革，加快构建与新质生产力发展相适应的新型生产关系，打通束缚新质生产力发展的堵点卡点，就一定能乘势而上，推动新质生产力加快发展，为经济高质量发展提供源源不断的新动能。

第四章

怎么做？——因地制宜发展新质生产力的六大政策举措

2023年12月，中央财办有关负责人在解读2023年中央经济工作会议精神，回应当前经济热点问题时，就如何加快培育新质生产力作出表述指出，要围绕打造新型劳动者队伍、用好新型生产工具、塑造适应新质生产力的生产关系三大要素，完善相关政策支持体系。具体而言，有六个方面的政策举措。一是**畅通教育、科技、人才的良性循环**，弘扬科学家精神和企业家精神，营造鼓励大胆创新的良好氛围。二是**加快完善新型举国体制**，发挥好政府的战略导向作用，让企业真正成为创新主体，让人才、资金等各类创新要素向企业聚集。三是**支持战略性新兴产业和未来产业发展**，激励企业加快数智化转型，实现实体经济与数字经济的深度融合。四是**加快建设全国统一大市场**，持续优化民营企业发展环境，真正发挥超大规模市场的应用场景丰富和创新收益放大的独特优势。五是**健全要素参与收入分配机制**，激发劳动、知识、技术、管理、数据和资本等生产要素活力，更好体现知识、技术、人力资本导向。六是**扩大高水平对外开放**，不断改善营商环境，加强知识产权保护，形成具有全球竞争力的开放创新生态，与全球企业和人才共享中国的发展红利。

2024年7月，党的二十届三中全会审议通过的《中共中央关于进一步全面深化改革、推进中国式现代化的决定》，锚定2035年基本实现社会主义现代化目标，重点部署未来五年的重大改革举措，对经济和民生领域改革作出了全面部署。具体共提出300多项重要改革举措，均涉及体制、机制、制度层面的内容，改革举措更加注重系统集成。由此，我国推动因地制宜发展新质生产力的政策支持体系正在进一步完善。

第一节　畅通教育、科技、人才的良性循环

教育夯实新质生产力根基，是形成新质生产力的关键推动力，对于夯实新质生产力的人才根基具有基础性作用。科技引领新质生产力发展，是发展新质生产力的核心要素，科技创新催生出新产业、新模式、新动能。人才支撑新质生产力跃升，是推动科技创新转化为现实新质生产力的主体力量，在畅通教育、科技、人才的良性循环中起着重要支撑作用。三者环环相扣、密不可分。党的二十大突出了创新在我国现代化建设全局中的核心地位，强调教育、科技、人才是全面建设社会主义现代化国家的基础性、战略性支撑，明确到2035年建成教育强国、科技强国、人才强国。党的二十届三中全会注重构建支持全面创新体制机制，统筹推进教育科技人才体制机制一体改革，强调深化教育综合改革、深化科技体制改革、深化人才发展体制机制改革，提升国家创新体系整体效能。这一系列新部署新要求，充分体现了以习近平同志为核心的党中央对创新本质和规律的深刻洞察。

一、畅通教育、科技、人才良性循环的要求与发力点

2024年1月31日，习近平总书记在中共中央政治局第十一次集体

学习时强调:"要按照发展新质生产力要求,畅通教育、科技、人才的良性循环,完善人才培养、引进、使用、合理流动的工作机制。要根据科技发展新趋势,优化高等学校学科设置、人才培养模式,为发展新质生产力、推动高质量发展培养急需人才。要健全要素参与收入分配机制,激发劳动、知识、技术、管理、资本和数据等生产要素活力,更好体现知识、技术、人才的市场价值,营造鼓励创新、宽容失败的良好氛围。"推进教育、科技、人才融合发展,构建良性循环,不仅是强化资源协同配置、推动新质生产力升级迭代的坚实基础,也是开辟新领域新赛道、塑造新动能新优势、支撑新质生产力快速发展的重要引擎。

1. 发展新质生产力对我国教育、科技、人才布局提出新要求

新质生产力是创新起主导作用,摆脱传统经济增长方式、生产力发展路径,具有高科技、高效能、高质量特征,符合新发展理念的先进生产力质态。发展新质生产力要将教育、科技、人才一体推进,形成强大合力,这对我国教育、科技、人才布局提出了全方位、深层次的新要求。

一是要求以现代化教育造就拔尖创新人才。为实现这一目标,一方面,需要有效对接新质生产力的发展需求,以服务重大科技创新为导向开展教育工作,尤其要培养重点领域紧缺人才;另一方面,要发挥教育的引导作用,通过打通政产学研机制堵点,引导更多具有创新潜力的高素质人才投身创新实践。

二是要求以战略型、领军型人才引领创新。新质生产力以高科技、高效能、高质量为重要特征,要求以更高素质的人才为第一资源,引领科技创新发展。通过显著增强高水平拔尖人才在重点领域科技创新中的引领性、支撑性,促进一流人才为解决新质生产力的实际问题、关键问题做出引领性贡献,形成人才与科技的有益互动。

三是要求以自主式、颠覆式创新驱动发展。新质生产力强调技术革命性突破、生产要素创新性配置、产业深度转型升级，更大程度地要求重大科技成果与诸多产业要素结合，从而促进生产力产生深刻变革。特别是要集中力量发展新能源、新材料、先进制造、电子信息等战略性新兴产业，积极培育未来产业，以颠覆性科技和前沿技术催生对经济社会发展具有质变意义的新产业、新模式、新动能。

2. 畅通教育、科技、人才良性循环的发力点

长期以来，我国教育、科技、人才事业呈现条块化、分散化、单一化的发展模式。近年来，尽管在科技人才体制机制改革中取得了不小成效，但仍存在着一些短板，有碍我国新质生产力形成与发展。一方面，重点领域的高层次人才供给不足，数量缺口大，这在一定程度上妨碍了我国在重大原创技术创新和超前技术布局上的步伐。另一方面，人才队伍里较缺乏有能力驾驭复杂创新项目、推动科技成果转化的复合型人才，人才培养速度跟不上科技迭代速度，难以迅速满足新兴产业布局和关键核心技术攻关的现实需求。总而言之，我国科技队伍面临严峻挑战，创新型科技人才结构性不足矛盾突出，世界级科技大师缺乏，领军人才、尖子人才不足，工程技术人才培养同生产和创新实践脱节。

由此，应立足新质生产力发展的要求，加快畅通教育、科技、人才的良性循环，大力培养国家重点领域科技创新的战略人才力量，统筹教育科技人才一体化发展，主要发力点在：

——强化顶层设计。聚焦教育科技人才一体化发展重大规划、重大政策和重大项目等方面，统筹推进教育科技人才一体化综合改革，因时因地因需统筹配置资源，让教育科技人才相互辅助、有机统一，形成"一盘棋"抓落实的工作格局。加强资金保障。集中财力办大事，建立健全动态调整机制，加强财政教育科技人才资金整合，实行统一管理，提高使用效能，强化对重大关键技术攻关项目、重大创新平台、重大技术创新引导及产业化工程化项目等战略性保障支出，研究出台条件、项目、人才资源成果利益共享的财政支持政策。发挥政府产业基金杠杆效应，撬动更多社会资本投入教育科技人才领域。加强法治保障。加快推进教育科技人才一体化发展立法进程，明确创新平台、创新主体、创新成果转化等方面的法律责任和义务，以法治力量为创新驱动高质量发展赋能。

——强化协同融合。要构建国家创新实验室体系，探索建设学科交叉融合、综合集成的国家实验室，力争较短时间内在数量和质量上取得显著突破，打造"科研王牌"和"大国重器"，在关键领域和重点方向上发挥战略支撑引领作用和重大原始创新效能，提升国家创新体系整体效能；完善技术创新平台体系，突出技术研发和成果转移转化的特色定位，坚持转建一批、布局一批、撤销一批，推动平台间优质资源联合、整合；健全创新平台建设和管理机制，在政策、资金、土地、场所等方面支持创新平台发展，鼓励探索创新体制机制和建设运行模式。

——强化牵引拉动。完善战略项目形成机制，聚焦"四个面向"需求和发展新质生产力，强化超前谋划、系统布局，构建涵盖基础研究、应用基础研究、技术攻关、成果转化和产业化全链条的国家科技计划体系；健全战略项目过程管理机制，推行"包干制"、"直通车"等财政经费使用管理模式，赋予项目实施主体更大技术路线决定权、经费支配权、资源调度权，探索推进一个项目周期"最多查一次"改革；改革战略项目组织模式，坚持创新不问出身，用好定向式、定制式、揭榜制等机制，超常规聚集资金、人才、场所等要素保障，跨层级跨部门跨领域组织协调，推动构建更加行之有效的集成攻关体系。

——强化人才引育。完善"引育用留"人才工作全链条机制。突出"高精尖缺"导向，做好引才育才工作。鼓励自由探索、勇于创新、宽容失败，释放容错空间、创新空间。完善创新主体梯次培养机制。面对高校、科研院所、初创企业、高新技术企业和科技领军企业等不同创新主体，加强政策工具创新和协调配合，推广企业创新积分制等做法，匹配投入相适应的项目、人才、资金等创新要素。支持高校建立产业导师制度。创建高校教师和产业导师联合体，大力培养一批"懂科技、懂产业、懂资本、懂市场、懂管理"的复合型人才。改革复合型人才多元化评价机制，打造人才培养新范式。

——强化成果运用。完善创新成果评价机制。突出以质量、贡献、绩效为核心的评价导向，健全分类评价、市场化评价等机制，激发创新成果转化积极性。加速职务科技成果赋权转化改革。在职务科技成果权属、优化国有资产管理、完善收益分配机制、技术经纪人职称评定等方面加大改革力度，进一步为科研单位和科研人员松绑解忧。完善科技成果转化正向激励和反向问责机制，提高科技成果转化率。实施中试孵化扩容专项行动。推进综合施策和示范试验，支持中试基地、概念验证中心等建设，加大对首台（套）装备、首批次材料、首版次软件的应用推广力度，助推现代化产业体系建设朝着更高阶段迈进。

二、产学研融合促进科技成果转化体系建设的实践进展

面对当今新一轮科技革命和产业变革，需要进一步畅通教育、科技、人才的良性循环，目的是要加快产学研融合，促进科技成果转化体系建设，从而加快形成新质生产力。

当前，我国的科技成果转化体系建设是以科技创新引领实现高水平科技自立自强为目标，健全国家实验室体系，深化高校院所、科研机构、尖端企业之间的科研合作，加快建设跨学科、大协作、高强度的协同创新平台；建立完善竞争性项目支持和稳定性机构支持相结合的基础研究投入机制；科技成果转移转化坚持面向世界科技前沿、面向经济主战场、面向国家重大需求、面向人民生命健康，科学统筹、集中力量、协同攻关，在新兴产业和未来产业领域突破"卡脖子"问题。

1. 加快落实成果赋权、单列管理等政策

实践探索将职务科技成果所有权赋予成果完成人（或团队），或者试点单位与成果完成人（或团队）成为共同所有权人，健全要素参与和分配机制进一步调动人才创新创业的积极性。

2020年5月科技部等九部门印发《赋予科研人员职务科技成果所有权或长期使用权试点实施方案》，试点期为3年。结合前期试点成效与经验，省级、市级政策层面，新一轮试点方案陆续出台并推进。

相关政策在落实的具体操作中，难免会遇到一些难点、堵点。比如，北京、上海等地政策都提到了"单列管理制度"。单列管理不是"单列""不管"。从资产管理角度来看，科技成果只是"个性"更强，但也要有一套管理规范。《上海市科技成果转化创新改革试点实施方案》在提出"探索建立区别一般国有资产的科技成果资产管理制度"的同时，要求实现"规范化的资产管理"。

实践中，在实际操作环节仍存在的一些争论，需要成果转化、财务国资等相关部门在遵循科技成果转化规律、遵循国有资产管理规定的前提下进一步沟通、理顺。除此之外，先投后股、先用后转、专利开放许可等相关探索举措，也需要在实践中不断打磨，以真正发挥成效。

2. 科技孵化育成体系建设进入深水区

科技孵化育成体系建设，探索构建以龙头企业为引领的供应链协同创新模式为主要目标，发挥好政府的战略导向作用，需让企业真正成为创新主体。

2018年科技部火炬中心修订出台《科技企业孵化器管理办法》，明确提出科技企业孵化器是以促进科技成果转化、培育科技企业和企业家为宗旨，以提供物理空间、共享设施为基础，同时为初创企业提供专业化的科技服务机构，进一步规范引导我国科技企业孵化器高质量、可持续发展，目前我国孵化器数量成倍增长，2021年我国科技企业孵化器数量达 6227 个，较 2020 年增加了 384 个。

2021 年，广东省科学技术厅印发《广东省科技孵化育成体系高质量发展专项行动计划（2021—2025 年）》，以实现孵化育成体系发展由规模增长向高质量发展转变为目标，以提升孵化动能、加速产业孵化为主线。

2023 年，广东 1066 家科技企业孵化器中，省级以上孵化器占比 30.7%，其中国家级孵化器 222 家，总量位居全国第二；省级以上众创空间占比 41%，其中国家备案众创空间 274 家，总量全国第一，"广东规模、广东质量"在全国形成影响。"科技企业孵化器数量"位居全国第一，"科技企业孵化器当年毕业企业数""当年获风险投资额"分别位居全国第二、第三，为广东区域创新能力蝉联全国第一提供了有力支撑。

接下来，如何推动战略性支柱产业与战略性新兴产业高质量发展、培育未来产业，如何提升区域创新能力，以及如何建设粤港澳大湾区国际科技创新中心，这些都向科技孵化育成体系建设提出了更高的要求。

从政策部署中看，一是要结合地方产业方向培育产业孵化集群；二是鼓励科技创新载体与平台建设专业孵化载体，推动高新区加快布局一批加速器；三是推动大学科技园增量提质，创新科技成果转移转化模式；四是加速培育科技型创业企业，提升在孵企业内生发展动能；五是创业导师"扩容提质"，提升创业导师服务能力；六是推动创业孵化与科技金融深度融合，提升孵化与资本市场对接能力。

3. 推动企业主导的产学研深度融合

科技成果转化需由企业需求主体出发，通过研发合作、平台共建、成果共享等方式参与科技创新平台与基地建设。

近年来，各地相继出台支持新型研发机构建设发展的相关政策，其中最为常见的是高校与地方政府共建研究院的模式。值得肯定的是，相当一部分的新型研发机构在多年建设中取得了丰硕成果，但也有部分新型研发机构存在定位不明确、布局不合理、机制不健全、效益不显著等问题。以大学地方研究院为例，一些"失败"案例的具体情况包括：未能实施开放创新，成为课题组封闭式创新自留地；未能开展有价值研发，堆叠出重设备、轻研发的表面工程；轻视成果转化体系构建，职务科技成果权属不清晰、转化路径不规范等问题频出；收入单一，科技服务与成果转化绩效不显，运营方面完全依赖公共财政资金支持。

因此，需要健全需求导向和问题导向的科技计划项目形成机制，强化从企业和产业实践中凝练应用研究任务。要支持科技领军企业聚焦国家重大需求，牵头组建体系化、任务型创新联合体。要支持企业前瞻布局基础前沿研究，通过研发合作、平台共建、成果共享等方式参与科技创新平台与基地建设。发挥国内超大规模市场优势和场景驱动作用，建设一批重大示范应用场景，推动重大科研成果转化应用。

4. 概念验证模式机制大范围普及

近年来，北京、上海、深圳等地都在探索，通过高校和科研院所自筹或公共财政支持等方式建设概念验证平台，搭建跨越科技成果转化鸿沟的"桥梁"。杭州在2022年11月提出打造"概念验证之都"，天津也在2023年10月提出建设"概念验证先锋城市"。概念验证模式有助于寻找高潜力项目，为之进一步赋能，并为相关主体是否"投资"成果转化提供决策依据，从而吸引下一步资金资源的科学投入。

需要探讨的是，现阶段所推广的概念验证模式，并不完全等同于20世纪70年代用于航天工程的技术就绪度（TRL）体系中的概念验证。后者仅考虑技术维度，主要用于研发项目管理。而前者具有一些新特点，一是更加强调相关方的提前介入与广泛参与，立足投资视角，围绕技术、市场、团队等维度开展评价验证，遴选出能够吸引外部投资的高转化潜力项目；二是建立快速失败、明智失败机制。"快速失败"体现在每一次评价验证都应该考虑使高风险、低潜力项目快速掉头,"明智失败"则要求确保在失败中吸取经验,能够引导未来在新的研发和转化路径上走向成功。

三、深化教育科技人才体制机制一体改革的重要部署

党的十八大以来,以习近平同志为核心的党中央深入实施科教兴国战略、人才强国战略、创新驱动发展战略,一体推进教育发展、科技创新、人才培养,不断强化对现代化建设的支撑,取得重大成效。主要体现在:一是我国建成世界上规模最大的教育体系,各级教育普及程度达到或超过中高收入国家平均水平,高等教育毛入学率超过60%,进入世界公认的普及化阶段。二是新增劳动力平均受教育年限超过14年,接受高等教育的人口达到2.5亿。我国研发人员总量居世界首位。三是全社会研发经费支出居世界第二位,基础研究和原始创新不断加强,关键核心技术实现重大突破,创新主体和人才的活力进一步释放,我国成功进入创新型国家行列。

当今时代,科技是第一生产力,人才是第一资源,创新是第一动力。科技创新靠人才,人才培养靠教育。世界百年变局加速演进,新一轮科技革命和产业变革深入发展,围绕高素质人才和科技制高点的国际竞争空前激烈。迫切要求我们走好人才自主培养之路,实现高水平科技自立自强。为此,党的二十届三中全会审议通过的《中共中央关于进一步全面深化改革、推进中国式现代化的决定》(以下简称《决定》),对深化教育科技人才体制机制一体改革作出了重要部署。

1. 深化教育综合改革

在教育体制改革方面,提出分类推进高校改革,建立科技发展、国家战略需求牵引的学科设置调整机制和人才培养模式,超常布局急需学科专业;完善高校科技创新机制,提高成果转化效能。

从教育大国到教育强国是一个系统性跃升和质变，《决定》强调加快建设高质量教育体系，统筹推进育人方式、办学模式、管理体制、保障机制改革。紧扣培养担当民族复兴大任的时代新人，完善立德树人机制，推进大中小学思政课一体化改革创新，健全德智体美劳全面培养体系。着眼拔尖创新人才培养，分类推进高校改革，建立科技发展、国家战略需求牵引的学科调整机制和人才培养模式。坚持强教必先强师，提升教师教书育人能力，健全师德师风建设长效机制。有效利用世界一流教育资源和创新要素，推进高水平教育开放。

2. 深化科技体制改革

在科技体制改革方面，提出加强国家战略科技力量建设，优化国家科研机构、高水平研究型大学、科技领军企业定位和布局，改进科技计划管理，强化基础研究领域、交叉前沿领域、重点领域前瞻性、引领性布局；强化企业科技创新主体地位，建立培育壮大科技领军企业机制；允许科研类事业单位实行比一般事业单位更灵活的管理制度，探索实行企业化管理；深化职务科技成果赋权改革。

坚持"四个面向"的战略导向，着力激发科技创新创造活力，《决定》强调要优化重大科技创新组织机制，加强国家战略科技力量建设，统筹强化关键核心技术攻关。改进科技计划管理，强化基础研究领域、交叉前沿领域、重点领域前瞻性、引领性布局。着眼于科技创新和产业创新深度融合，强化企业主体地位，加强企业主导的产学研深度融合。深化科技成果转化机制改革，构建同科技创新相适应的科技金融体制。

3. 深化人才发展体制机制改革

在人才发展体制机制改革方面，提出加快建设国家战略人才力量，提高各类人才素质；完善青年创新人才发现、选拔、培养机制，更好保障青年科技人员待遇；强化人才激励机制，坚持向用人主体授权、为人才松绑；完善海外引进人才支持保障机制。

着眼加快形成人才培养、使用、评价、服务、支持、激励的有效机制，《决定》强调实施更加积极、更加开放、更加有效的人才政策，完善人才自主培养机制。加快建设国家战略人才力量，着力培养造就战略科学家、一流科技领军人才和创新团队，着力培养造就卓越工程师、大国工匠、高技能人才，提高各类人才素质。强化人才激励机制，坚持向用人主体授权、为人才松绑，建立以创新能力、质量、实效、贡献为导向的人才评价体系，为人才成长营造良好的环境。

总之，要通过进一步深化改革，加快建设教育强国、科技强国、人才强国，形成加快推动新质生产力和高质量发展的倍增效应，支撑引领中国式现代化。

四、地方实践：深圳做法

近年来，深圳市委市政府坚持教育、科技、人才一体统筹，加快建设全链条一流教育体系，不断提升教育服务高质量发展的水平。高等教育跑出了"深圳速度"，十年来新建高校 8 所，全市高校数量达到 17 所，高校有 6 个学科进入 ESI 排名前 1‰，44 个学科进入 ESI 排名前 1%。职业教育高端发展，部省支持深圳建设全国职业教育发展创新高地，深圳职业技术大学正式成立，产教融合模式被国家发改委作为"深圳经验"向全国推广。基础教育扩优提质，近三年全市新增基础教育学位 54.4 万个，组建了 71 个优质基础教育集团。

近年里，深圳在推动教育科技人才一体化发展方面的一些做法和成效值得总结，具体包括：

一是做强高等教育，加快建设高水平大学和一流学科。近年来，深圳市高水平设置了中山大学深圳校区、深圳北理莫斯科大学、哈尔滨工业大学（深圳）、深圳技术大学、清华大学深圳国际研究生院等高校。南方科技大学入选全国"双一流"建设高校，并成为国家卓越工程师学院建设高校。8 所高校入选广东省高水平大学建设计划。深圳技师学院成功转设为深圳城市职业学院。深圳理工大学筹建工作也取得了重大突破，教育部已发布拟同意设置的公示。出台《关于推进深圳大学等 8 所高校高水平大学建设总体方案》，推动全市高校对标世界一流，分层分类卓越发展。印发了《关于调整优化高等教育学科专业结构的实施方案》，精准对接产业发展和人才培养需求，大力建设一流学科。积极推动高校快速响应市委市政府产业战略布局，大力建设新兴、交叉学科，目前，深圳市高校正在加快布局人工智能、机器人、脑科学、低空经济等产业急需紧缺学科。

二是聚焦科教融汇，持续增强服务科技创新能力。依托西丽湖国际科教城、光明科学城、大运深港国际科教城建设，加速推动创新要素聚集，在高校布局建设了一批大科学装置，成立西丽湖 X9 高校院所联盟，目前全市 17 所高校院所实现 174 门课程互选、近 6000 台重大科研仪器设备共享共用。推动高校聚焦国家战略，搭建大平台、组建大团队、承担大项目，引导高水平大学与鹏城实验室、深圳医学科学院等高水平科研机构联合开展科研攻关。截至 2023 年底，全市高校有各类科研平台超过 690 个，其中部级以上约 60 个，有国家级创新平台 19 个，市级以上重点实验室 278 个，深圳大学还获批全国重点实验室。

三是深化产教融合，大力提升产学研用协同水平。作为国家首批产教融合试点城市，深圳市在全国率先探索形成了产教融合的"深圳模式"。深圳市委市政府印发了《关于加快推动现代职业教育高质量发展的实施意见》，对产教深度融合进行系统部署。积极推动高校对接"20＋8"产业集群，与龙头企业合作共建 45 个特色产业学院、219 个产教融合实训基地，培养认定 79 家产教融合型企业。深圳职业技术大学与华为共建的市域产教联合体，被选为国家首批市域产教联合体。2024 年，深圳市还将推动职教城建设，培育第三批产教融合型企业和新一轮市域产教联合体，探索产教深度融合的新机制。

四是夯实基础教育，扎实做好科学教育加法。培养引领和适应未来的创新人才，必须从打牢基础做起。近年来，深圳市大力推动百万学位建设，近三年新增基础教育学位超过了"十二五""十三五"总和。同时，深圳市认真落实"五育并举"，扎实做好科学教育加法。印发《中小学人工智能教育工作方案》，全市小学初中全面普及人工智能课程，举办150场"双百"人工智能专家进校园活动。"深圳市学生创客节"参与量达到15万人次，1200多名学生被认定为"明日科创之星"。2024年，深圳市还将举办"深圳市中小学生科学节"，召开全市中小学科学教育大会，对中小学科学教育进行系统部署。

五是加快人才引育，奋力打造大湾区人才聚集地。高等教育方面，积极落实深圳市新一轮人才政策，大力实施高水平引才计划。积极推动高校扩大研究生培养规模，支持引导高水平大学与高水平科研机构联合培养博士生。基础教育方面，完善教师引进培养机制，2023年全市引进1.1万名优秀教师来深从教。出台校长教师发展体系和教育教学研究体系，市级以上名师、名班主任、名校长（书记）工作室达到218个，特级教师、正高级教师数量位居全省前列，基础教育领域获国家级教学成果奖28项，位居全国第三。

上述深圳做法，体现出深圳在贯彻落实科教兴国和教育强国战略部署的地方实践中，以"幼有善育、学有优教"为目标，推进教育、科技、人才深度融合，建立完善优质均衡的基本公共教育服务体系，加快建设全链条一流教育体系，不断增强自主创新能力、人才培养能力，大力推进产教融合、科教融汇，加快打造与深圳城市地位相匹配、符合新质生产力发展要求、与高质量发展相适应的教育高地，成效显著。

第二节　加快完善新型举国体制

新型举国体制是新形势下对新中国成立以来举国体制成功经验的继承、发展和创新，对实现21世纪国家发展和安全目标具有极其重要的意义。新时代新形势下，完善新型举国体制，是应对错综复杂国际环境和全面建成社会主义现代化强国使命任务的重大制度安排，是完善党中央对科技工作统一领导的体制、发挥我国社会主义制度能够集中力量办大事的显著优势的根本体现和内在要求，是牢牢掌握创新主动权和发展主动权、实现科技自立自强的现实需要，也是实现加快推进高水平科技自立自强、培育和发展新质生产力的综合创新和制度创新。

一、科技创新的举国体制内涵及演进

"举国体制"是以国家安全和发展利益为最高目标，动员和调配全国有关力量，包括精神意志和物质资源，攻克某项尖端技术或国家级重大项目（计划）的工作体系和运行机制。

中国的举国体制是社会主义建设初期从重大实践中总结和提炼的概念，蕴藏着社会主义集中力量办大事的独特政治优势和制度优势，例如，从"两弹一星"、"大庆石油会战"、"人工合成胰岛素"到"载人航天"、"北斗工程"、"探月工程"、"国产航母"、"高铁产业"等重大科技任务攻关方面，都展示出集中力量办大事的显著优势。举国体制是马克思主义中国化的重要成果，是新时代背景下对马克思"无产阶级力量集中"思想的实践运用。

20世纪五十年代，为了保卫国家安全和捍卫新生的人民政权，党中央决定研制中国自己的原子弹、导弹和卫星，在经济和科技都比较落

后的情况下，举全国之力开展集中攻关。全国26个部委、上千家单位围绕"两弹一星"进行大力协同、集中攻关。从1958年1月开始研制，到1964年10月16日中国第一颗原子弹爆炸成功，1967年6月17日中国第一颗氢弹爆炸成功。从研制原子弹到研制氢弹并试验成功，美国历时七年零四个月，苏联历时四年，而中国只用了两年零八个月。1966年10月27日，"东风二号甲"导弹加装核弹头的"两弹结合"试验获得成功；1970年4月24日，"东方红一号"卫星发射成功。"两弹一星"研制任务圆满完成。

新中国成立后，举国体制以高效能、高质量完成复杂的系统工程，较快地提高了综合国力。国家通过指令性计划下达集中力量办大事，市场资源绝对服从政府调配，充分发挥了政府的决定性管理职能。从实施效果看，更为注重社会效益和政治效益。

进入21世纪以来，国际环境和局势演变日益错综复杂。近年来，世界百年未有之大变局加速演进，全球政治经济急剧变化，影响国家安全的因素增多。中国发展面临严峻复杂的国际形势和前所未有的外部风险挑战，以美国为代表的西方国家对中国采取经济、政治等多种手段的打压，对我国科技公司实行技术禁令与限制，给我国发展和安全带来极大挑战。中国唯有自力更生，以新型举国体制聚集有效资源进行核心技术突破，才能应对各种风险与挑战，保障国家安全和社会稳定。

2011年7月，科技部发布的《国家"十二五"科学和技术发展规划》，首次提出"新型举国体制"这一概念。党的十八大以来，习近平总书记站在"两个大局"的政治高度，赋予了新型举国体制更加丰富的内涵，多次强调要"发挥新型举国体制优势"。2019年10月，党的十九届四中全会通过的《中共中央关于坚持和完善中国特色社会主义制度推进国家治理体系和治理能力现代化若干重大问题的决定》中正式提出"构建社会主义市场经济条件下关键核心技术攻关新型举国体制"的重大命题，为创新型国家建设和全面推动我国经济高质量发展、保障国家安全提供了战略指引。2021年5月，习近平总书记在两院院士大会和中国科协第十次代表大会上强调"要健全社会主义市场经济条件下新型举国体制"，明确指出了新型举国体制是社会主义市场经济条件下的产物。

可见，"新型举国体制"是对传统举国体制的继承、发展和创新，是在国际战略格局多元化、经济全球化、社会信息化及社会主义市场经济条件下的举国体制，是中国集中力量办大事的制度优势、超大规模的市场优势、市场在资源配置中的决定性作用以及更好发挥政府作用的结合。是解决我国在发展中的各种问题的现实需要，必须围绕党和国家大政方针提升科技攻关体系化能力，坚决补短板、强弱项、堵漏洞，实现协同效能最大化。

"新型举国体制"的提出，旨在构建一个政府、市场、社会三维协同的创新网络，以解决关键核心技术难题，推动科技创新成果的转化与应用。这种体制的核心理念是通过精准配置创新资源，以国家重大需求为导向，集中力量办大事，以实现科技自立自强和产业升级。

2021年11月，党的十九届六中全会审议通过的《中共中央关于党的百年奋斗重大成就和历史经验的决议》中已明确将"健全新型举国体制"作为重大成就，文中指出："党坚持实施创新驱动发展战略，把科技自立自强作为国家发展的战略支撑，健全新型举国体制，强化国家战略科技力量，加强基础研究，推进关键核心技术攻关和自主创新，强化知识产权创造、保护、运用，加快建设创新型国家和世界科技强国。"

二、新型举国体制建设的现实要求与实施路径

社会主义市场经济条件下，新型举国体制体现了按科学规律办事、按经济规律办事的内涵，将集中力量办大事的制度优势同发挥市场在资源配置中的决定性作用有效结合形成合力，加快关键核心技术攻关，全

面塑造发展新优势。同时,在世界百年未有之大变局和中华民族伟大复兴全局的历史交汇期,构建社会主义市场经济条件下新型举国体制,需以制度创新为引领,助力重大科技创新和科技自立自强,有效保障国家科技安全、经济安全、社会安全。

1. 新型举国体制建设的现实要求

首先,是关键核心技术攻关和自主创新的现实要求。尽管我国科技事业实现了快速发展,科技整体实力不断提升,但是与建设科技强国的目标相比,我国科技创新力量比较分散,各类创新主体联系不紧密,科技体制机制还存在障碍,国家创新体系整体效能不高,直接影响自主创新能力提升和创新主体活力发挥。在当前的国际背景下,我国发展面临的外部环境风险陡增,如果缺乏自主创新能力,将无法有效应对新的国际科技竞争,无法有效满足高质量发展的需求。与党的十八大提出"创新驱动发展战略"更多强调创新是经济社会发展的动力相比,党的二十大报告将创新驱动发展与科技自立自强紧密联系,凸显了新形势下我国科技创新活动面临的紧迫任务。

其次,要求突出发挥党政机构在关键核心技术攻关中的组织作用。关键核心技术通常不是单一的技术,而是复杂的技术系统,其创新活动不仅包括科学研究、技术开发,还有工业生产,涉及多学科、多领域的知识和多部门、多主体的参与,需要借助超大规模的资金投入和团队协作才能完成。因此,需要高效的组织能力和合作机制,进行制度建构、跨部门协调、保障资源供应、促进知识扩散、纠正"系统失灵"等活动,以增强人才、知识、信息在技术攻关中的交流,降低创新资源流动的成本。在如此复杂的活动中,一般的创新主体没有能力统筹各种创新力量,负责组织协调的主体要有足够的政治权威才能调动各类资源,这个角色只能由政府来承担。特别是当重大技术攻关任务超出了现有运行体制的能力范围,或现有运行体制的组织分工可能导致联合攻关的效率低下时，就需要超越现行组织体系，设立重要机构在更大范围内动员和协调资源，甚至成立中央级别的专门机构，实现协调跨部门的决策和领导系统集成。

再者，发挥新型举国体制优势需要深化党政部门机构改革。一国的科技管理体制与政府机构设置是由特定的社会环境和历史条件决定的。在不同的历史时期，我国科技发展面临的环境和任务不断变化，科技管理体制也经历了从举国体制、到市场化改革、再到新型举国体制的转变。从新中国成立初期到改革开放之前，传统举国体制充分发挥了国家的资源动员优势和集中力量办大事的制度优势，但是由于过于依靠政府力量配置资源，对产品的市场盈利能力和市场竞争力缺乏考虑，对市场需求和变化不够敏感。在20世纪八十年代至九十年代的科技体制改革中，为与经济体制改革相适应，我国绝大部分科研力量走上市场化道路，虽然与经济结合越来越紧密，但存在科研力量和创新资源分散、各类创新主体过于追求短期经济收益、核心技术攻关能力下降的情况。

2. 新型举国体制建设的实施路径

新型举国体制建设，以实现国家发展和国家安全为最高目标，以创新发展的制度安排为核心，完善资源优化配置长效机制，用好政府与市场"两只手"，实现生产要素和创新要素的充分流动与统筹配置，将集中力量办大事的制度优势转变为发展优势和治理效能，推进国家制度和国家治理体系建设。

第一，构建多元主体高效协同的国家治理能力与国家治理体系。

充分发挥党在顶层设计上的统筹与引领作用，锚定国家发展方向，统筹协调各类主体与资源，集中力量破解治理现代化进程中政府宏观调控水平不足、治理效率低下等难题。完善党的组织建设，将新型举国体制效力发挥到基层治理的"神经末梢"。坚持党全心全意为人民服务的根本宗旨与以人民为中心的发展要求，保证举国体制实施成果由人民共建共享。坚持推进党的自我革命，加强党的长期执政能力建设，保障新型举国体制长期攻关关键难题的可持续性。

政府要充分发挥约束作用，平衡不同主体间的利益，形成均衡化的治理结构和组织体系，加强主体间利益联结。政府要发挥统筹作用，以兼顾共同目标与个体目标的混合性绩效目标打破"集体行动"困境，借助市场机制充分调动主体活力。政府要发挥保障作用，以前瞻性与全局性视角准确把握宏观调控的行为边界与政策的稳定性，降低新型举国体制实施成本与风险。

第二，利用超大规模市场优势充分发挥市场作用。

处理好政府与市场的关系。建设全国统一大市场应当注重优化营商环境，发挥好政府与市场二者协同作用。在坚持市场化原则的前提下，政府应做好制度标准设计、搭建平台的协同作用。其一，降低市场制度性交易成本与市场准入门槛，实现市场主体的平等准入，建立健全市场退出机制，完善并创新市场监管体制。其二，保护市场主体的各类权益，完善产权保护、公平竞争等制度，加强反垄断与反不正当竞争，提振市场主体信心，充分发挥市场作用。其三，对标国际规则，构建与国际市场相对接并与我国国情相符的市场体制机制，吸引更多高水平外资，不断缩小国内市场环境与国际市场间的差距。

处理好中央与地方关系。正确处理央地关系是中国式现代化进程中的必然挑战，也是构建全国统一大市场的关键所在。于中央政府，应当在"全国一盘棋"中破除地方市场保护主义壁垒、维护中央权威，既要建立起对地方政府的有效约束机制，又要充分调动地方政府积极性，以科学合理的绩效考核优化央地关系。于地方政府，应立足长远，以大局意识看待全国市场与地方市场的关系，既要加强地方合作，消除地方市场壁垒，又要因地制宜、兼顾地方禀赋，形成分工合理、优势互补的产业集群。

处理好国内市场与国际市场关系。建设全国统一大市场要正确处理并利用好两个市场、两种资源，在新发展格局中切实将超大规模市场优势转化为竞争优势。既要做大做强国内大市场，依托国内大循环，充分发挥超大规模市场对创新资源的虹吸作用，实现创新要素的集聚，推动产业结构升级。同时在保证国家经济安全与科技自立自强的前提下，又要积极融入国际市场并参与国际分工，更大范围与更深程度地利用国际市场丰富资源发展自身，提升我国在全球产业中的国际竞争力，塑造国际合作与竞争新优势。

第三，面向国家战略完善国家创新能力与创新体系。

一是把支撑国家重大需求作为战略任务。坚持以面向世界科技前沿、面向经济主战场、面向国家重大需求、面向人民生命健康"四个面向"的国家重大需求为创新方向，提升自主创新能力，以新型举国体制突破关键核心技术瓶颈。

二是构建以企业为主体的国家创新体系。充分发挥企业等市场主体在新型举国体制中的作用，提升企业创新能力，以市场为导向，建立产学研融合贯通的国家创新体系。

三是发挥政府与市场在创新中的协同作用。科学协调政府和市场二者关系，尊重市场规律，构建二者协同动员和调配资源的制度体系，充分发挥新型举国体制优势。

四是把人才驱动作为本质要求。以人才驱动促进创新驱动，优化创新人才结构，加大产学研育人协同制度，造就一支规模宏大、结构合理、素质优良的创新型科技人才队伍。

五是加快构建现代产业体系，形成新的创新增长极。着力提升产业链供应链现代化水平，推动战略性新兴产业融合集群发展，完善现代化基础设施体系，优化产业结构与布局增强举国体制实施效率。

六是以全球视野作为重要导向。将完善国家创新能力和创新体系与构建高水平对外开放体系相结合，积极参与国际创新竞争与合作，以一带一路等区域合作发展战略为依托，融入和布局全球创新网络，提升创新的国际化水平。

三、完善新型举国体制的战略部署与政策举措

2020年10月，党的十九届五中全会通过的《中共中央关于制定国民经济和社会发展第十四个五年规划和二〇三五年远景目标的建议》中指出："制定科技强国行动纲要，健全社会主义市场经济条件下新型举国体制，打好关键核心技术攻坚战，提高创新链整体效能。"2022年10月，党的二十大报告中指出，"坚持创新在我国现代化建设全局中的核心地位。完善党中央对科技工作统一领导的体制，健全新型举国体制，强化国家战略科技力量，优化配置创新资源，优化国家科研机构、高水平研究型大学、科技领军企业定位和布局，形成国家实验室体系，统筹推进国际科技创新中心、区域科技创新中心建设，加强科技基础能力建设，强化科技战略咨询，提升国家创新体系整体效能。"同时，发出了"以国家战略需求为导向，集聚力量进行原创性引领性科技攻关，坚决打赢关键核心技术攻坚战"的号召。2024年7月党的二十届三中全会审议通过的《中共中央关于进一步全面深化改革、推进中国式现代化的决定》明确强调，要"健全新型举国体制，提升国家创新体系整体效能"。

党中央一系列战略部署与为健全新型举国体制明确了目标、方向和要求。近年里，为克服创新体系分散、低效、重复的弊端，我国出台实施了一系列政策措施，健全相关体制机制，不断优化配置创新力量和创新资源，依靠改革完善中国特色国家创新体系。据《中国发展报告2023》，我国加快完善国家创新体系的部署和举措有：

1. 完善关键核心技术，攻关新型举国体制

突破"卡脖子"技术需要健全社会主义市场经济条件下新型举国体

制，充分发挥市场经济基础上政府集中力量办大事的体制优势。2022年中央经济工作会议提出，完善新型举国体制，发挥好政府在关键核心技术攻关中的组织作用，突出企业科技创新主体地位。2022年中央全面深化改革委员会第二十七次会议审议通过的《关于健全社会主义市场经济条件下关键核心技术攻关新型举国体制的意见》指出，健全关键核心技术攻关新型举国体制，要把政府、市场、社会有机结合起来，科学统筹、集中力量、优化机制、协同攻关。

2. 强化国家战略科技力量

世界科技强国竞争，比拼的是科技攻关体系化能力。2022年，中国加快国家战略科技力量布局建设。国家实验室入轨运行，强化重点领域和基础领域布局，加快重点领域产学研用协同攻关，培养高水平人才和创新团队。全国重点实验室重组加快推进，完成首批20个实验室遴选与重组试点，推动形成覆盖面全、领域清晰、布局合理、有效支撑国家战略目标与战略需求的全国重点实验室体系。持续推动科技领军企业超前布局前沿技术和颠覆性技术，组建企业牵头的创新联合体、探索联合攻关的协同创新组织模式。

3. 深化科技项目和成果管理制度改革

2022年，中国围绕科技项目和成果管理制度进行了相关改革。加快实施《科技体制改革三年攻坚方案（2021—2023年）》，持续优化科技创新生态，形成扎实的科研作风。改革重大科技项目立项和组织管理方式，积极探索重大任务实施"揭榜挂帅""赛马"等制度；对前沿探索项目实行首席科学家负责制，设立颠覆性技术专项，支持科学家大胆探索。给予科研单位更多项目管理自主权，赋予科学家更大技术路线决定权和经费使用权。加快构建中国特色科技伦理体系，提高科技伦理治理能力。建立科研失信行为调查处理工作的操作性规范。相关部门还统筹部署了技术要素市场制度、技术要素交易网络、技术要素市场服务体系建设，着力提升技术要素市场化配置效率，推动高质量科技成果供给。

4. 推进区域科技创新中心建设

区域科技创新中心作为创新高地，在技术、产业、人才和制度创新等诸多方面发挥着辐射和带动作用。党的二十大报告明确提出，统筹推进国际科技创新中心、区域科技创新中心建设。2022年，北京、上海、粤港澳大湾区三个国际科技创新中心加快建设，成渝（2021年12月获批）、武汉（2022年4月获批）开始建设具有全国影响力的科技创新中心，重点包括：围绕原创性、引领性技术进行攻关，提升原创科技策源能力；发挥改革"试验田"作用，开展先行先试；强化区域创新共同体建设，带动周边地区创新发展。

2024年3月5日上午，科学技术部部长阴和俊在出席十四届全国人大二次会议首场"部长通道"集中采访活动中，回答记者提问时表示：

2023年，党中央深入推进党和国家机构改革，进一步加强党对科技工作的集中统一领导，科技宏观统筹得到有力加强，重大科技项目加快启动实施，战略科技力量不断发展壮大，我国科技事业发展呈现新气象。从投入看，全年全国研发经费投入超过3.3万亿元，比上一年增长8.1%，研发投入强度达到2.64%，其中大家最关心的基础研究投入达到2212亿元，比上年增长9.3%。从产出看，2023年签订技术合同95万项，成交额达到6.15万亿元，比上年增长28.6%；授权发明专利达到92.1万件，比上年增长15.3%。从成效看，在量子技术、集成电路、人工智能、生物医药、新能源等领域取得一批重大原创成果。全球首座第四代核电站正式投产，C919大飞机实现商业运营，新能源汽车、锂电池、光伏组件，就是大家讲的"新三样"，2023年出口增速喜人。科技创新不仅提高了我们国家传统产业的竞争力，也为发展新质生产力夯实了基础、注入了动力。

下一步，科技部将坚决贯彻落实党中央决策部署，加快建立健全新型举国体制。重点推进三方面工作：

第一，加大科技攻关，进一步聚焦国家战略需求和发展要求，深入实施重大科技项目，持续加强基础研究，不断夯实高质量发展的科技内核。

第二，加强战略力量建设，也就是队伍建设，充分发挥国家实验室、国家科研机构、高水平研究型大学、科技领军企业的特色优势，建设协同高效的战略科技力量，打造科技强国建设的国家队。

第三，继续深化科技体制机制改革，加大改革力度，强化政策协同，扩大开放合作，汇聚更多的智慧和力量，为高质量发展不断注入新的创新动力。

四、地方实践：广东模式

作为经济第一大省的广东，近年来，广东省委、省政府高度重视科技创新工作，以深化科技计划项目管理体系改革为切入点，大胆探索和创新重大科技项目组织管理模式，构建了具有广东地方特色的关键核心技术攻关新型举国体制科研模式。

具体而言，广东聚焦产业经济和社会领域"缺芯少核"，以及核心技术、关键零部件和重大装备受制于人的瓶颈问题，从科技创新政策制定、重大项目组织实施、科技创新资源整合利用、科技项目管理服务等方面系统推进科技计划项目管理体制机制改革，创新性地构建了具有地方特色的多主体、多要素、全链条、大兵团、高强度的新型举国体制科研模式，并催生出一批重大阶段性科研成果。《中国区域创新能力评价报告2023》显示，广东区域创新能力连续七年位居全国第一，创新能力领先优势明显。为广东建设科技创新强省和促进粤港澳大湾区国际科技创新中心建设提供了重要技术支撑广东模式主要采取了四个方面的战略举措：

第一，强化科研制度顶层设计，构建关键核心技术攻关的政策体系。

制定出台了一系列有利于促进科技创新的管理制度，充分调动科研人员的研发积极性和创造性。如启动修订《广东省自主创新促进条例》、《广东省科学技术奖励办法》；制定出台《广东省重点领域研发计划实施方案》、《关于进一步促进科技创新的若干政策措施》、《广东省科技计划项目监督规定》等十多项有关科技项目管理及技术攻关的政策措施，基本形成了覆盖科研创新全链条、全流程的科技创新政策体系。同时，推动高校、科研院所等项目承担单位积极设立科研助理岗位，建立健全科研日志制度、财务管理制度、年度报告制度等制度体系，营造良好的科研创新制度环境。

第二，改革创新项目组织实施方式，强化产业技术研发创新能力。

从 2018 年开始探索实施省重点领域研发计划，以"外引内联、大团队作战"的思路和模式组织实施重大重点专项，推进关键核心技术攻关。一是采用竞争择优的方式，面向全国所有高校、科研院所及企业等创新主体开放项目申报，吸引了清华大学、北京大学、香港中文大学等省内外众多知名高校和科研机构的人才团队参与项目申报，择优竞争立项支持重点领域技术攻关。二是采用部省联动方式组织实施宽带通信与新型网络、合成生物等国家重大重点专项，推动一批国家重大科技专项到广东落地转化。三是在前沿性、引领性和颠覆性技术攻关领域创新性地引入并行资助模式，对研究内容一致但技术路线不同的科研攻关项目同时给予立项支持，鼓励科研人员对技术研发"无人区"开展探索研究。四是实施"揭榜制"奖励计划，在全国率先采用揭榜制面向全社会征集关键核心技术攻关的最优研发团队和最佳解决方案，打破了以往项目只接受省内单位申报的单一局面，弥补了省内科研力量不足的短板。

第三，优化科研项目管理服务机制，全链条、精细化提升项目管理服务水平。

在多个方面进行了改革创新：一是实施"科技计划项目管理流程再造工程"。对科技项目业务流程进行全面调整和优化，构建了覆盖项目指南编制与发布、项目申报、评审立项、结题验收与成果管理等十多个重点环节的全流程科技项目管理体系，实现对项目的精准管理、高效服务。二是成立项目管理专业机构。优化调整省科技厅下属事业单位工作任务，成立了以重点领域研发计划重大重点项目管理为核心业务的专业机构，设立项目专员全流程跟进专题项目的组织实施，同时，引入国家科技评估中心等机构对拟立项项目的技术先进性、技术就绪度、知识产权质量等进行评估评议。三是推进科研诚信制度建设。严格实行科技计划项目立项前信用审查、科研伦理承诺和严重失信行为责任主体"一票否决"制，对科研失信人员及机构在一定期限内限制其申报相关项目。

第四，整合省内外优势创新资源，构建覆盖创新全过程的科研创新体系。

围绕产业链部署创新链、围绕创新链部署资金链，形成覆盖基础研究、技术攻关、平台建设、产业化应用的全链条科研创新体系。一是加大对基础研究与应用基础研究领域的研发布局。2019年广东省在全国率先建立基础与应用基础研究基金委员会，统筹布局使用专项基金、省自然科学基金和联合基金三大基金，着力突破重大科学问题，持续产生引领性原创成果，首批13个省基础与应用基础研究重大项目已于2019年12月启动实施，财政资金总投入超5亿元。二是持续推进重点领域产业前沿技术、关键核心技术攻关。聚焦新一代信息技术、高端装备制造、绿色低碳等九大重点领域进行研发布局，三年内投入100亿元开展技术攻关，着力破解产业技术"卡脖子""卡脑子"问题。三是以省实验室、高水平创新研究院、新型研发机构等重大平台载体建设为抓手，吸引国内外一流科研人才及团队，带技术、带项目落户广东，推动技术研发从单点突破向重点领域集群式突破的跨越。四是推进科技成果转化体系建设。积极争取国家重大科技专项成果转化基金落户广东，鼓励高等院校、科研机构开展职务科技成果权属改革试点，大力发展技术交易市场，形成了比较完善的技术成果转化体系。

广东通过实施新型举国体制科研模式，推动其在关键核心技术攻关、重大平台载体、人才引进等方面取得重大发展成效，为支撑全省经济社会高质量发展奠定了坚实基础。

一是"从0到1"的基础研究能力不断夯实。在基础研究方面，《2024年广东省政府工作报告》指出，2023年广东省研发经费支出约4600亿元，占地区生产总值比重达3.39%。而2021年、2022年广东省研发经费支出分别为4002.18亿元、4411.9亿元，可见近年来广东省的研发经费支出投入力度持续加大。报告还显示，2023年广东将1/3以上的省级科技创新发展战略专项资金投向基础研究。在打造产业高质量发展的基础支撑方面，广东聚焦粤港澳大湾区国际科技创新中心建设，构建以鹏城、广州国家实验室为引领，以省实验室、全国重点实验室、粤港澳联合实验室等为支撑的实验室体系。截至2023年底，共获批组建15家全国重点实验室，建立高水平创新研究院27家，面向产业需求建设277家省级新型研发机构。

二是关键核心技术攻关新型机制走出"广东路径"。在关键核心技术攻关方面，广东组建以龙头企业牵头、新技术企业、新型研发机构、研究型高校等各创新主体相互协同的创新联合体。在新一代通信、终端操作系统、工业软件、储能与新能源等领域取得一批突破性成果，麒麟高端芯片实现自主规模应用，体外膜肺氧合系统、高端核磁共振设备、高端手术机器人等打破国外垄断……一大批广东高"智"量产品相继面世。

三是创新创业综合体模式跑出"广东速度"。在成果转化方面，广东积极打造科技成果转化最佳地，推进粤港澳大湾区国家技术创新中心"1+9+N"体系布局建设，在生物、纳米领域获批建设 2 家国家产业创新中心，广州、深圳入选首批国家知识产权保护示范区建设城市。2023 年技术合同认定登记金额超 4400 亿元、约占全国 1/10。为推动更多科技成果快速落地，深圳市光明区推出"楼上楼下创新创业综合体"，"楼上"科研人员利用大设施开展原始创新活动，"楼下"创业人员对原始创新进行工程技术开发和中试转化，打通了从原始创新到推动创业发展的创新路径。

四是金融成科技产业互促双强"源头活水"。在金融支撑方面，广东积极加强科技金融服务体系建设。《2024 年广东省政府工作报告》透露，2023 年广东科技信贷余额超 2.3 万亿元、规模居全国首位，科技保险为 8.96 万家企业提供风险保障 2 万亿元，知识产权质押融资达 2307 亿元、同比翻了一番。

五是人才队伍夯实高水平科技自立自强根基。在人才培养方面，广东致力于人才强省建设。《2024 年广东省政府工作报告》显示，截至 2023 年，广东专业技术人才总量达 972 万人；全省技能人才总量达 1979 万人，其中高技能人才 690 万人；研发人员 135 万人，约占全国 1/7，连续七年全国第一。2023 年，广东新增两院院士 13 人。

科技创新引领推动现代化产业体系建设，当前广东"基础研究+技术攻关+成果转化+科技金融+人才支撑"全过程创新生态链不断完善，新质生产力正加快形成。根据《广东新质生产力 2023 发展调研报告》，广东省新质生产力发展布局早、速度快、总量大、体系相对完整。全省新质生产力发展生态链正在形成、相关产业链竞争力明显、重点产业全国领先。

第三节 支持战略性新兴产业和未来产业发展

当前,新一轮科技革命和产业变革正在重塑全球经济结构和产业版图,新产业新业态新模式不断催生,特别是战略性新兴产业和未来产业是各国企业竞争的新赛道,也是发展新质生产力的主阵地。新质生产力有别于传统生产力,涉及领域新、技术含量高,依靠创新驱动是其中关键。"新兴产业""未来产业"和"新质生产力"相互关联,信号鲜明、意涵丰富:积极发展、培育新兴产业和未来产业,以科技创新引领产业全面振兴,带动新经济增长点不断涌现。

新质生产力的显著特点是创新,体制机制创新很关键。党的二十届三中全会审议通过的《中共中央关于进一步全面深化改革、推进中国式现代化的决定》明确强调,"健全因地制宜发展新质生产力体制机制"。提出"加强新领域新赛道制度供给","建立未来产业投入增长机制","以国家标准提升引领传统产业优化升级"等一系列部署,旨在促进要素的优化配置和全要素生产率的提升。

一、战略性新兴产业与未来产业的内涵特征

新质生产力是以颠覆性和关键性技术创新为主要驱动力,由新质的劳动者、劳动资料和劳动对象构成,以战略性新兴产业和未来产业作为主要载体,以高质量发展为目标,适应新技术、新经济、新价值和新业态的新型生产力。新质生产力的的形成与发展必须依赖于新兴产业和未来产业这一重要载体。

1. 战略性新兴产业与未来产业的内涵

战略性新兴产业是以重大技术突破和重大发展需求为基础,对经济

社会全局和长远发展具有重大引领带动作用，知识技术密集、物质资源消耗少、成长潜力大、综合效益好的产业。从"十二五"规划提出包括新能源和新材料在内的七大重点发展领域，到"十三五"规划进一步明确要让战略性新兴产业增加值占国内生产总值的比重达到15%，再到"十四五"规划进一步将战略性新兴产业扩充到九大领域，战略性新兴产业一直在现代化产业体系中位于核心地位。

"十四五"规划正式提出了要谋划布局未来产业。未来产业由前沿技术驱动，当前处于孕育萌发阶段或产业化初期，是具有显著战略性、引领性、颠覆性和不确定性的前瞻性新兴产业。未来产业代表未来科技和产业的发展方向，是决定未来发展的先导性产业，也是影响未来发展潜力和提升未来竞争力的颠覆性产业。

从产业发展逻辑来看，战略性新兴产业和未来产业两者之间既有联系，又有区别。战略性新兴产业是指那些初步完成了重大技术试错，已经具有较为明确的产业形态和发展模式的新兴产业。未来产业则是仍处于科技创新和产业创新的试错阶段，应用场景和商业模式尚不明确，具有很强的前瞻性和不确定性。两者的主要区别就在于科技创新与产业创新的程度与水平，战略性新兴产业的产业化程度更高，技术更加成熟，而未来产业则处于产业孵化期，技术更加前沿。因此，战略性新兴产业是未来产业发展的必然结果，未来产业则是战略性新兴产业的必经阶段。

2. 战略性新兴产业和未来产业的重要特征

第一，前沿性。无论是战略性新兴产业还是未来产业，创新驱动都是其重要特征，科技引领和技术运用都是其发展的基础，技术的快速迭代和升级更是产业发展的根本动力。与传统产业不同，战略性新兴产业和未来产业都是以前沿技术作为底层支撑，这些技术会从根本上对现有的成熟技术产生颠覆式的影响。前沿性的技术随着商业化和产业化的持续深入，将极大地改变现有的生产方式，不断提高生产效率。与此同时，不同的前沿性科技在发展过程中会根据市场和产业发展的需求进行跨界融合，更好地解决现实中存在的问题，满足人类更加多样化的需求。

第二，成长性。战略性新兴产业和未来产业在技术上的前沿性和关键性意味着新技术会从根本上颠覆当前的生产和消费模式，能够用更高的效率和更低的成本提供性能更强且体验更佳的产品与服务，在牵涉到国计民生的一些重要领域，能够更好地满足人类未来的根本性需求。随着技术的不断突破，新产品、新服务、新业态的出现必然会创造出潜力巨大且成长性高的市场需求。与此同时，新兴产业知识与技术密集型的特点，意味着其能够产生更高的附加值，伴随着经济社会的不断发展，这一特点将使新兴产业具有很高的成长性。

第三，外部性。战略性新兴产业和未来产业的创新成果往往来源于关键性基础研究领域，具有很强的通用性和成长性。随着关键前沿性技术不断取得突破性进展，以及相关应用研究和开发技术的持续推进，新兴产业将形成一个复杂的创新生态和产品系统。伴随着产业和科技的深度融合，产业链同时从横向和纵向进行延伸，进而形成一个复杂的产业网络，战略性新兴产业和未来产业将利用自身在创新生态中的核心地位，带动产业网络中的其他主体实现联动发展。新兴产业通过产业内外部的技术外溢，客观上形成了一种以前沿技术作为支撑的产业公地，提供了强大的发展外部性。

第四，战略性。大国竞争的本质是科技竞争，而科技竞争又必然以产业竞争作为核心实现方式。因此，战略性新兴产业和未来产业客观上还承担着提升国家竞争实力、占领技术和产业制高点的使命。科技进步的多样性和先发优势的存在，意味着新兴产业的发展能够助力关键技术的突破和相关标准的制定，以产业化的形式在国际竞争中占得先机，赢得战略主动,强化竞争优势。战略性新兴产业和未来产业的战略价值体现在他们将从根本上改变未来各国的产业地位,重塑国际分工格局以及增强国家话语权。

第五,风险性。无论是战略性新兴产业还是未来产业,都处于产业生命周期的培育阶段,在成为主导产业和支柱产业之前,需要经历一个漫长的过程。在新技术取代旧技术,从而实现新旧产业更迭的过程中,会面临市场培育、政策监管和组织调整等诸多挑战,因此,新兴产业的发展面临着很高的不确定性和风险。政府的产业政策可以在一定程度上加快新兴产业的培育过程,减少新旧技术更迭中的市场摩擦。但是创新活动自身的不确定性意味着政府在扶持新兴产业时,尤其是在确定重点赛道和发展领域时,又会产生新的政策风险。

二、发展战略性新兴产业与未来产业的布局部署

随着新一轮科技革命和产业变革的加速发展,新的颠覆性技术不断涌现,美国、日本、德国等发达国家高度重视战略、科技、产业、政策"四位一体"和"软硬"融合发展,纷纷加强对人工智能、大数据、量子技术、虚拟现实、区块链、航空航天、能源、材料、生命、医药等关键前沿领域的新兴产业和未来产业布局。在空前激烈的国际竞争下,新兴产业和未来产业已经成为衡量一个国家、地区、企业科技创新和综合实力的重要标志。在此背景下,我国加快布局部署发展战略性新兴产业和未来产业。

1. 发布实施《国务院关于加快培育和发展战略性新兴产业的决定》

2010年10月,国务院印发《国务院关于加快培育和发展战略性新兴产业的决定》。提出战略性新兴产业是以重大技术突破和重大发展需求为基础,对经济社会全局和长远发展具有重大引领带动作用,知识技术密集、物质资源消耗少、成长潜力大、综合效益好的产业,明确节能

环保产业、新一代信息技术产业、生物产业、高端装备制造产业、新能源产业、新材料产业、新能源汽车产业七个重点领域的发展方向和主要任务。

2. 发布实施《"十三五"国家战略性新兴产业发展规划》

2016年11月，国务院印发《"十三五"国家战略性新兴产业发展规划》，对"十三五"期间我国战略性新兴产业发展目标、重点任务、政策措施等作出全面部署安排。提出加快发展壮大新一代信息技术、高端装备、新材料、生物、新能源汽车、新能源、节能环保、数字创意等战略性新兴产业，促进更广领域新技术、新产品、新业态、新模式蓬勃发展。

3. 发布实施《关于扩大战略性新兴产业投资 培育壮大新增长点增长极的指导意见》

2020年9月，国家发展改革委、科技部、工业和信息化部、财政部等四部门联合印发《关于扩大战略性新兴产业投资 培育壮大新增长点增长极的指导意见》，提出我国将聚焦新一代信息技术产业、生物产业、高端装备制造产业、新材料产业、新能源产业、智能及新能源汽车产业、节能环保产业、数字创意产业等8大战略性新兴产业培育新的投资增长点，推动重点产业领域加快形成规模效应。

4. 发布实施《新产业标准化领航工程实施方案（2023—2035）》

为深入贯彻落实2021年10月中共中央、国务院印发的《国家标准化发展纲要》的部署要求，持续完善新兴产业标准体系，前瞻布局未来产业标准研究，充分发挥标准的行业指导作用，推动新产业高质量发展，2023年8月，工业和信息化部联合科技部、国家能源局、国家标准化管理委员会印发《新产业标准化领航工程实施方案（2023—2035年）》（以下简称《实施方案》）。

《实施方案》指出，新产业是指应用新技术发展壮大的新兴产业和未来产业，具有创新活跃、技术密集、发展前景广阔等特征，关系国民经济社会发展和产业结构优化升级全局。标准化在推进新产业发展中发挥着基础性、引领性作用。

《实施方案》聚焦新一代信息技术、新能源、新材料、高端装备、新能源汽车、绿色环保、民用航空、船舶与海洋工程装备等8大新兴产业，以及元宇宙、脑机接口、量子信息、人形机器人、生成式人工智能、生物制造、未来显示、未来网络、新型储能等9大未来产业，统筹推进标准的研究、制定、实施和国际化。以定量与定性结合的方式，分别提出2025年、2030年和2035年的"三步走"目标，工程化推进实施。

5. 发布实施《关于推动未来产业创新发展的实施意见》

2024年1月，工业和信息化部、教育部、科技部、交通运输部、文化和旅游部、国务院国资委、中国科学院等七部门联合印发《关于推动未来产业创新发展的实施意见》（以下简称《实施意见》）。提出到2025年，我国未来产业技术创新、产业培育、安全治理等全面发展，部分领域达到国际先进水平，产业规模稳步提升。建设一批未来产业孵化器和先导区，突破百项前沿关键核心技术，形成百项标志性产品，初步形成符合我国实际的未来产业发展模式。到2027年，未来产业综合实力显著提升，部分领域实现全球引领。关键核心技术取得重大突破，一批新技术、新产品、新业态、新模式得到普遍应用，形成可持续发展的长效机制，成为世界未来产业重要策源地。

《实施意见》指出大力发展未来产业，是引领科技进步、带动产业升级、培育新质生产力的战略选择。围绕全面布局未来产业，重点推进未来制造、未来信息、未来材料、未来能源、未来空间和未来健康六大方向产业发展。

> **专栏 1：前瞻部署新赛道**
>
> 　　未来制造。发展智能制造、生物制造、纳米制造、激光制造、循环制造，突破智能控制、智能传感、模拟仿真等关键核心技术，推广柔性制造、共享制造等模式，推动工业互联网、工业元宇宙等发展。
> 　　未来信息。推动下一代移动通信、卫星互联网、量子信息等技术产业化应用，加快量子、光子等计算技术创新突破，加速类脑智能、群体智能、大模型等深度赋能，加速培育智能产业。
> 　　未来材料。推动有色金属、化工、无机非金属等先进基础材料升级，发展高性能碳纤维、先进半导体等关键战略材料，加快超导材料等前沿新材料创新应用。
> 　　未来能源。聚焦核能、核聚变、氢能、生物质能等重点领域，打造"采集—存储—运输—应用"全链条的未来能源装备体系。研发新型晶硅太阳能电池、薄膜太阳能电池等高效太阳能电池及相关电子专用设备，加快发展新型储能，推动能源电子产业融合升级。
> 　　未来空间。聚焦空天、深海、深地等领域，研制载人航天、探月探火、卫星导航、临空无人系统、先进高效航空器等高端装备，加快深海潜水器、深海作业装备、深海搜救探测设备、深海智能无人平台等研制及创新应用，推动深地资源探采、城市地下空间开发利用、极地探测与作业等领域装备研制。
> 　　未来健康。加快细胞和基因技术、合成生物、生物育种等前沿技术产业化，推动5G/6G、元宇宙、人工智能等技术赋能新型医疗服务，研发融合数字孪生、脑机交互等先进技术的高端医疗装备和健康用品。

　　《实施意见》还提出加快实施重大技术装备攻关工程，打造创新标志性产品，夯实未来产业发展根基。

> **专栏 2：创新标志性产品**
>
> 　　人形机器人。突破机器人高转矩密度伺服电机、高动态运动规划与控制、仿生感知与认知、智能灵巧手、电子皮肤等核心技术，重点推进智能制造、家庭服务、特殊环境作业等领域产品的研制及应用。
> 　　量子计算机。加强可容错通用量子计算技术研发，提升物理硬件指标和算法纠错性能，推动量子软件、量子云平台协同布置，发挥量子计算的优越性，探索向垂直行业应用渗透。
> 　　新型显示。加快量子点显示、全息显示等研究，突破 Micro-LED、激光、印刷等显示技术并实现规模化应用，实现无障碍、全柔性、3D 立体等显示效果，加快在智能终端、智能网联汽车、远程连接、文化内容呈现等场景中推广。
> 　　脑机接口。突破脑机融合、类脑芯片、大脑计算神经模型等关键技术和核心器件，研制一批易用安全的脑机接口产品，鼓励探索在医疗康复、无人驾驶、虚拟现实等典型领域的应用。
> 　　6G 网络设备。开展先进无线通信、新型网络架构、跨域融合、空天地一体、网络与数据安全等技术研究，研制无线关键技术概念样机，形成以全息通信、数字孪生等为代表的特色应用。
> 　　超大规模新型智算中心。加快突破 GPU 芯片、集群低时延互连网络、异构资源管理等技术，建设超大规模智算中心，满足大模型迭代训练和应用推理需求。

续表

> 　　**第三代互联网**。推动第三代互联网在数据交易所应用试点，探索利用区块链技术打通重点行业及领域各主体平台数据，研究第三代互联网数字身份认证体系，建立数据治理和交易流通机制，形成可复制可推广的典型案例。
> 　　**高端文旅装备**。研发支撑文化娱乐创作的专用及配套软件，推进演艺与游乐先进装备、水陆空旅游高端装备、沉浸式体验设施、智慧旅游系统及检测监测平台的研制，发展智能化、高端化、成套化文旅设备。
> 　　**先进高效航空装备**。围绕下一代大飞机发展，突破新型布局、智能驾驶、互联航电、多电系统、开式转子混合动力发动机等核心技术。推进超声速、超高效亚声速、新能源客机等先进概念研究。围绕未来智慧空中交通需求，加快电动垂直起降航空器、智能高效航空物流装备等研制及应用。
> 　　**深部资源勘探开发装备**。围绕深部作业需求，以超深层智能钻机工程样机、深海油气水下生产系统、深海多金属结核采矿车等高端资源勘探开发装备为牵引，推动一系列关键技术攻关。

6. 国务院国资委系列部署

国资委不断强化顶层设计，优化考核、投融资、选用人、模式创新等政策措施，打好组合拳，指导推动中央企业大力发展战略性新兴产业，加快布局价值创造的新领域新赛道，打造创新引领的现代产业集群。

2023年7月，国资委党委多次召开会议，强调加快发展战略性新兴产业的布局，要坚持战略性新兴产业与传统产业两端发力，加快建设现代化产业体系，推动国有资本向前瞻性战略性新兴产业集中，当好"长期资本"、"耐心资本"、"战略资本"。8月，国资委党委召开扩大会议，研究部署加快推进中央企业高质量发展、增强企业科技创新能力，强调持续深化国企改革，加大科技创新力度，加快发展战略性新兴产业和未来产业，不断增强企业发展动力后劲。

在2024年1月举行的国新办新闻发布会上，国资委相关负责人表示，2023年以来，国资委和中央企业把发展战略性新兴产业和未来产业作为一项牵引性、全局性工作来抓，取得了积极的工作进展。在明确发展新方向方面，围绕新一代移动通信、人工智能、生物技术、新材料等战略性新兴产业，未来信息等未来产业，启动实施中央企业战略性新兴产业焕新行动和未来产业启航行动，明确了发展重心和方向，细化了任务目标和路径。在布局上取得了新突破，中央企业2023年在战略性新兴产业领域完成投资2.18万亿元、同比增长32.1%，在光伏制氢、碳纤维制造、汽车芯片等领域落地了一批重点项目，在激光制造、量子通信、卫星互联网等领域组建了一批新企业，在电子科技、新能源、生态环保、智能网联汽车等领域推动了一批企业重组整合，新产业新业态正在成为企业的重要增长点。

下一步，国资委将谋划推动一批重大工程，遴选战略性新兴产业"百项工程"，建设一批战略性新兴产业集群，实施人工智能AI+等专项行动，抓紧在生物、新材料、新能源汽车等重点领域形成标志性成果；加快以技术突破支撑产业发展，加快培育启航企业、领军企业、独角兽企业，在类脑智能、量子信息、深地深海、激光制造等领域形成标志性产品。

除上述，我国有关战略新兴产业和未来产业发展的政策文件与举措往前追溯还有很多，国家布局行动较早可见一斑。

战略性新兴产业和未来产业是培育发展新质生产力的主要突破口，2024年政府工作报告多次提及"新兴产业"、"未来产业"，提出要加快前沿新兴氢能、新材料、创新药等产业发展，积极打造生物制造、商业航天、低空经济等新增长引擎。制定未来产业发展规划，开辟量子技术、生命科学等新赛道，创建一批未来产业先导区。后续国家有关部门还将出台系列政策支持举措。

我国各地方也在抓紧布局。例如，2022年6月，深圳出台《关于发展壮大战略性新兴产业集群和培育发展未来产业的意见》、《深圳市培育发展未来产业行动计划（2022—2025年）》。其中，深圳发展合成生物、区块链、细胞与基因、空天技术等四个未来产业，处于扩张期，已初具规模，5—10年内有望实现倍数级增长成长为战略性新兴产业；脑科学与类脑智能、深地深海、可见光通信与光计算、量子信息等四个未来产业，处于孕育期，规模较小，10—15 年内有望成长为战略性新兴产业中坚力量。

2024 年 3 月，深圳还出台了《关于加快发展新质生产力进一步推进战略性新兴产业集群和未来产业高质量发展的实施方案》，提出的发展目标是：到 2025 年，战略性新兴产业集群规模稳步提升，未来产业整体成势，企业综合竞争力显著增强、创新能力明显提高，具有深圳特点和深圳优势的现代化产业体系持续完善，战略性新兴产业集群和未来产业成为发展新质生产力的主阵地。战略性新兴产业增加值超过 1.6 万亿元，经济社会高质量发展主引擎作用进一步强化。打造形成 4 个万亿级、4 个五千亿级、一批千亿级产业集群。规模以上工业企业超过 1.5 万家，国家高新技术企业超过 2.5 万家。该实施方案彰显了深圳以创新为引领、以新型工业化为主攻方向，统筹推进以先进制造业为主体的战略性新兴产业集群和未来产业发展，推动产业与科技互促双强，加快形成新质生产力的决心和信心，将为打造更具全球影响力的经济中心城市和现代化国际大都市注入新动能。

三、中国 8 大新兴产业与 9 大未来产业的发展状况

发展新质生产力，其核心要义是通过整合科技创新资源，积极培育战略性新兴产业，前瞻布局未来产业，开辟发展新领域新赛道，塑造发展新动能新优势。2023 年中央经济工作会议提出，"打造生物制造、商业航天、低空经济等若干战略性新兴产业，开辟量子、生命科学等未来产业新赛道"。在 2023 年出台的《新产业标准化领航工程实施方案（2023—2035 年）》中指出，新产业是指应用新技术发展壮大的新兴产业和未来产业，具有创新活跃、技术密集、发展前景广阔等特征，关系国民经济社会发展和产业结构优化升级全局。《实施方案》聚焦"8 + 9"

新产业，综合考虑对经济社会全局和长远发展具有引领带动作用，统筹兼顾产业发展现状与发展潜力。当前，各地各部门正在加快发展新兴产业、积极培育未来产业。

1. 我国 8 大新兴产业发展状况

当前，重大颠覆性技术带动了以绿色、智能、融合、泛在为特征的群体性技术变革，世界经济正步入新兴产业不断孕育发展的关键时期。我国的 8 大新兴产业，都属于关键领域，这些领域不仅代表着技术层面的突破，更体现了制度、管理和文化等多方面的创新。

新一代信息技术产业——

主要包括电子信息制造业以及软件和信息技术服务业。这一产业已成为经济增长的新引擎，特别是在 5G、物联网、云计算、大数据、人工智能等领域的发展，正在深刻改变社会运行方式。

2022 年，我国电子信息制造业实现营业收入 15.4 万亿元，同比增长 5.5%；营业成本 13.4 万亿元，同比增长 6.2%；实现利润总额 7390 亿元；软件和信息技术服务业规模以上企业超 3.5 万家，累计完成软件业务收入 108126 亿元，同比增长 11.2%；利润总额 12648 亿元，同比增长 5.7%；软件业务出口 524.1 亿美元，同比增长 3.0%。

当前，我国新一代信息技术产业已形成珠三角、长三角、环渤海和中西部四大产业集聚区。珠三角已初步形成了以深圳为研发中心，东莞、惠州等市为生产基地的珠江东岸电子信息产业集聚区，在智能终端、信息通信、集成电路设计等领域具有良好产业基础。长三角已形成以电子器件、信息通信、集成电路、新型显示等为代表的新一代信息技术产业体系，产业主要集聚在上海、杭州、南京、无锡、苏州、合肥等地。环渤海地区新一代信息技术产业主要集聚在北京、天津、石家庄、青岛、济南等地，重点发展集成电路、新型显示、电子元器件、软件、信息技术服务、云计算、大数据等领域。中西部地区新一代信息技术产业主要集聚在重庆、成都、武汉、长沙、西安等地，重点发展半导体材料、新型显示、集成电路、电子元器件、智能终端、高端软件等领域。

新能源产业——

随着全球能源结构的转型，新能源领域的发展势头强劲，特别是在太阳能、风能、核能等新能源的开发利用上，中国已成为全球的领导者。

2022年，全国风电、光伏发电新增装机突破1.2亿千瓦，达到1.25亿千瓦，连续三年突破1亿千瓦，再创历史新高；风电、光伏发电量突破1万亿千瓦时，达到1.19万亿千瓦时，较2021年增加2073亿千瓦时，同比增长21%，占全社会用电量的13.8%，同比提高2个百分点，接近全国城乡居民生活用电量。

以沙漠、戈壁、荒漠地区为重点的大型风电光伏基地建设进展顺利，第一批9705万千瓦基地项目已全面开工、部分已建成投产，第二批基地部分项目陆续开工，第三批基地已形成项目清单。陆上6兆瓦级、海上10兆瓦级风机已成为主流，量产单晶硅电池的平均转换效率已达到23.1%。

光伏治沙、"农业+光伏"、可再生能源制氢等新模式新业态不断涌现，分布式成为风电光伏发展主要方式，2022年，分布式光伏新增装机5111万千瓦，占当年光伏新增装机58%以上。全球新能源产业重心进一步向中国转移，我国生产的光伏组件、风力发电机、齿轮箱等关键零部件占全球市场份额70%。

新材料产业——

新材料是现代制造业的基础，新材料产业是关系国家安全和发展大局的战略性、基础性、先导性产业。目前，我国形成全球门类最齐全、体系较为完整、规模第一的材料产业体系，先进储能材料、光伏材料、超硬材料等新材料产能居世界前列。

2022年，我国新材料产业总产值约6.8万亿元，较2012年增长近6倍，成为稳定经济增长的重要支撑。

我国新材料领域建立了6个国家制造业创新中心，布局建设生产应用示范、测试评价、资源共享三类32个国家新材料重点平台。一批重大关键材料取得突破性进展，涌现了一批原创性前沿技术，例如，铝合金薄板等应用于C919大飞机；第二代高温超导材料，支撑了世界首条35千伏公里级高温超导电缆示范工程上网通电运行。拥有专精特新"小巨人"企业1972家、制造业单项冠军企业248家，培育形成了一批碳纤维及其复合材料、超导材料等重点领域龙头企业，大中小企业融通发展生态加速形成，优势企业集聚发展形成7个新材料类国家先进制造业集群，成为区域经济增长的"加速器"。

高端装备产业——

高端装备制造业是装备制造业的高端领域，技术含量高，处于价值链的高端和产业链的核心环节，决定着整个产业的综合竞争力。中国在高铁、核电等高端装备领域已取得重要突破，未来将继续推动产业的创新发展。

2022年，我国高端装备制造行业产值规模达到21.3万亿元；高端装备制造行业央企的上市公司总利润为1267亿元，营业收入为1.95万亿元，同比分别增长5.8%和2.2%；机器人行业营业收入超过1700亿元，继续保持两位数增长，工业机器人销量占全球的一半以上，连续10年居世界首位；工程机械出口额达443亿美元，同比增长30.2%，创下历史新高。当前，我国高端装备制造业已形成环渤海、长三角、珠三角和中西部等多个产业集聚区。

新能源汽车产业——

我国新能源汽车产销量连续8年保持全球第一，充换电基础设施建设速度加快，市场占有率显著提升。

2022年，我国新能源汽车产销分别完成705.8万辆和688.7万辆，同比分别增长96.9%和93.4%，连续8年保持全球第一，其中，新能源汽车市场占有率提升至25.6%，高于上年12.1个百分点，全球销量占比超过60%。新能源汽车配套环境也日益优化，截至2022年底，全国累计建成充电桩521万个、换电站1973座，其中，2022年新增充电桩259.3万个、换电站675座，充换电基础设施建设速度明显加快，累计建立动力电池回收服务网点超过1万个，基本实现就近回收。

当前，我国新能源汽车产业主要集聚在珠三角、长三角、京津冀等地区。珠三角地区已形成广州、深圳、佛山等新能源汽车核心集聚区，以及东莞、惠州、肇庆等为代表的关键零部件及新材料配套项目集中区。长三角地区已然形成以上海为总部，在苏浙皖设立制造基地的联动模式。京津冀地区中，北京新能源汽车产业重点布局在北京经济技术开发区、顺义、昌平、大兴等地，天津新能源汽车产业重点布局在滨海新区、天津经济技术开发区、东丽区、西青区、宁河区等地，河北新能源汽车产业重点布局在保定、沧州等地。

绿色环保产业——

环保产业已成为绿色经济的重要力量，中国在污染治理和生态修复技术等方面取得了显著进展。我国已形成全链条的环保产业体系，涵盖污染治理和生态修复技术研发、装备制造、设计施工、运行维护等环节。

2022年，全国环保产业营业收入达到2.22万亿元，成为绿色经济的重要力量。

环保领域上市公司数量增长迅速。据统计，A股上市环保公司数量由2012年的86家增长到2022年的190家，特别是，注册制改革启动以来，新增A股上市环保公司超60家。

我国环保技术工艺和装备水平不断提升，电除尘、袋式除尘、脱硫脱硝等烟气治理技术已达到国际先进水平；城镇污水和常规工业废水处理，已形成多种成熟稳定的成套工艺技术和装备；污水深度处理、VOCs治理、固废处理和资源化以及土壤修复领域技术装备水平快速提升；环境监测技术在自动化、成套化、智能化、立体化和支撑管理部门精准监管方面进步显著。

民用航空产业——

近年来，民航大力推动机场网、航线网建设，在京津冀、长三角、粤港澳大湾区和成渝等地区布局建设四大世界级机场群及各枢纽机场建设不断推进的同时，通过政策、资金等多方面支持中西部和支线机场建设，机场体系结构更加均衡。中国民用航空产业已取得一定成就，未来将继续加强自主研发和创新能力。

2022年，历时八年建设的京广大通道实现全线贯通，形成了纵贯南北2000多公里的空中大动脉，京津冀和粤港澳大湾区之间航路通行能力提升35%。

截至2023年3月，我国民航拥有运输飞机4165架、通用航空器3177架、跑道282条、航站楼1800.6万平方米、机位7328个、航油储备能力341万方，航信系统服务保障率99.99%，机场总容量达15亿人次。

船舶与海洋工程装备产业——

海洋工程装备和高技术船舶处于海洋装备产业链的核心环节，推动海洋工程装备和高技术船舶发展。这一领域是支撑中国海洋经济发展的重要力量，随着技术的进步，将迎来更多的发展机遇。

2022年，我国造船完工量、新接订单量和手持订单量以载重吨计分别占全球总量的47.3%、55.2%和49.0%，以修正总吨计分别占43.5%、49.8%和42.8%，各项指标国际市场份额均保持世界第一；分别有6家造船企业进入全球造船完工量、新接订单量和手持订单量前10

强；第二艘国产大型邮轮开工建造；自主设计建造的亚洲第一深水导管架平台"海基一号"平台主体工程海上安装完工；全球首艘10万吨级智慧渔业大型养殖工船"国信1号"命名交付；我国首艘、全球最大24000TEU（标箱）超大型集装箱船交付；我国首艘、全球最大液化天然气（LNG）运输加注船"海洋石油301"号完工交付等。

当前，我国初步形成长三角、环渤海、珠三角等三大造船基地的空间布局，涌现出一批具有较强国际竞争力的大型企业和专业化配套企业。

2. 我国9大未来产业发展目标

我国聚焦布局的9大未来产业，都具有高度的创新性和前瞻性，是未来经济发展的重要引擎。

元宇宙——

作为虚拟与现实交融的新世界，元宇宙将改变人们的生活方式和社交模式，孕育出巨大的商业机会。

发展目标：开展元宇宙标准化路线图研究。加快研制元宇宙术语、分类、标识等基础通用标准，元宇宙身份体系、数字内容生成、跨域互操作、技术集成等关键技术标准，虚拟数字人、数字资产流转、数字内容确权、数据资产保护等服务标准，开展工业元宇宙、城市元宇宙、商业元宇宙、文娱元宇宙等应用标准研究，以及隐私保护、内容监管、数据安全等标准预研。

脑机接口——

脑机接口技术将实现人脑与计算机的直接交互，为医疗、教育等领域带来革命性的变革。

发展目标：开展脑机接口标准化路线图研究。加快研制脑机接口术语、参考架构等基础共性标准。开展脑信息读取与写入等输入输出接口标准，数据格式、传输、存储、表示及预处理标准，脑信息编解码算法标准研究。开展制造、医疗健康、教育、娱乐等行业应用以及安全伦理标准预研。

量子信息——

量子信息技术具有高度的安全性和高效性，将在信息科技领域发挥重要作用。

发展目标：开展量子信息技术标准化路线图研究。加快研制量子信息术语定义、功能模型、参考架构、基准测评等基础共性标准。聚焦量子计算领域，研制量子计算处理器、量子编译器、量子计算机操作系统、量子云平台、量子人工智能、量子优化、量子仿真等标准。聚焦量子通信领域，研制量子通信器件、系统、网络、协议、运维、服务、测试等标准。聚焦量子测量领域，研制量子超高精度定位、量子导航和授时、量子高灵敏度探测与目标识别等标准。

人形机器人——

人形机器人将在服务、制造、救援等领域发挥重要作用，提升生产效率和生活质量。

发展目标：研制人形机器人术语、通用本体、整机结构、社会伦理等基础标准。开展人形机器人专用结构零部件、驱动部件、机电系统零部件、控制器、高性能计算芯片及模组、能源供给组件等基础标准预研。研制人形机器人感知系统、定位导航、人机交互、自主决策、集群控制等智能感知决策和控制标准。开展人形机器人运动、操作、交互、智能能力分级分类与性能评估等系统评测标准预研。开展机电系统、人机交互、数据隐私等安全标准预研。面向工业、家庭服务、公共服务、特种作业等场景，开展人形机器人应用标准预研。

生成式人工智能——

生成式人工智能将在文化创意、教育、娱乐等领域发挥重要作用，创造全新的内容和体验。

发展目标：围绕多模态和跨模态数据集，研制视频、图像、语言、语音等数据集和语料库的标注要求、质量评价、管理能力、开源共享、交易流通等基础标准。围绕大模型关键技术领域，研制通用技术要求、能力评价指标、参考架构，以及训练、推理、部署、接口等技术标准。围绕基于生成式人工智能（AIGC）的应用及服务，面向应用平台、数据接入、服务质量及应用可信等重点方向，研制 AIGC 模型能力、服务平台技术要求、应用生态框架、服务能力成熟度评估、生成内容评价等应用标准。在工业、医疗、金融、交通等重点行业开展 AIGC 产品及服务的风险管理、伦理符合等标准预研。

生物制造——

生物制造将在医药、化工、食品等领域发挥重要作用，推动产业的绿色发展。

发展目标：研制传感器等关键元器件，生物反应器等生产设备，生产技术规范等工艺标准。优化完善生物制造食品、药品、精细化学品等应用领域的产品、检测和评价方法等标准。

未来显示——

未来显示技术将带来更丰富的视觉体验，推动相关产业的创新发展。

发展目标：开展量子点显示、全息显示、视网膜显示等先进技术标准预研。研制 Micro-LED 显示、激光显示、印刷显示等关键技术标准，新一代显示材料、专用设备、工艺器件等关键产品标准，以及面向智慧城市、智能家居、智能终端等场景的应用标准。

未来网络——

未来网络将实现更高效、更安全、更智能的数据传输和处理，支撑经济社会的发展。

发展目标：开展 6G 基础理论、愿景需求、典型应用、关键能力等标准预研。面向下一代互联网升级演进，构建"IPv6＋"技术标准体系，开展分段路由（SRv6）、应用感知网络（APN6）、随路检测（iFit）等核心技术标准研制。面向产业数字化转型紧迫需求，加快确定性网络、数字孪生网络、算网融合/算力网络、自智网络、网络内生安全等关键网络技术标准研制。面向海空天地一体化、高通量全息通信、海量人机物通信等新场景，开展新型网络体系结构、路由协议、智能管控等标准预研。开展 Web3.0 相关标准预研，研制术语、参考架构等基础类标准，跨链技术要求、分布式数字身份分发等技术类标准，以及面向数据资产交易、数字身份认证、数字藏品管理等场景的应用类标准。

新型储能——

新型储能技术是解决能源供需不平衡的关键，将在能源存储、电力调峰等方面发挥重要作用。

发展目标：聚焦锂离子电池领域，研制电池碳足迹、溯源管理等基础通用标准，正负极材料、保护器件等关键原材料及零部件标准，以及回收利用标准。面向钠离子电池、氢储能/氢燃料电池、固态电池等新型储能技术发展趋势，加快研究术语定义、运输安全等基础通用标准，便携式、小型动力、储能等电池产品标准。

加快发展新质生产力，为我们积极培育战略性新兴产业和未来产业指明了方向，对于加快建设现代化产业体系具有重要意义。当前，要抓住全球产业结构和布局调整过程中孕育的新机遇，勇于开辟新领域、制胜新赛道，在推进产业基础高级化、产业链现代化的同时，打造生物制造、商业航天、低空经济等若干战略性新兴产业，开辟量子、生命科学等未来产业新赛道，建设具有完整性、先进性、安全性的现代化产业体系，为全面建成社会主义现代化强国夯实物质技术基础。

四、地方实践：江苏行动

2024 年全国两会期间，习近平总书记在参加全国人大江苏代表团审议时强调，江苏发展新质生产力具备良好的条件和能力。要统筹推进传统产业升级、新兴产业壮大、未来产业培育，加强科技创新和产业创新深度融合，巩固传统产业领先地位，加快打造具有国际竞争力的战略性新兴产业集群，使江苏成为发展新质生产力的重要阵地。总书记的殷殷嘱托为江苏发展新质生产力提供了根本遵循和科学指引。

江苏积极行动，统筹做好科技创新和产业创新两篇大文章。江苏省委、省政府作出加快发展未来产业的决策部署，开辟未来产业新赛道，厚植创新发展新优势，加快发展新质生产力，勇当科技和产业创新开路先锋。

1. 出台《打造具有全球影响力的产业科技创新中心行动方案》

2023年6月，江苏出台《打造具有全球影响力的产业科技创新中心行动方案》（以下简称《行动方案》），聚焦"1650"现代化产业体系和"51010"战略性新兴产业集群，从新兴产业、传统产业和未来产业三个领域明确30个技术攻关重点。2024年，江苏将对标国际领先，加快建设高水平基础研究中心；探索设立"应用基础研究特区"，赋予其科研自主权；同时，加大人才激励与减负力度，推动更多人才向产业一线集聚，激发科技成果高效转化为现实生产力。

从具体目标来看，2024年，江苏将遴选顶尖科学家领衔实施40个左右重大基础研究项目；建设好已获批的31家全国重点实验室，年底前牵头全国重点实验室达40家；力争苏南国家自主创新示范区GDP达2.25万亿元；力争高新技术企业超5.5万家、科技型中小企业超10万家；推进"科技—产业—金融"良性循环，新增科技领域贷款超2500亿元，技术合同成交额达5000亿元。

2. 出台《关于加快培育发展未来产业的指导意见》

2023年11月，江苏出台《关于加快培育发展未来产业的指导意见》（以下简称《指导意见》），提出将优先发展第三代半导体、未来网络、氢能、新型储能、细胞和基因技术、合成生物、通用智能、前沿新材料、零碳负碳、虚拟现实等10个成长型未来产业，超前布局量子科技、深海深地空天、类人机器人、先进核能等一批前沿性未来产业，构建起"10＋X"未来产业体系。《指导意见》还从强化科技创新策源，加强本土创新型企业培育，加大数据、人才、科技金融等要素支撑，深化开放合作等层面，对江苏以后一段时期未来产业培育发展作出总体部署。

《指导意见》明确，到2025年，建设10个未来产业（技术）研究院、未来技术学院、未来产业科技园等平台载体，引育50个未来产业领军人才（团队），重点领域、关键产业实现从小到大、从无到有，初步形成"10＋X"未来产业体系；到2030年，未来产业形成较大规模，10个成长型未来产业实现从大到强、从有到优，成为经济发展的重要驱动力量；到2035年，未来产业规模进一步壮大，形成自主可控、系统完备、先进安全的未来产业体系，未来产业成为现代化产业体系的重要支柱，江苏成为全球未来产业创新策源地和发展高地。

3. 积极培育未来产业，塑造战略竞争新优势

培育未来产业，是一项系统工程，需要政策、资金、产业、人才等各环节紧密合作、协力同行，江苏省各方正全面行动起来。

聚焦核心技术攻关，以科技创新引领产业创新。按照《指导意见》提出的目标，围绕未来产业重点领域，探索建设"应用基础研究特区"，每年实施15个以上前瞻技术研发项目，加快培育建设一批重大科技基础设施预研项目，提升未来产业创新策源能力。江苏省的科技创新成绩单令人瞩目：2023年全省全社会研发投入总量约4100亿元，占比3.2%左右，高新技术产业呈现回稳向好态势，产值占比49.9%、较上年提高1.4个百分点，研发投入占比和高新技术产业产值占比均提前两年完成了省"十四五"目标，科技型中小企业9.4万家、科创板上市公司达110家，均居全国第一。

积极引育人才，夯实产业发展底座。要抢占未来产业发展先机，须聚焦战略科学家、顶尖技术人才、领军企业家三类关键人才。目前江苏省有20余家本科高校设有人工智能、未来网络等未来技术相关专业学科，超过75家重点研发平台开展未来产业相关技术研发和重大项目攻关，现有高校科技人力资源总量9.9万人，拥有两院院士80人、国家高层次人才2000余人，高层次人才的总数占到全国高校的10%。省教育厅相关负责人表示，江苏省还将继续推动高校建设一批未来技术学院、未来产业技术研究院和实验室，支持高校联合地方政府、企业，积极探索构建跨学科、跨领域、跨区域的创新联合体，抢占科技战略制高点。

做强企业主体，强化应用场景牵引。未来产业创新生态搭建既需要企业主体培育，也需要应用场景建设。2023年，江苏省出台《江苏省元宇宙产业发展行动计划（2024—2026年）》、《江苏省推进遥感卫星应用产业高质量发展三年行动方案》等政策文件，以顶层设计引领企业发展。同时，组织推荐有能力有潜力的企业参与工信部未来产业创新任务揭榜挂帅，加快前瞻培育新赛道新产业。省工信厅相关负责人介绍，江苏省将元宇宙、人工智能等10条产业链列为未来产业链，还将继续重点引进高成长性创新型企业，力争培育30家未来产业"链主"企业，鼓励中小企业加入领军企业牵头的创新联合体，并打造10家未来产业促进机构，推进场景挖掘、供需对接、建设运营，加快开发一批未来产业融合应用场景。

用好财政活水，助力产业行稳致远。资金投入是未来产业发展的底气。江苏省按照《指导意见》的规划，积极推动省战略性新兴产业母基金与相关设区市共同组建未来产业天使基金，投早、投小、投长、投硬科技，支持种子期、初创期科技型企业发展壮大；进一步优化省级有关专项资金支持方向，按照各有侧重、错位支持的原则，加大对未来产业领域重大项目支持力度。省财政厅相关负责人表示，江苏省财政将统筹安排省科技、战略性新兴产业、工业和信息化转型升级以及人才发展等专项资金，按照"基础研究＋技术攻关＋成果转化＋科技金融"的培育链路，对未来产业发展给予全链条、全方位支持。

4. 制定《加快科技创新引领未来产业发展"5个100"行动方案（2024—2026年）》

江苏发展未来产业具有良好基础，部分领域形成比较优势，前沿新材料、未来网络等与世界先进水平"并跑"，人工智能、氢能与储能等已初具规模。为进一步加快推进未来产业发展，2024年2月，江苏制定出台《加快科技创新引领未来产业发展"5个100"行动方案（2024—2026年）》（以下简称《行动方案》）。

根据《行动方案》，江苏省将把握新一轮科技革命和产业变革重大机遇，坚持市场主导和政府引导相结合，以苏南国家自主创新示范区和省级以上高新区为重要载体，围绕创新链布局产业链，围绕产业链部署创新链，到2026年，在第三代半导体、通用人工智能、量子科技、合成生物、元宇宙等未来产业领域推进100项前沿技术、培育100家示范企业、升级100家科创园区、开发100个应用场景、研制100项标准规范，打造"技术策源—应用牵引—企业孵化—产业集聚"的未来产业全生命周期培育体系，抢占未来发展战略制高点，为打造具有全球影响力的产业科技创新中心，全面推进中国式现代化江苏新实践提供新的产业支柱和科技源泉。

《行动方案》部署了五大重点任务：

着力推进100项重大前沿技术攻关。分领域编制未来产业"一图三清单"，加强科技人才培养，实施前沿技术研发计划，重点围绕量子科技、未来网络、类脑智能等优势领域进行研发部署，力争率先取得突破,掌握未来发展主动权。

着力培育100家未来科技创新示范企业。遴选一批主攻前沿技术、具备发展潜力的高新技术企业进行重点培育,引导资本、技术、人才等创新要素向示范企业集聚,支持企业组建创新联合体,开展上下游协同创新。

着力升级100家未来产业科创园区。重点打造一批未来产业标杆孵化器,加快提升"硬科技"孵化服务能力。以省级以上大学科技园和高新区为主阵地,开展未来产业科技园建设试点,探索创新发展模式,打造未来产业孵化高地。

着力开发100个前沿技术应用场景。布局一批概念验证中心,支持高校院所建设早期试验场景,支持领军企业搭建行业融合应用场景,支持高新区打造特色化标杆示范场景,以场景应用推动技术产品定型、加速产业化进程。

着力研制100项未来产业标准规范。强化科技创新与标准化工作联动,积极推动人工智能、合成生物、氢能和新型储能等未来产业标准化组织建设,引导经营主体紧跟前沿技术趋势,加快重点标准研制,加速未来产业标准推广应用和商业化落地。

《行动方案》特别提到,支持各地立足自身产业基础和优势特色,遵循规律科学合理布局未来产业,避免同质化无序竞争和重复建设,促进形成产业间联动发展、区域间相互融合的协同发展格局。值得一提的是,《行动方案》还将建立评估机制,省地联动建立未来产业科技创新"5个100"数字管理系统,强化动态管理,引导各地因地制宜发展新质生产力。

第四节　加快建设全国统一大市场

在全球化和信息化的浪潮中，中国经济正经历着前所未有的转型。随着经济规模的扩大和经济结构的复杂化，市场在资源配置中的决定性作用日益凸显。当前，发展新质生产力是新时代全面深化改革，构建新发展格局的必然要求，超大规模的国内市场是推进新质生产力的最大底气。2024年4月30日中共中央政治局召开会议分析当前的经济形势和经济工作，强调要因地制宜发展新质生产力，坚定不移深化改革扩大开放，建设全国统一大市场，完善市场经济基础制度，为稳定发展预期，释放市场活力，降低交易成本，促进循环畅通发挥积极作用。7月，党的二十届三中全会审议通过的《中共中央关于进一步全面深化改革、推进中国式现代化的决定》，围绕处理好政府和市场关系这个核心问题，把构建高水平社会主义市场经济体制摆在突出位置，对经济体制改革重点领域和关键环节作出部署。明确提出构建全国统一大市场、完善市场经济基础制度，加强公平竞争审查刚性约束，清理和废除妨碍全国统一市场和公平竞争的各种规定和做法，完善要素市场制度和规则，等等。这些改革举措将更好激发全社会内生动力和创新活力。

一、全国统一大市场的核心内涵与根本要求

2021年12月，习近平总书记主持召开中央全面深化改革委员会第二十三次会议时强调："构建新发展格局，迫切需要加快建设高效规范、公平竞争、充分开放的全国统一大市场，建立全国统一的市场制度规则，促进商品要素资源在更大范围内畅通流动。"这一重要论断，不仅明确揭示了全国统一大市场的核心内涵是"高效规范、公平竞争、充分开

放",而且明确阐明了建设全国统一大市场的根本要求。

1. "高效规范"要求在制度和法律上更大范围有效配置资源

"高效规范"的要求包括清晰的产权制度、公平的交易规则、公正的市场竞争法规以及有效的市场监管体系。这些规则应覆盖全国，确保所有市场主体在同一套规则下公平竞争，最大限度提高资源配置效率，消除地方性优惠和保护措施，进一步厘清政府与市场的边界，防止市场垄断，保护消费者权益。

首先，制定市场制度规则应以促进商品、要素资源高效流动为目标。这要求构建统一的市场准入和退出机制，确保所有企业公平参与市场竞争，不受地域、规模、所有制的限制。市场准入标准的透明化和一致化将有助于吸引更多投资，提升市场活力，同时确保资源流向最具生产力和创新力的领域。

其次，考虑到当前经济的数字化和网络化趋势，数据和信息市场的制度规则制定尤为重要。政策应鼓励数据的流通和共享，同时保护数据安全和隐私，建立数据确权和交易的规范，以释放数字经济的潜力。这包括制定数据的开放、使用和分享标准，以及确保数据市场的公平交易，推动数据要素市场的健康发展。

再者，市场制度规则的落实是确保其效果的关键。政府应建立有效的监管机制，确保规则执行的公正性和一致性。这包括设立独立的市场监管机构，加强执法力度，及时处理市场违规行为，以及构建公开透明的投诉和申诉渠道，保障各类市场主体的权益。同时，还应定期评估市场规则的效果，根据市场变化适时调整，保持制度规则的灵活性和前瞻性。

总之，市场制度规则的制定与落实应遵循法治化原则，以法律为基础，确保规则的稳定性，降低市场不确定性，增强市场信心。通过强化法制建设，可以为市场提供可预期的商业环境，促进长期投资，助力新质生产力的培育。

2. "公平竞争"要求营造一流的营商环境，做到"竞争中性"

"公平竞争"是市场经济的基本原则，是市场机制高效运行的重要基础，对于维护市场秩序、保护消费者权益、激励企业创新和提高经济效率至关重要。在建设全国统一大市场中，公平竞争的监管与保障是实现"高效规范"市场制度规则的核心环节。

首先，反垄断政策的实施是保障公平竞争的关键。政策应针对市场中可能存在的横向垄断、纵向垄断和滥用市场支配地位等行为进行严厉打击。通过设立专门的反垄断机构，强化立法和执法力度，确保所有企业无论大小、地域，都能在无歧视的市场环境中公平竞争。反垄断政策的执行还应关注新兴领域，如互联网、大数据，以及平台经济，防止新的市场势力形成垄断，阻碍创新和竞争。

其次，消除行政性壁垒是维护公平竞争的必要手段。政府应逐步减少行政干预，避免地方保护主义，确保市场规则在全国范围内的统一执行。这包括取消不必要的行政许可，简化审批流程，降低企业跨区域经营的难度。同时，通过建立公平的补贴和税收政策，避免对特定地区或行业提供不公平的竞争优势。

再者，保护消费者权益是公平竞争的组成部分。制定并执行严格的消费者权益保护法，确保消费者能够获取真实、准确的商品和服务信息，避免欺诈和误导。同时，加强维护市场竞争秩序，加强对虚假广告、不正当竞争手段的监管力度，确保企业间的竞争建立在真实、透明的基础上。鼓励企业间的合作与竞争并存，通过多元化竞争促进创新和生产力的提升。

此外，在发展新质生产力的时代，数据和数字资产成为重要的生产要素，数据市场的公平竞争同样重要。政府需要制定数据使用、交换和共享的规则，确保所有企业在数据资源的获取和利用上享有公平的机会。数据隐私保护法规的完善，既要促进数据的流动和创新，又要防止数据滥用，保护个人信息安全。

3. "充分开放"要求建设高水平对外开放新体制和新格局

"充分开放"是全国统一大市场构建的核心要素之一，它通过促进要素的自由流动，打破地区间的经济壁垒，为经济的高效运行和新质生产力的培育创造有利条件。这需要在开放的广度和深度上为充分利用两个市场、两种资源，增强国内国际两个市场联动，进而形成国内国际双循环相互促进的"联动效应"，建设高水平对外开放新体制和新格局。

首先，政策应致力于消除市场准入的隐性壁垒。这包括逐步取消针对特定地区、所有制或规模的歧视性规定，确保所有企业都能在同等条件下参与市场竞争。同时，简化市场准入程序，减少审批环节，提高审批效率，降低企业进入市场的成本，特别是对于初创企业和中小微企业，这可以刺激更多创新和创业活动。

其次，推动服务贸易自由化以及与国际接轨。服务贸易是现代经济中不可或缺的部分，政策应鼓励国内外服务提供商在教育、医疗、金融、信息技术等领域进行更深入的合作。通过开放服务市场，引入竞争，可以提升服务质量，推动相关产业的升级，同时为劳动力提供更广阔的发展空间。同时，充分开放的市场要求与国际接轨，积极参与国际贸易规则的制定，推动构建公平、透明的国际经贸环境。加强与各国的区域经济合作，通过自由贸易协定等方式，降低贸易壁垒，促进要素自由流动，扩大国际市场辐射范围。

再者，加强知识产权保护，以促进创新和公平竞争。强化知识产权法律法规，严厉打击侵权行为，鼓励创新成果的合法流转和使用，将有助于保护创新者的权益，激发市场创新活力。同时，通过建立国际认可的知识产权保护体系，可以吸引更多的国际资本和技术进入中国市场，促进新质生产力的形成和壮大。

此外，在发展新质生产力的背景下，数据和信息市场的开放同样重要。应推广数据跨境流动的便利化措施，同时确保数据安全和隐私保护。这包括制定数据跨境流动的规范，推动数据交换平台的建立，以及建立数据跨境流动的监管机制，以促进数据资源的优化配置，挖掘数字经济的巨大潜力。

综上，建设全国统一大市场，不仅是要在全国范围内，建设一个市场基础制度规则统一、市场设施高标准联通、要素和资源市场以及商品和服务市场高水平统一的大市场，而且是要面向全球、充分开放，建设一个市场监管公平统一、不当市场竞争和市场干预行为得以规范，进而能更好吸引外资和扩大进出口贸易的大市场。全国统一大市场是新质生产力的规模优势的具体体现之一，它的建设对于推动新质生产力的发展具有重要意义。

二、建设全国统一大市场的重大部署与工作重点

2021年中央全面深化改革委员会第二十三次会议审议通过了《关于加快建设全国统一大市场的意见》。2022年党的二十大报告进一步强调，构建全国统一大市场，深化要素市场化改革，建设高标准市场体系。2023年中央经济工作会议再次强调，加快全国统一大市场建设，着力破除各种形式的地方保护和市场分割。2024年党的二十届三中全会进一步明确了构建全国统一大市场的关键改革举措，包括构建城乡统一的建设用地市场，培育全国一体化技术和数据市场，建立健全统一规范、信息共享的招标投标和公共资源交易平台体系，健全一体衔接的流通规则和标准，建设全国统一电力市场等。加快建设全国统一大市场是党中央从全局和战略高度作出的重大部署，已经成为构建新发展格局的基础支撑和内在要求。一系列工作安排紧锣密鼓、压茬推进、力求实效，从中可见建设全国统一大市场工作的重要性和迫切性。

1. 中共中央、国务院发布实施《关于加快建设全国统一大市场的意见》

我国已发展成为拥有超过 1.8 亿户经营主体、14 亿多消费者、4 亿多中等收入群体的超大规模市场。持续增强超大规模市场优势，必须加快建设高效规范、公平竞争、充分开放的全国统一大市场。

2022 年 4 月，中共中央、国务院发布实施《关于加快建设全国统一大市场的意见》（以下简称《意见》），提出主要目标是：持续推动国内市场高效畅通和规模拓展，加快营造稳定公平透明可预期的营商环境，进一步降低市场交易成本，促进科技创新和产业升级，培育参与国际竞争合作新优势。

《意见》坚持问题导向、立破并举，从六个方面明确了加快建设全国统一大市场的重点任务。从立的角度，明确要抓好"五统一"：一是强化市场基础制度规则统一；二是推进市场设施高标准联通；三是打造统一的要素和资源市场；四是推进商品和服务市场高水平统一；五是推进市场监管公平统一。从破的角度，明确要进一步规范不当市场竞争和市场干预行为。

《意见》是关键时期出台的关键性改革文件，清晰擘画了我国推进统一大市场建设的基本路径，其基本逻辑是：以制度规则统一为基础，以高标准联通的市场设施为支撑，以打造统一的要素、资源、商品、服务等市场为重点，以公平统一的市场监管为保障，建设高效规范、公平竞争、充分开放的全国统一大市场。从全局和战略高度为今后一个时期建设全国统一大市场提供了行动纲领。

2. 国务院落实建设全国统一大市场部署的工作重点

2023 年 5 月，国务院常务会议研究了落实建设全国统一大市场部署总体工作方案和近期举措，明确工作重点，以推动全国统一大市场建设取得实质性进展。会议强调，加快建设高效规范、公平竞争、充分开放的全国统一大市场，促进商品要素资源在更大范围畅通流动。会议确定的工作重点是：

第一，针对当前突出问题抓紧开展系列专项行动。开展妨碍统一市场和公平竞争的政策措施清理，对市场准入和退出、强制产业配套或投资、工程建设、招标投标以及政府采购等领域突出问题开展专项整治，制定不当市场干预行为防范事项清单，建立经营主体反映问题快速响应处理机制等，运用约谈整改、问效评估、案例通报等方式强化制度刚性约束。

第二，加快完善建设全国统一大市场的配套政策。聚焦市场基础制度、市场设施联通、要素和资源市场、商品和服务市场、市场监管等领域，推动加快社会信用体系建设法、公平竞争审查条例、消费者权益保护法实施条例等立法进程，修订市场准入负面清单，研究制定建设全国统一大市场标准指引，推动政策制度体系不断健全。

第三，完善适应建设全国统一大市场的长效体制机制。以构建全国统一大市场为导向，进一步完善财税、统计以及地方政绩考核制度。加强对重大生产力布局的统一规划和宏观指导，强化产业政策统筹，推动构建优势互补、合理分工、高质量发展的区域经济布局和国土空间体系。

第四，切实抓好工作落实。充分发挥全国统一大市场建设部门协调机制作用，加大统筹协调力度，细化责任分工，强化跟踪督促，推动各项举措落实落细、落地见效，及时研究新情况、解决新问题，形成抓落实的合力。

此后，自2023年6月开始，国务院各部门进行了相关部署。国家市场监督管理总局联合国家发展改革委等相关部门组织开展了妨碍统一市场和公平竞争的政策措施清理工作，为期6个月的集中清理工作取得积极成效。来自市场监管总局的信息显示，经过为期6个月的集中清理，各地区、各部门共梳理涉及经营主体经济活动的各类政策措施690448件，清理存在妨碍全国统一大市场和公平竞争问题的政策措施4218件，有力纠治了一批经营主体反映强烈的限制企业迁移、设置进入壁垒、谋求自我小循环等行为，地方保护和市场分割现象得到有效制止。

2023年12月，国务院常务会议再次强调了基础制度规则的重要性，要求加快完善市场准入、产权保护和交易、数据信息、社会信用等方面的基础性制度，把有利于全国统一大市场建设的各项制度规则立起来。明确了基础性制度建设、重点领域改革、破除各种障碍等方面的重点工作。

2024年3月，国家发展改革委等8部门联合印发《招标投标领域公平竞争审查规则》（以下简称《审查规则》），这是我国首部行业领域公平竞争审查规则，首次为招投标领域出台政策措施列明"负面清单"。《审查规则》重点破除资格预审、评标方法、评标标准、定标标准、信用评价、保证金收取等方面的壁垒。

3. 党的二十届三中全会部署构建全国统一大市场的改革举措

构建全国统一大市场是加快建设高标准市场体系的一项重大改革任务，党的二十届三中全会审议通过的《中共中央关于进一步全面深化改革、推进中国式现代化的决定》明确了一系列关键改革举措，具体包括：

一是推动市场基础制度规则统一、市场监管公平统一、市场设施高标准联通。加强公平竞争审查刚性约束，强化反垄断和反不正当竞争，清理和废除妨碍全国统一市场和公平竞争的各种规定和做法。规范地方招商引资法规制度，严禁违法违规给予政策优惠行为。建立健全统一规范、信息共享的招标投标和政府、事业单位、国有企业采购等公共资源交易平台体系，实现项目全流程公开管理。提升市场综合监管能力和水平。健全国家标准体系，深化地方标准管理制度改革。

二是完善要素市场制度和规则，推动生产要素畅通流动、各类资源高效配置、市场潜力充分释放。构建城乡统一的建设用地市场。完善促进资本市场规范发展基础制度。培育全国一体化技术和数据市场。完善主要由市场供求关系决定要素价格机制，防止政府对价格形成的不当干预。健全劳动、资本、土地、知识、技术、管理、数据等生产要素由市场评价贡献、按贡献决定报酬的机制。推进水、能源、交通等领域价格改革，优化居民阶梯水价、电价、气价制度，完善成品油定价机制。

三是完善流通体制，加快发展物联网，健全一体衔接的流通规则和标准，降低全社会物流成本。深化能源管理体制改革，建设全国统一电力市场，优化油气管网运行调度机制。

四是加快培育完整内需体系，建立政府投资支持基础性、公益性、长远性重大项目建设长效机制，健全政府投资有效带动社会投资体制机制，深化投资审批制度改革，完善激发社会资本投资活力和促进投资落地机制，形成市场主导的有效投资内生增长机制。完善扩大消费长效机制，减少限制性措施，合理增加公共消费，积极推进首发经济。

总之，通过完善市场环境、政策环境和法治环境，让市场在资源配置中充分发力。同时，通过维护竞争秩序、促进经济平稳运行、保障经济安全，让政府在克服市场失灵领域精准发力。

三、加快建设全国统一大市场的有关举措与进展成效

围绕党中央关于建设全国统一大市场的重大部署，国家相关部门多措并举、积极推进，至今已经破除了一批地方保护和市场分割的突出问题，一批推动市场高效联通的重点任务已见成效，重点领域改革加力推进并取得积极进展。建设全国统一大市场正成为畅通国内大循环、推进中国经济高质量可持续发展的重要支撑。

1. 加快建设全国统一大市场的有关举措

有关举措聚焦：加快完善市场准入、产权保护和交易、数据信息、社会信用等方面的基础性制度，积极稳妥推进财税、统计等重点领域改革，加大先行先试探索力度，把有利于全国统一大市场建设的各种制度规则立起来。深入开展市场分割、地方保护等问题专项整治，加大典型案例通报力度，把不利于全国统一大市场建设的各种障碍掣肘破除掉。

具体包括：

一是把有利于全国统一大市场建设的各项制度规则立起来。研究制定全国统一大市场建设标准指引，加快推动《社会信用建设法》、《公平竞争审查条例》出台，优化标准供给结构、强化政府制定标准管理，进一步完善统一的市场基础制度规则。

二是以超大规模市场优势助力扩大内需。推动构建东中西部产业梯度转移格局；充分发挥全国土地二级市场交易服务平台作用，促进土地资源市场化配置、盘活存量资源；加快多式联运标准化建设；深入实施商贸物流高质量发展行动和县域商业建设行动。

三是积极稳妥推进财税、统计等重点领域改革。深入研究完善地方税税制，完善事权、支出责任和财力相适应的财税体制。研究修订关于统计单位划分、跨省分支机构视同法人单位统计审批管理等方面的制度规则。

四是加大先行先试探索力度。结合区域重大战略、区域协调发展战略实施，鼓励京津冀、长三角等率先开展区域市场一体化建设，在健全市场制度规则、完善市场基础设施、共享物流发展成果、强化跨区域市场监管协作等方面积极探索创新，为全国提供可复制推广的经验。

五是破除不利于全国统一大市场建设的各种障碍。组织各地抓好问题线索核查、政策措施清理等工作，深入开展重点领域市场分割、地方保护等突出问题专项整治,持续通报典型案例,发挥警示震慑作用,着力打通制约全国统一大市场建设的堵点卡点。

2. 加快建设全国统一大市场的进展成效

建设全国统一大市场,简单通俗地说就是"五统一"、"一破除",即通过统一的基础制度规则、统一联通的市场设施、统一的要素资源市场、统一的商品服务市场、统一的市场监管以及破除地方保护,来建设高效规范、公平竞争、充分开放的超大规模市场。根据国家发展改革委有关负责人介绍,具体来看,进展成效可以归结为三个方面:

第一,着力破除了一批地方保护和市场分割的突出问题。

国家发展改革委建立不当干预全国统一大市场建设行为问题整改和典型案例约谈通报制度,开展妨碍建设全国统一大市场问题线索核实整改工作,征集了1100余条问题线索,其中有效问题线索超过九成已督促地方完成整改。市场监管总局组织各地清理妨碍建设统一市场和公平竞争的规定做法。

第二,一批推动市场高效联通的重点任务已见到成效。

基础制度规则统一衔接方面,全面开展新版市场准入负面清单修订,《关于规范招标投标领域信用评价应用的通知》等印发实施。市场设施高标准联通方面,全国高速公路服务区近九成已建设预留充电停车位,2023年前三季度重点商贸物流托盘标准化率达75.1%。统一的要素和资源市场建设方面,全国土地二级市场线上交易服务平台已经正式开通运行,统一失业保险转移办理流程工作提前完成,银行间债券市场与交易所债券市场硬件系统已经实现互联互通。商品和服务市场高水平统一方面,上线全国12315消费投诉信息公示平台;建设2900余个一刻钟便民生活圈;开展内外贸一体化试点。市场监管公平统一方面,印发实施《制止滥用行政权力排除、限制竞争行为规定》,构建跨区域线上案件协查、执法协助、联合执法机制。

第三，重点领域改革加力推进并取得积极进展。

财税体制方面，部分省份财政体制改革实施方案已印发实施，推动建立健全权责配置更为合理的省以下财政体制。统计制度方面，深化产业活动单位视同法人统计改革，推动汽车、石油、百货零售等领域外地分支机构在地统计。优化产业布局方面，举办 2023 中国产业转移发展对接活动，实施先进制造业集群发展专项行动。区域一体化方面，京津冀、成渝等地区出台区域市场一体化建设实施方案。

与此同时，近几年里，各地加快推进全国统一大市场建设，从完善制度体系到破除地方保护，从市场分割缝合到市场高效联通，有条不紊、井然有序。不少地方也已从法制规范、建立商务联动合作机制等方面开展了推动建设全国统一大市场的工作。

比如，浙江省开展破除地方保护和市场分割专项行动，聚焦教育、医疗卫生、工程建筑、公用事业、交通运输、保险、政府采购、招投标等行业和领域，重点整治四类行为。陕西开展妨碍统一市场和公平竞争的政策措施清理专项行动。安徽则在全省部署开展妨碍统一市场和公平竞争政策措施清理工作，全面排查纠正地方保护、隐性市场壁垒等违规做法。重庆市市场监管局组织开展民生领域执法专项行动，重点查处滥用行政权力妨碍商品自由流通、排斥或者限制外地经营者、限定或者变相限定交易、制定含有排除限制竞争内容的规定等行为。

再如，在商务部指导下，上海、江苏、浙江、安徽商务主管部门 2023 年 9 月共同签署《深化长三角区域市场一体化商务发展合作协议》。横琴粤澳深度合作区、浦东新区、广州南沙等地开展放宽市场准入试点，重点推动新业态新领域准入环境持续优化，为全国提供可复制推广的经验。

近年来，全国统一大市场建设虽取得重要进展，但国内大循环堵点还依然存在，地方保护、市场分割现象仍有发生。虽明目张胆的显性壁垒减少了，但暗度陈仓的隐性壁垒却层出不穷，各种"土门槛"、"土政策"多发等等。当前，培育和发展新质生产力，要求创新链、产业链、供应链协同发力一体推进，更加需要革除制度性交易成本高、经营主体市场准入难、新要素资源流动性壁垒、各种形式的地方保护和市场分割等问题，建设高标准畅联通达的全国统一大市场。

加快全国统一大市场建设是一项系统工程，也是2024年《政府工作报告》明确的重点任务之一。对此，《政府工作报告》提出了进一步的具体部署要求：制定全国统一大市场建设标准指引。着力推动产权保护、市场准入、公平竞争、社会信用等方面制度规则统一。深化要素市场化配置综合改革试点。出台公平竞争审查行政法规，完善重点领域、新兴领域、涉外领域监管规则。专项治理地方保护、市场分割、招商引资不当竞争等突出问题，加强对招投标市场的规范和管理。坚持依法监管，严格落实监管责任，提升监管精准性和有效性，坚决维护公平竞争的市场秩序。

四、地方实践：浙江先行

浙江作为全国唯一建设"共同富裕示范区"的省份，被国家委以重任，责任重大。浙江在实践中，以加快建设全国统一大市场来推动实现共同富裕，在全国起到了很好的示范作用，体现出全国统一大市场建设浙江先行的"共富效应"。

1. 建设全国统一大市场浙江具备超前禀赋

浙江一直是改革开放先行省份，特别是2003年"八八战略"提出以后，浙江坚持一张蓝图绘到底，持续提升体制机制优势和环境优势，在贯彻新发展理念、构建新发展格局、推动高质量发展上取得了长足进步。

一是基础设施建设完备。浙江在多年的发展进程中，强化市场基础制度规则统一、推进市场设施高标准联通。在基础设施上,浙江全省"大交通"格局基本形成,能源供应结构更加合理,一些制约浙江经济发展的"瓶颈"基本得到解决;在市场基础制度规则上,浙江实行清单化管理,通过梳理权力清单来规范行政流程,完成"最多跑一次"改革,同时通过制定"负面清单"给市场明晰经营范围,企业营商基础性环境得到优化。

二是科技创新长足进步。在创新发展上,浙江坚持"创新是第一动力",战略科技力量体系初步形成,人才集聚效应明显提升。近年来,浙江敏锐地把握数字经济发展的重大契机,加快推动浙江从工业化、信息化向数字化转型蝶变,前瞻谋划数字时代浙江产业发展新优势,实施以数字经济创新提质为"一号发展工程",做好"八八战略"中产业升级续篇,推动产业发展从"走新型工业化道路"向"以数字经济引领现代化产业体系建设"再升级。

三是生产力水平在全国位居前列。浙江较早探索用信息化推动工业化,在新型工业化、新型城镇化、农业现代化等领域,均走在了全国前列。同时,浙江深入实施"山海协作工程"、"千万工程"等,持续缩小城乡、地区、收入差距,成为全国发展最为均衡的省份之一。2022年浙江生产总值达到 77715 亿元,位列全国第四位,人均地区生产总值为 118496 元,位列全国第 5 位,全员劳动生产率为 19.9 万元/人,比上年提高 2.2%。规模以上工业劳动生产率为 29.6 万元/人,比上年提高 4.2%。

四是提升治理水平现代化。浙江积极采取措施以多种方式提升省域治理能力和治理水平,从 2014 年"四张清单一张网"改革到 2017 年"最多跑一次"改革,从 2018 年政府数字化转型再到 2021 年数字化改革,浙江通过改革实现优化本省营商环境的目标,不断提升自身治理能力和治理水平现代化,更好服务统一大市场的建设。

2. 率先实施省域公平竞争政策先行先试改革

破除地方保护和行政性垄断是加快建设全国统一大市场的重点任务和关键举措。近年来，浙江省高度重视公平竞争审查工作，在全国范围内率先实现省市县三级政府公平竞争审查制度全覆盖，率先实施省域公平竞争政策先行先试改革。为进一步提升法治化营商环境水平，推动全国统一大市场建设，发挥地方立法先行示范功能。

一是在全省开展破除地方保护和市场分割专项行动。2022年4月下发了《关于开展破除地方保护和市场分割专项行动的通知》，专项行动聚焦教育、医疗卫生、工程建筑、公用事业、交通运输、保险、政府采购、招投标等行业和领域，重点整治四类滥用行政权力实施地方保护和市场分割行为。坚决破除妨碍各种生产要素市场化配置和商品服务流通的体制机制障碍，畅通国内大循环，加快建设高效规范、公平竞争、充分开放的统一大市场，进一步激发市场主体活力。

二是持续开展妨碍统一市场和公平竞争政策措施清理工作。浙江省委、省政府高度重视清理工作，2023年8月研究制定了全省清理工作方案。各地积极贯彻落实，杭州、绍兴等地政府分管领导亲自部署清理工作；宁波、温州、台州等地召开公平竞争审查工作联席会议，针对重点领域重点问题全面开展清理。清理过程中，浙江省市场监管局还组织开展了滥用行政权力排除、限制竞争行为11个地市间的交叉检查，检查发现并督促各地整改妨碍统一市场和公平竞争问题66个，倒逼各地主动加大清理力度，废止纠正了一批存在不合理限制的政策文件，促进了商品和要素自由流动，保障了民营企业公平参与市场竞争。同时，浙江还组织开展了公平竞争政策法律"进机关、进党校、进企业"活动，加强政策宣传倡导，强化各级领导干部公平竞争理念。一些妨碍统一市场和公平竞争的政策措施均已被一一清理，据省市场监管局数据，2023年全省共清理存量政策文件39866件，修订或者废止499件。

三是出台全国首部公平竞争审查省级政府规章《浙江省公平竞争审查办法》。为了巩固清理成果，健全长效工作机制，浙江2024年1月制定出台《浙江省公平竞争审查办法》（以下简称《办法》），并于2024年4月1日起施行。《办法》明确规定不得以所在地、所有制排斥、限制企业参与招投标、政府采购。该《办法》着眼完善公平竞争市场经济省域制度体系，进一步细化公平竞争审查标准和程序，创新公平竞争审查工作机制，压实各地各部门主体责任，从源头预防各地政府部门出台妨碍统一大市场建设的政策文件。这是全国首部公平竞争审查省级政府规章文件。

四是出台符合区域省情的《浙江省优化营商环境条例》。2024年1月，浙江制定出台《浙江省优化营商环境条例》（以下简称《条例》），并于3月1日起正式实施。该《条例》有96条具体举措，从市场管理、政务服务、要素支撑、数字赋能、创新支持、开放提升、人文生态、法治保障等方面，对打造"浙里最佳"营商环境作出规定，具有鲜明的浙江辨识度。

通过多措并举、大刀阔斧破除地方保护和行政性垄断，浙江正打通制约经济循环的关键堵点，促进商品要素资源在更大范围内畅通流动，推动深度融入全国统一大市场，在全国先行先试，为全省经济发展注入新的活力，促进经济高质量发展。

3. 加快建设全国统一大市场的浙江"共富效应"

在建设"共同富裕示范区"的有益探索中，浙江正在率先探索出一条有利于推进全国统一大市场建设的现实路径。在全国统一大市场建设中，着力打造生产、分配、流通和消费新格局，催生强大的"共富效应"，一些经验启示值得总结。

第一，着力构建共同富裕物质基础的新生产格局。浙江始终坚持供给侧结构性改革，保障产业链、供应链的自主性、完整性，提高供给结构对需求变化的适应性和灵活性。同时，坚定不移地实施创新驱动发展战略，梳理形成以应用研究倒逼基础研究任务清单、以基础研究引领应用研究清单、国产替代清单、成果转化清单等四张清单机制，不断提升科研经费投入，促进科技创新和成果产业转化，持续提升产业技术水平。通过深化改革加强制度创新，提升现代化治理能力，出台鼓励创新的制度政策，完善促进自主创新成果市场化应用的体制机制；利用浙江数字高地优势，上线营商环境集成应用，创新营商环境"无感监测"，实施以营商环境优化提升为"一号改革工程"。

第二，着力提升居民收入分配效能的新分配格局。浙江高度重视大力促进企业发展，不断做大分配蛋糕，在此基础上坚持"按劳分配"原则，实现"多劳多得"，提高劳动者的待遇，改善生活福利。同时，积极发挥好政府在再分配中的作用。在国家规定的基础上，浙江根据本省的实际情况出台了《浙江省基本公共服务标准（2021版）》，实现了幼有善育、学有优教、劳有所得、病有良医、老有康养、住有宜居、弱有众扶，让改革发展的成果惠及更多人民群众。

第三，着力促进要素自由流动的新流通格局。浙江以实现物流的快捷便利为导向，完善综合立体交通网，推进多层次一体化综合交通枢纽建设，着力打造空铁水公多式联运交通枢纽，实施"万亿综合交通工程"推动交通运输设施跨区域一体化发展；通过数字化改革，完善市场信息交互渠道和推动交易平台的优化升级，让信息、数据的快速共享传输，实现市场运作效率的提升。启动实施"数据强省"战略，围绕数据资源、行业应用、数据安全等大数据产业链环节，积极培育大数据企业主体，实现数据在省内畅通。通过各区域间交易市场融合，放大各个区域基础设施优势和产业优势，以现代便捷的物流条件增强各个不同地区的现代产业体系协同能力，扩大其配套优势，进而缩小各个地区发展差异，实现合理分工、协调联动的区域经济发展新格局，壮大共同富裕实现的基础支撑。

第四，着力达成消费均衡的新消费格局。浙江不断挖掘民间消费潜力，通过确立"消费提振年"到"消费促进年"，出台《关于进一步扩大消费促进高质量发展若干举措的通知》（2023 年）、鼓励夜生活发展夜经济等措施提振消费信心，促进民众消费。积极鼓励消费创新，引导中小市场主体顺应国内消费升级新趋势，实现物品、品牌、品质消费的提质，深挖个性化消费需求；制造企业基于消费者偏好设计与研发产品，实现消费过程和生产过程高效融合。通过需求牵引供给、供给创造需求，更好满足人民对美好生活的向往，扎实推进共同富裕。

第五节　健全要素参与收入分配机制

2019 年党的十九届四中全会强调把"按劳分配为主体、多种分配方式并存"作为社会主义基本经济制度的同时，进一步指出要"健全劳动、资本、土地、知识、技术、管理、数据等生产要素由市场评价贡献、按贡献决定报酬的机制"。体现了党对分配制度、对生产要素构成等认识的持续深化。2024 年 1 月 31 日，习近平总书记在主持中共中央政治局第十一次集体学习时指出，加快发展新质生产力，"要健全要素参与收入分配机制，激发劳动、知识、技术、管理、资本和数据等生产要素活力，更好体现知识、技术、人才的市场价值，营造鼓励创新、宽容失败的良好氛围。"2024 年 7 月，党的二十届三中全会审议通过的《中共中央关于进一步全面深化改革、推进中国式现代化的决定》提出，要健全劳动、资本、土地、知识、技术、管理、数据等生产要素由市场评价贡献、按贡献决定报酬的机制。健全按要素分配政策制度。健全要素参与收入分配机制，对于调动各类生产要素参与生产的积极性、主动性、创造性，让各类生产要素的活力竞相迸发，让一切创造社会财富的源泉充分涌流，具有极其重要的理论意义和实践价值。

一、生产要素参与分配的内涵、要求与必然性

2019年10月，党的十九届四中全会通过的《中共中央关于坚持和完善中国特色社会主义制度、推进国家治理体系和治理能力现代化若干重大问题的决定》中，从我国生产力发展实际出发，科学把握经济发展新趋势和新特征，明确将劳动、资本、土地、知识、技术、管理、数据等生产要素纳入收入分配机制，为各类生产要素参与分配指明了方向。

1. 明确了哪些生产要素参与收入分配

社会主义社会实行按劳分配原则，劳动自然就是参与分配的主要生产要素。改革开放后，我国所有制成分逐渐多元化，自然也要求分配方式多元化。为了鼓励其他生产要素参与生产，我国逐渐确立了按劳分配为主体、多种分配方式并存的分配制度，鼓励按劳分配和按生产要素分配相结合。陆续明确把劳动、资本、技术和管理以及知识数据明确列为参与分配的生产要素。劳动、资本、土地是数量型的生产要素，适应了我国经济高速增长阶段的需要；而知识、技术、管理是质量型生产要素，反映了高质量发展对生产要素的投入要求；数据是经济活动数字化进程的需要，体现了数字经济快速发展背景下分配制度的与时俱进。

农业经济社会主要的生产要素是土地，工业经济社会是资本，数字经济时代则是数据以及相应的算法和算力。发新质生产力，从分配关系上，构建新型生产关系要求健全要素参与收入分配机制，激发劳动、知识、技术、管理、资本和数据等生产要素活力，更好体现知识、技术、人才的市场价值。因此，当今时代，劳动、土地、资本、知识、技术、管理、数据等生产要素共同参与收益分配。

如果解决不好生产要素怎么参与分配，很可能导致分配不公收入差

距扩大,从而严重影响生产要素拥有主体参与生产的积极性。因此健全劳动、资本、土地、知识、技术、管理、数据等生产要素由市场评价贡献、按贡献决定报酬的机制至关重要。

2. 为生产要素参与分配明确了措施要求

第一,明确劳动、资本、土地、知识、技术、管理、数据等生产要素的产权归属,实行严格的产权保护制度。

要实行最严格的产权保护制度,完善相关法律法规,形成清晰界定所有、占有、支配、使用、收益、处置等产权权能的制度安排,依法平等保护各类产权。要优化产权配置,推进产权制度改革。要突出保护各类知识产权,完善有利于激励创新的知识产权归属制度,加大知识产权侵权损害赔偿。

第二,建设一个统一开放、竞争有序的要素市场。

首先要建设一个全国统一的要素市场。既要打破城乡分割,建设城乡统一的劳动力市场、土地市场,也要打破区域和条块分割,建设统一的知识产权市场,还要打破数据孤岛,引导培育数据交易市场,更要探索建立职业经理人市场。要加快清理废除妨碍统一市场和要素自由流动的各项规定和做法,促进要素自由流动。其次要推进要素价格市场化改革。最大限度发挥市场决定价格的作用,完善反映市场供求关系、资源稀缺程度的生产要素价格形成机制。

第三,坚持问题导向,完善要素参与分配的机制。

完善劳动参与分配的机制,坚持多劳多得,少劳少得,不劳不得,让不同种类、不同强度的劳动获得不同的劳动报酬,提高劳动报酬在初次分配中的比重,巩固按劳分配的主体地位。一是完善资本参与分配的机制,推进资本市场改革,创新金融产品,完善收益与风险匹配机制,让不同期限、承担不同风险的资金获得合理收益和风险补偿。二是完善土地参与分配的机制,建立健全土地增值收益分配机制。三是完善知识参与分配的机制，实行以增加知识价值为导向的分配政策，构建体现增加知识价值的收入分配机制。四是完善技术参与分配的机制，鼓励科研人员通过科技成果转化获得合理收入，建立健全对科研人员实施股权、期权和分红激励的机制。五是完善管理参与分配的机制，突出抓好国有企业薪酬制度改革，统筹用好员工持股、股权激励、股权分红等中长期激励措施，激发各级管理人员的活力。六是完善数据参与分配的机制，建立健全数据权属、公开、共享、交易规则，让数据所有者能够从数据使用中获得应有收益。

3. 生产要素参与分配的必然性

首先，我国社会主义初级阶段的生产力状况，决定了公有制为主体、多种所有制经济并存的格局。这种所有制结构进而影响了分配形式，形成了多种分配方式并存的局面。当前，多种所有制经济共同发展，要求分配结构与之相适应，因此，我们实行按劳分配与按要素分配相结合的分配方式。无论是劳动、资本、土地，还是知识、技术、管理、数据，都应当根据其贡献获得相应的回报。国家在政策层面，积极鼓励和保护要素价值的合理实现，确保要素投入和贡献得到应有的回报，以推动社会经济的持续健康发展。

其次，完善社会主义市场经济体制，是提升资源配置效率的关键所在。市场经济通过竞争机制和价格机制，有效推动资源优化分配。在市场经济的运作下，生产要素在市场中自由流通，通过买卖进入生产过程；产品则在商品市场中通过交换实现其价值。最终，生产要素依据其对商品价值的贡献参与分配，实现各自的价值。例如，通过市场发行股票或债券筹集资金，投资者会获得相应的股息、红利或利息，这是对其资本贡献的回报。坚持市场评价生产要素的贡献，确保各方获得应得的收益，这既体现了按要素分配的效率原则，也有效激发了各方面的积极性，为社会主义市场经济的健康发展注入了强大动力。

再者，在知识经济的浪潮中，生产要素的内涵得到了前所未有的拓展。从农业到工业，再到如今的知识经济时代，人类社会的发展不断迈向新的高度。科技创新、经营管理、数据收集与加工等要素在现代经济增长中发挥着越来越重要的作用，它们的价值日益凸显。知识、技术、管理和数据作为新时代的生产要素，对生产的贡献显著提升，成为现代经济发展的重要趋势。这一趋势要求我们在分配关系上与时俱进，确保各种生产要素得到合理的回报。市场评价要素贡献、按要素贡献决定报酬的机制，能够激发各种生产要素的活力，为经济发展注入源源不断的动力。否则，技术创新、管理创新和制度创新将失去动力，难以实现创新驱动和高质量发展。因此，我们必须深化改革，完善分配制度，让各种生产要素在知识经济的舞台上竞相绽放。

二、生产要素参与分配的原则与制度确立历程

生产要素参与收入分配，根源于市场配置资源的内在要求。在社会主义市场经济条件下，要素参与分配，是与我国多种所有制形式相适应的，并由生产要素所有权引起的。在计划经济体制下，我国长期实行的是按劳分配。但这一分配原则在实行改革开放后，与市场化取向的改革越来越不适应。因而，收入分配制度改革就提上了议事日程。

1. 收入分配制度改革的酝酿

1987年党的十三大报告指出："社会主义初级阶段的分配方式不可能是单一的。我们必须坚持的原则是，以按劳分配为主体，其他分配方式为补充。除了按劳分配这种主要方式和个体劳动所得以外，企业发行债券筹集资金，就会出现凭债权取得利息；随着股份经济的产生，就会出现股份分红；企业经营者的收入中，包含部分风险补偿；私营企业雇用一定数量劳动力，会给企业主带来部分非劳动收入。以上这些收入，只要是合法的，就应当允许。"

可见，党的十三大实际上已经承认了劳动以外的其他生产要素参与分配的现实，并肯定了其他生产要素参与分配的合法性，只不过当时只是把其他生产要素参与分配作为"补充"。党的十三大报告提法，实际是对传统的单一按劳分配模式的重大突破。由此我国开启了收入分配制度改革。

1993年党的十四届三中全会通过的《中共中央关于建立社会主义市场经济体制若干问题的决定》指出："允许属于个人的资本等生产要素参与收益分配"，首次明确了资本作为生产要素参与分配的权利。1997年党的十五大报告进一步指出："允许和鼓励资本、技术等生产要素参与收益分配"，首次确认了技术作为生产要素参与分配。1999年党的十五届四中全会通过的《中共中央关于国有企业改革和发展若干重大问题的决定》提出，"实行董事会、经理层等成员按照各自职责和贡献取得报酬的办法"，首次确认了管理作为生产要素参与收入分配。

上述党的十四届三中全会的《决定》和党的十五大报告、党的十五届四中全会《决定》，在继续肯定按劳分配的主体地位的同时，指出其他生产要素参与分配，是与按劳分配"并存"的，并明确肯定了资本、技术和管理等生产要素参与收益分配的必要性和合法性。

2. 生产要素参与分配原则的确立

2002年党的十六大报告提出，"确立劳动、资本、技术和管理等生产要素按贡献参与分配的原则"。报告明确把劳动作为生产要素之一而且作为最重要的生产要素加以肯定下来，这是对党的十三大确认的以按劳分配为主体、多种分配方式并存在理论上的重大突破。由此确立了要素参与分配作为社会主义市场经济的分配原则，并最终确立为分配制度。

生产要素所有权是其所有者参与分配的法律依据，为了避免投入的生产要素的报酬与其贡献相偏离的行为，党的十六大在坚持按劳分配为主体、多种分配方式的基础上，进一步确立了劳动、资本、技术和管理等生产要素按贡献参与分配原则，从而为非公有制经济发展提供了强大分配依据。

2007年党的十七大则将这一分配原则上升为分配制度。党的十七大报告指出，深化收入分配制度改革，要"健全劳动、资本、技术、管理等生产要素按贡献参与分配的制度"。

在市场经济条件下，使用劳动、资本、技术、管理这些生产要素必须支付一定的报酬，这种报酬就形成各要素提供者的初次分配收入。生产要素参与分配是市场经济的内在要求，并通过市场机制来实现。一种生产要素的报酬水平就是这种要素的均衡价格。而要素的均衡价格则是由该要素的需求和供给共同决定的。从这个意义上分析，要素参与分配的机制就是要素配置的机制。这也是市场具有资源配置作用的核心要义。把各类生产要素按贡献参与分配由确立原则上升为健全制度，由此确立了社会主义市场经济条件下的收入分配制度。这既是理论突破，更是社会主义市场经济内在发展规定性要求。

党的十七大报告在完善社会主义市场经济体制总的部署中，提出了要从制度上更好发挥市场在资源配置中的基础性作用的要求。因此，大力发展各类生产要素市场，使生产要素按贡献参与分配进一步规范化，就会焕发出市场经济的强大生机和活力。生产要素尤其是技术和管理等要素按贡献参与分配的制度化就是其中重要举措。

3. 要素参与分配制度的健全和完善

自20世纪80年代起，在知识经济的浪潮中，随着数字化技术在全球范围内的飞速运用普及，我国对于将知识和数据作为一种独立生产要素的认识也在不断清晰。大量实证研究发现，知识、数据投资对生产率具有明显正向促进作用。特别是促进知识和数据要素与技术、人才、管理等要素的深度融合，直接提升生产率水平。其中，数据要素对于提升改进全要素生产率的贡献度得到了高度共识。

2013年党的十八届三中全会通过的《中共中央关于全面深化改革若干重大问题的决定》提出，"健全资本、知识、技术、管理等由要素市场决定的报酬机制"，首次把知识纳入了生产要素。

2019年党的十九届四中全会通过的《中共中央关于坚持和完善中国特色社会主义制度、推进国家治理体系和治理能力现代化若干重大问题的决定》强调，"健全劳动、资本、土地、知识、技术、管理、数据等生产要素由市场评价贡献、按贡献决定报酬的机制"，首次把数据作为生产要素。至此，完整明确了生产要素的7项内容。

上述7项要素形成了一个完整的生产要素体系。劳动、资本、土地，投入量大，产出高，反映的是数量型的生产要素；而知识、技术、管理反映了高质量发展对生产要素的投入要求；数据则体现了数字经济快速发展背景下分配制度的与时俱进。

关于生产要素如何参与分配、由什么决定要素的贡献，在党的十九届四中全会通过的《决定》中，指出"由市场评价贡献、按贡献决定报酬的机制"，明确了由市场来评价贡献的机制。

要素的贡献由市场评价，这是市场经济不同于计划经济的本质区别。当前，推动中国经济高质量发展，知识、管理、技术这些与高质量发展密切相关的要素在分配中比例会相应提高。否则，难以提升上述要素所有者的积极性。因此，要健全由市场评价贡献、按贡献决定报酬的机制，重要前提是明确不同的生产要素的产权归属，实行严格的产权保护制度。由市场评价要素的贡献，意味着需要构建一个完善的要素市场。这就要求打破城乡分割、区域和条块分割，打破数据孤岛，加快清理废除妨碍统一市场和要素自由流动的各项规定和做法，促进要素自由流动。只有通过推进要素价格市场化改革，完善反映市场供求关系、资源稀缺程度的生产要素价格形成机制，市场评价要素的贡献才有真实的基础。

2020年4月，中共中央、国务院出台了《关于构建更加完善的要素市场化配置体制机制的意见》，对劳动力、土地、资本、技术和数据等要素的市场化配置提出指导意见。认真贯彻这一意见的精神，对构建发挥各类生产要素活力的分配体制将起到巨大的推进作用。

三、健全要素参与收入分配机制的政策举措

以2012年党的十八大为标志，我国进入消除贫困、实现共同富裕的中国特色社会主义新时代。党的十八大报告明确指出，"着力解决收入分配差距较大问题，使发展成果更多更公平惠及全体人民，朝着共同富裕方向稳步前进"。党的十八届五中全会更是将"共享"提升至新发展理念的高度。习近平总书记在中共十八届五中全会第二次全体会议上讲话指出："让广大人民群众共享发展改革成果，是社会主义的本质要求"。在由"富起来"迈向"强起来"的新时代征程中，党集中力量部署消除贫困、实现共同富裕的同时，深化收入分配制度改革。具体举措是健全要素参与收入分配机制，实施中长期激励政策。

1. 启动实施中长期激励政策

2013年，国务院正式批转发展改革委、财政部、人力资源社会保障部等部门制定的《关于深化收入分配制度改革的若干意见》（以下简称《若干意见》），指出深化收入分配制度改革，要坚持共同发展、共享成果。倡导勤劳致富、支持创业创新、保护合法经营，在不断创造社会财富、增强综合国力的同时，普遍提高人民富裕程度。坚持注重效率、维护公平。

《若干意见》明确提出了要素参与分配问题，指出初次分配和再分配都要兼顾效率和公平，初次分配要注重效率，创造机会公平的竞争环境，维护劳动收入的主体地位；再分配要更加注重公平，提高公共资源

配置效率，缩小收入差距。坚持市场调节、政府调控。充分发挥市场机制在要素配置和价格形成中的基础性作用，更好地发挥政府对收入分配的调控作用，规范收入分配秩序，增加低收入者收入，调节过高收入。

《若干意见》的颁发标志着实施中长期激励政策的正式启动。

2. 推进形成中长期激励三大主要政策体系

2015年，第十二届全国人大常委会第十六次会议通过正式修正《促进科技成果转化法》，并颁布实施。其中，3个50%和1个5%真正调动起创新主体的积极性。例如，通过转让或许可取得的净收入及作价投资获得的股份或出资比例，应提取不低于50%用于奖励，对研发和成果转化作出主要贡献人员的奖励份额不低于奖励总额的50%等。

2016年，中共中央、国务院印发《关于实行以增加知识价值为导向分配政策的若干意见》，对实行增加知识价值为导向的分配政策进行了全面的安排，进一步描绘出"三元薪酬、中长期激励、一步税收"的特征。其中，所谓的三元薪酬就是基础工资、绩效工资和科技成果转化性收入。特别重要的是确立了增加知识价值分配的导向，目标是要在全社会形成知识创造价值、价值创造者能够得到合理回报这样一个良性循环；所谓的中长期激励主要体现在产权激励、岗位分红权、科学设置考核周期等方面。

随后，2016年国资委、财政部、证监会联合下发《关于国有控股混合所有制企业开展员工持股试点的意见》，财政部、科技部和国资委联合下发《国有科技型企业股权和分红激励暂行办法》等配套文件。2019年国务院国资委印发《关于进一步做好中央企业控股上市公司股权激励工作有关事项的通知》为央企股权激励打开了政策空间。这三个文件，形成了中长期激励政策的三大主要政策体系。

后续还在不断出台配套或延伸政策文件，如国资委2019年印发《中央企业混合所有制操作指引》、2020年印发《中央企业控股上市公司实施股权激励工作指引》，以及国务院国企改革领导小组办公室 2021 年印发针对超额利润的专项规划《"双百企业"和"科改示范企业"超额利润分享机制的操作指引》等。

另外，在一些综合性的政策文件中，也围绕中长期激励机制明确了灵活开展多种中长期激励的基本导向，如国务院国企改革领导小组办公室 2019 年印发《百户科技型企业深化市场化改革提升自主创新能力专项行动方案》等。

3. 明确激励主体和相关法律规定

2020 年，中共中央办公厅印发《国企改革三年行动方案（2020—2022）》，明确了 3+2 的激励主体。即国有控股混合所有制企业员工持股、国有科技企业股权和分红激励、国有控股上市公司股权激励、项目跟投以及超额利润分享。

随后，2021 年国家出台《科学技术进步法》，其中对于中长期激励的规定提出，"各级人民政府、企业事业单位和社会组织应当采取措施，完善体现知识、技术等创新要素价值的收益分配机制，优化收入结构，建立工资稳定增长机制，提高科学技术人员的工资水平；对有突出贡献的科学技术人员给予优厚待遇和荣誉激励"，"国家鼓励科学技术研究开发机构、高等学校、企业等采取股权、期权、分红等方式激励科学技术人员"。

4. 聚焦国有企业科技人才薪酬制度体系建设

2022 年，人力资源社会保障部印发的《国有企业科技人才薪酬分配指引》，标志着科技人才薪酬制度体系建设的开启。文件围绕坚持服务国家创新驱动发展战略、坚持生产要素按贡献参与分配、坚持市场化薪酬分配改革方向、坚持当期激励与长期激励相结合四大原则展开，核心内容包括岗位评价和职级评定、绩效管理、薪酬结构、薪酬水平确定和调整、中长期激励、全面薪酬策略等，操作性极强。

随后，国资委颁发《以科技型企业为主开展国有企业控股混合所有制企业员工持股操作指引》，从企业选择、审批程序、政策内容等方面，进一步明确了国有控股混合所有制企业员工持股的进一步方向。从企业选择来看，优先初创期、成长期、轻资产、中小规模企业，而回避启动上市前的企业；从审批程序来看，重视开展可研、集团公司审批以及监管机构备案；从政策内容来看，上持下审明确、单一员工持股比例打通以及明确不同步分期缴纳出资成为政策亮点。

5. 促进国有企业中长期激励机制规范务实

2023年，随着新一轮国企改革提出与改革的不断深入，不断扩围升级的"政策包"为国有企业中长期激励提供了正向导向，并从"鼓励"、"试点"逐渐转向规范流程，专项规划、操作指引等更务实，更具有落地性的指导。

这有利于推动国有企业强化正向激励、健全市场化经营机制，引导国有企业通过做大"蛋糕"、创造增量价值，完善内部分配、实现有效激励，将激励资源向企业关键岗位、核心人才，特别是科技研发人员倾斜，充分调动其积极性、主动性和创造性，进一步提升国有企业活力和效率，更好实现高质量发展。

2023年6月，中共中央办公厅、国办国务院办公厅联合印发《国有企业改革深化提升行动方案（2023—2025年）》，也称为"新三年计划"。方案提出，要更广更深落实三项制度改革，全面构建中国特色现代企业制度下的新型经营责任制，健全更加精准灵活、规范高效的收入分配机制，激发各级干部员工干事创业的积极性主动性创造性。

四、地方实践：浙江试验

改革开放以来，我国收入分配制度改革不断推进，与基本国情、发展阶段相适应的收入分配制度基本建立。同时，收入分配领域仍存在一些亟待解决的突出问题,城乡区域发展差距和居民收入分配差距依然较大,收入分配秩序不规范,中等收入群体占比偏低,成为制约共同富裕进程的掣肘。2021年5月,中共中央、国务院发布《关于支持浙江高质量发展建设共同富裕示范区的意见》(以下简称《意见》),旨在从省级层面探索如何加快推进共同富裕的体制和经验。《意见》对浙江省深化收入分配制度改革、着力缩小收入差距提出了具体意见建议,特别是赋予浙江建设"收入分配制度改革试验区"的任务。

1. 浙江试验收入分配制度改革的战略定位

《意见》强调构建推动共同富裕的体制机制,明确了浙江高质量发展建设共同富裕示范区的四个战略定位:高质量发展高品质生活先行区、城乡区域协调发展引领区、收入分配制度改革试验区、文明和谐美丽家园展示区。

收入分配差距较大一直是我国改革中"难啃的骨头",因此,在浙江共同富裕示范区布局中,谋划收入分配制度改革试验区建设具有特别重大意义。《意见》从问题导向出发,瞄准阻碍实现共同富裕的最薄弱环节,提出建立分配制度改革试验区,在"做大蛋糕"的基础上,重视"分好蛋糕",缩小不同群体间收入分配差距,率先在优化收入分配格局上取得新进展,增加实践的可复制、可推广意义。关于浙江试验收入分配制度改革,其核心要义有三:

其一,建立分配制度改革试验区。

浙江是城乡区域发展最均衡、群众最富裕、社会活力最强、社会秩序最优的省份之一,为浙江共同富裕先行示范打下了坚实基础。数据显示,2020年浙江生产总值为6.46万亿元,人均生产总值超过10万元,居民人均可支配收入是全国平均水平的1.63倍,城、乡居民收入分别连续20年和36年居全国各省区第一位;城、乡居民收入倍差为1.96,远低于全国的2.56,最高最低地市居民收入倍差为1.67,所有设区市居民收入都超过全国平均水平。

值得关注的是，目前浙江在优化支撑共同富裕的经济结构，完善城乡融合、区域协调的体制机制，在实现包容性增长的有效路径方面还有较大探索空间。比如，如何正确处理好稳定扩大就业与技术进步的关系，有效破解用地不足、资源约束等矛盾，形成先富帮后富、建立有效提高低收入群体收入的长效机制，浙江有发展的迫切性，也有条件进一步探索创新。

为此，《意见》明确建立分配制度改革试验区，要坚持按劳分配为主体，多种分配方式并存，着重保护劳动所得，完善要素参与分配政策制度，在不断提高城乡居民收入水平的同时，缩小收入分配差距，率先在优化收入分配格局上取得新进展。

其二，"做大蛋糕"增加城乡居民收入。

充分实现就业，增加城乡居民收入水平是实现共同富裕的前提。为此，《意见》明确，浙江要率先消除户籍、地域、身份、性别等影响就业的制度障碍，推动劳动者通过辛勤劳动提高生活品质。要完善创新要素参与分配机制，支持浙江加快探索知识、技术、管理、数据等要素价值的实现形式，拓宽城乡居民财产性收入渠道。探索通过土地、资本等要素使用权、收益权增加中低收入群体要素收入。探索股权流转、抵押和跨社参股等农村集体资产股份权能实现新形式，率先建立集体经营性建设用地入市增值收益分配机制。推动乡村产业发展壮大，让农民更多分享产业增值收益。

值得关注的是，《意见》明确，到2025年，浙江省人均地区生产总值达到中等发达经济体水平，以中等收入群体为主体的橄榄型社会结构基本形成。到2035年，浙江省人均地区生产总值和城乡居民收入争取达到发达经济体水平。

为此，《意见》指出，实施扩大中等收入群体行动计划，激发技能人才、科研人员、小微创业者、高素质农民等重点群体活力，健全面向劳动者的终身职业技能培训制度，实施新时代浙江工匠培育工程，拓宽技术工人上升通道。对有劳动能力的低收入群体，着力发展产业使其积极参与就业。拓展基层发展空间，推动更多低收入群体迈入中等收入群体行列。

其三，"分好蛋糕"缩小居民收入差距。

在"做大蛋糕"的基础上，更要重视"分好蛋糕"，提高收入分配质量，不断缩小城乡差距、收入差距。为此，《意见》明确，提高劳动报酬及其在初次分配中的比重；完善再分配制度，支持浙江在调节收入分配上主动作为，加大省对市县转移支付等调节力度和精准性，合理调节过高收入。依法严厉惩治贪污腐败，继续遏制以权力、行政垄断等非市场因素获取收入，取缔非法收入。优化财政支出结构，加大保障和改善民生力度，建立健全改善城乡低收入群体等困难人员生活的政策体系和长效机制。

《意见》表示，鼓励引导高收入群体和企业家向上向善、关爱社会，增强社会责任意识，积极参与和兴办社会公益事业。充分发挥第三次分配作用，发展慈善事业，完善有利于慈善组织持续健康发展的体制机制，畅通社会各方面参与慈善和社会救助的渠道。

值得关注的是，实现共同富裕，要通过再分配对收入进行二次调节，加强普惠性、基础性民生建设，兜住民生"网底"；紧扣社会救助的保障性职能，加强贫困群众生活保障；大力发展社会福利和慈善事业，发挥慈善"第三次分配"的作用。

浙江试验正在印证，共同富裕不仅是社会发展概念，更是一场以缩小地区差距、城乡差距、收入差距为标志的社会变革。

2. 制定实施"扩中""提低"行动方案

党的二十大报告提出，增进民生福祉，提高人民生活品质，重要路径就是"增加低收入者收入,扩大中等收入群体"。高质量发展建设共同富裕示范区,浙江有个重大使命,就是要率先基本形成以中等收入群体为主体的"橄榄型社会"结构。其中,一项牵引性变革,正是"扩中"和"提低"。

2021年7月,浙江发布了《浙江省"扩中""提低"行动方案(2021—2025年)》(以下简称《方案》),明确了"扩中""提低"基本原则、主要目标、实施路径等,其中有不少创新点。比如,在全国率先划定中等收入群体的"门槛"——家庭年可支配收入达到10万元;画出"橄榄型社会"的基本轮廓——到2025年,家庭年可支配收入10万元—50万元群体比例达80%、20万元—60万元群体比例达45%。全省各地全面实施"扩中""提低"行动,积极探索"扩中""提低"新路径,深化城乡居民增收、织密社会保障网等具体举措,形成了诸多可圈可点的"浙江经验"。

《方案》明确了"扩中""提低"八大路径、九类群体的"8+9"工作矩阵。其中:"8",就是推动"扩中""提低"的八大实施路径,包括促就业、激活力、拓渠道、优分配、强能力、重帮扶、减负担、扬新风。

"9",就是瞄准增收潜力大、带动能力强的"扩中"重点群体和收入水平低、发展能力弱的"提低"重点群体,提出的当前阶段需要重点关注的九类群体,包括技术工人、科研人员、中小企业主和个体工商户、高校毕业生、高素质农民、新就业形态从业人员、进城农民工、低收入农户、困难群体,并率先推出一批差别化收入分配激励政策。

浙江是中国改革开放的先行地,在经济体制改革方面积累了诸多经验,省域范围内有不少重大改革发展举措及工作创新实践经验。这些优势将为浙江收入分配制度改革试验区建设奠定坚实基础。

3. 先行探索缩小收入分配差距有效路径

作为全国高质量发展建设共同富裕示范区,浙江先行探路,积极探索缩小收入分配差距的有效路径。聚焦重点群体、重点领域、重点改革精准施策，抓根本、强支撑、重施策，为收入分配制度改革提供可复制、可落地的"浙江经验"。

——千方百计促进居民增收。一是全力保障更高质量、更加充分的就业。例如，宁波聚焦灵活就业群体问题，把支持灵活就业作为稳就业的重要举措，打造具有宁波特色的灵活就业保障体系；上城区打造高质量零工市场，拓宽灵活就业渠道，培育发展新动能。二是积极探索居民收入提升路径。例如，柯桥持续推进宅基地制度，探索共富强村富民路；磐安县大力发展民宿经济，开拓农民增收致富渠道；长兴县依托农合联组织"联大带小"，探索低收入农户增收新路径。三是聚焦技术工人、科研人员和中小企业主等重点群体，制定差异化的增收举措，精准有效扩大中等收入群体。

——多措并举完善保障体系。一方面精准识别困难群体，将目标群体纳入保障网络重点帮扶；另一方面，加快推进基本公共服务均等化，使社会保障为中等收入群体稳定扩增兜底支撑。例如，嘉兴以"全民社保"全面惠及城乡居民，织出一张民生保障网；绍兴推出一系列助残实招，深化社会救助体系，打造助残"金名片"；三门县推行"助共体"改革，有效解决了救助资源分散、群体识别困难等问题，打造山区县"提低"共富样板。

——落实落细多方政策协同。一方面，强化政策引导，细化政策并有效落实，形成政策落实评估追踪及动态调整机制；另一方面，充分激发社会力量的积极性，鼓励企业和个人努力参与到整体建设发展中，形成自下而上的力量，共同做大经济发展这块"蛋糕"，夯实收入分配的物质基础，并在此基础上探索分好"蛋糕"的良方。

当前，通过定方案、明举措、抓落实，浙江共富示范区建设的"四梁八柱"逐步成形，高质量发展、缩小城乡和区域差距等工作稳步开展，体制机制及政策创新有序推进，一项项旨在缩小收入分配差距问题的探索渐次展开，重点突破、合力推进的态势全面形成。下一步，浙江将坚持深化收入分配制度改革，坚持按劳分配为主体、多种分配方式并存，健全要素参与收入分配机制，积累缩小收入分配差距经验，并率先在优化收入分配格局上取得进展。

第六节　扩大高水平对外开放

对外开放是我国的基本国策，也是我国对外不断宣示和彰显的鲜明姿态与形象。新时代以来，面对严峻复杂的国际国内形势，以习近平同志为核心的党中央始终高举改革开放旗帜，用改革的思维和方法解决发展中的问题。习近平总书记在多个场合强调，"中国开放的大门不会关闭，只会越来越大"，"我们将坚持对外开放的基本国策，坚持以开放促改革、促发展、促创新，持续推进更高水平的对外开放"，充分彰显了我们党将改革开放进行到底的强大决心和坚强意志，改革开放只有进行时，没有完成时。改革开放40多年的历史和实践证明，对外开放是解放与发展生产力的重要法宝，是中国实现跨越式发展的关键一招，也是推动中国式现代化稳健前行的必由之路。

当前全球经济格局深刻演变，经济社会开放合作的外部环境已发生巨大变化，对外开放也面临诸多新的重大机遇和挑战。党的二十届三中全会审议通过的《中共中央关于进一步全面深化改革、推进中国式现代化的决定》对完善高水平对外开放体制机制作出部署。提出稳步扩大制度型开放；深化外贸体制改革；深化外商投资和对外投资管理体制改革；优化区域开放布局；完善推进高质量共建"一带一路"机制。扩大高水平对外开放，是新形势下我国实现更加积极主动开放战略的务实选择，是加快构建以国内大循环为主体、国内国际双循环相互促进新发展格局、适应新质生产力发展需要的重要举措，将为我国经济实现高质量发展，全面建设社会主义现代化国家注入持久动力。

一、高水平对外开放的新内涵与实践要求

2014年12月，习近平总书记在十八届中央政治局第十九次集体学习时指出，"推进更高水平的对外开放"。2018年12月，中央经济工作会议强调，"要推进更高水平对外开放"。2020年10月，党的十九届五中全会通过的《中共中央关于制定国民经济和社会发展第十四个五年规划和二〇三五年远景目标的建议》指出，"实行高水平对外开放"。2022年10月，党的二十大报告中指出，"推进高水平对外开放"。2023年12月，中央经济工作会议将扩大高水平对外开放作为推动高质量发展的一项重点工作。2024年3月，《政府工作报告》继续强调，"扩大高水平对外开放，促进互利共赢"。"高水平对外开放"赋予了新时代我国对外开放新的内涵。

1. 新时代高水平对外开放的新内涵

高水平对外开放，是指在全面深化改革的基础上，以更加积极主动的姿态融入全球经济体系，推动形成全面开放新格局。这不仅是对外开放广度和深度的拓展，更是对外开放质量和效益的提升。高水平对外开放意味着更加开放的市场、更加优化的营商环境、更加高效的资源配置，以及更加深入的国际合作。

党的二十大报告对"高水平对外开放"做出了新的内涵界定，主要包含以下四个方面的内容：

一是依托我国超大规模市场优势，以国内大循环吸引全球资源要素，增强国内国际两个市场两种资源联动效应，提升贸易投资合作质量和水平。

二是稳步扩大规则、规制、管理、标准等制度型开放。推动货物贸易优化升级，创新服务贸易发展机制，发展数字贸易，加快建设贸易强国。合理缩减外资准入负面清单，依法保护外商投资权益，营造市场化、法治化、国际化一流营商环境。推动共建"一带一路"高质量发展。

三是优化区域开放布局，巩固东部沿海地区开放先导地位，提高中西部和东北地区开放水平。加快建设西部陆海新通道。加快建设海南自由贸易港，实施自由贸易试验区提升战略，扩大面向全球的高标准自由贸易区网络。

四是有序推进人民币国际化。深度参与全球产业分工和合作，维护多元稳定的国际经济格局和经贸关系。

推进高水平对外开放，有利于我国进一步融入全球分工体系，更好统筹国内国际两个市场、两种资源，推动经济转型升级、实现新旧动能转换，向全球价值链中高端攀升；有利于推动经济全球化朝着更加开放、包容、普惠、平衡、共赢的方向发展，为推动完善全球经济治理体系作出更大贡献。

2. 推进高水平对外开放的实践要求

推进高水平对外开放，总体要求是：要建设更高水平开放型经济新体制，形成国际合作和竞争新优势；要积极参与全球经济治理体系改革，推动完善更加公平合理的国际经济治理体系；要积极开展合作，形成全方位、多层次、多元化的开放合作格局；要着力增强自身竞争力、开放监管能力、风险防控能力。具体实践要求体现在以下三方面：

一要扩大开放的范围和领域。优化对外开放的空间格局，拓宽对外开放的范围领域。要推动共建"一带一路"高质量发展，强化多种形式的互利合作机制建设。引导沿海内陆沿边开放优势互补、协同发展，加大西部和沿边地区开放力度，加快形成陆海内外联动、东西双向互济的开放格局。深化和拓展资金、资源、人才、科技等领域国际合作，完善商品、服务、要素市场化国际化配置，使各领域开放形成协同效应。稳妥推进金融和服务领域开放，深化境内外资本市场互联互通，有序推进人民币国际化。积极拓展多双边经贸合作，推动贸易和投资自由化便利化。

二要完善提升对外开放平台。各类开放平台是持续扩大对外开放的前沿阵地和体制机制创新的试验田，要打造开放层次更高、营商环境更优、辐射作用更强的开放新高地。深化自由贸易试验区改革，赋予其更大改革自主权，及时总结、复制推广制度创新成果。加快建设海南自由贸易港，建立中国特色自由贸易港制度和政策体系。创新提升国家级新区和开发区，支持建设内陆开放型经济试验区。

三要稳步扩大制度型开放。建设更高水平开放型经济新体制，对制度型开放提出了更高要求。要主动对接国际高标准市场规则体系，健全外商投资准入前国民待遇加负面清单管理制度，依法保护外商投资权益。健全高水平开放法治保障，加强规则、规制、管理、标准等建设，完善外商投资国家安全审查、反垄断审查、国家技术安全清单管理、不可靠实体清单等制度。积极参与全球经济治理体系改革，推动构建公平合理、合作共赢的国际经贸投资新规则。

二、扩大高水平对外开放的行动部署与举措

2023年中央经济工作会议提出，中国要扩大高水平对外开放，并对此提出多项工作安排，以更好地巩固外贸外资基本盘。在稳外资工作上，会议提出一系列进一步优化营商环境的工作部署，如包括：放宽电信、医疗等服务业市场准入，对标国际高标准经贸规则，认真解决数据跨境流动、平等参与政府采购等问题，切实打通外籍人员来华经商、学习、旅游的堵点等。在稳外贸工作上，会议强调，要加快培育外贸新动

能,拓展中间品贸易、服务贸易、数字贸易、跨境电商出口。这些工作部署彰显了中国加大对外开放的力度。当前世界进入新的动荡变革期,只有不断扩大开放的步伐,持续改善营商环境,才能增强外商外资信心,提升中国巨大市场对外商外资的吸引力。

2024年党的二十届三中全会审议通过的《中共中央关于进一步全面深化改革、推进中国式现代化的决定》就对外开放作了专门部署,涉及扩大制度型开放、外贸体制改革、外商投资和对外投资管理、优化区域开放布局、完善推进高质量共建"一带一路"机制等,释放了扩大高水平对外开放的明确信号。

1. 更大力度吸引和利用外资的行动部署

近年来,中国政府持续加大对外开放力度,推出了一系列稳外资政策举措,优化外商投资环境。为进一步扩大高水平对外开放,加强与世界经济的良性互动,以实际行动增强境外投资者投资中国的信心,2024年3月,国务院印发《扎实推进高水平对外开放更大力度吸引和利用外资行动方案》(以下简称《行动方案》)。

《行动方案》从扩大市场准入、畅通创新要素流动、对接国际高标准经贸规则等方面,采取务实措施,更大力度吸引和利用外资。具体包括:

——进一步拓宽外商投资空间。《行动方案》提出,要扩大市场准入,提高外商投资自由化水平。出台新版外资准入负面清单,继续减少外资准入限制,并在外资企业非常关心的医疗、增值电信等领域开展准入试点。同时,将支持更多符合条件的外资机构开展银行保险、债券基金等领域业务。

——进一步优化营商环境。《行动方案》提出,要优化公平竞争环境,做好外商投资企业服务。推动相关政策落实落地生效,印发招标投标领域公平竞争审查规则,着力破除地方保护、所有制歧视等问题;出台政府采购本国产品标准，要求在政府采购活动中对内外资企业生产的符合标准的产品一视同仁、平等对待。

——进一步提升要素跨境流动便利化水平。在商务人员往来方面，对于外资企业的管理和技术人员以及随行配偶、未成年子女，签证入境有效期放宽至2年，并将为外籍人才在华工作、停居留、永久居留等提供便利。在数据流动方面，将促进外资企业研发、生产、销售等数据跨境安全有序传输，并将制定粤港澳大湾区数据转移标准，实现大湾区内数据便捷流动。

此外，《行动方案》还明确，扩大《鼓励外商投资产业目录》（2022年版）和外资项目清单。《鼓励外商投资产业目录》是外商投资法及其实施条例明确的外商投资促进政策，鼓励和引导外商投资者投资特定行业、领域、地区，现行的是2022年版，按照2024年《政府工作报告》部署，目前国家发展改革委会同有关部门已启动修订工作。修订工作有两大重点：

一是全国目录的修订将继续以制造业作为鼓励外商投资的重点方向，同时促进服务业和制造业融合发展，加大对先进制造业、现代服务业、高新技术、节能环保等领域支持力度。欢迎跨国公司继续扩大相关领域在华投资，与上下游企业开展深度合作，实现互利共赢、共同发展。

二是中西部目录的修订将充分挖掘各地方资源禀赋和产业条件，因地制宜加大对基础制造、适用技术、民生消费等领域支持力度。中西部和东北地区发展环境越来越好，资源丰富、市场广阔、人才充足，欢迎全球跨国公司将目光更多聚焦这些区域，将业务更多布局这些区域。

在《行动方案》出台后，国务院各部门紧密配合，发布、实施多项政策举措，坚定不移推动扩大高水平对外开放。

国家发展改革委，大力支持外资科技企业与国内科研机构或企业共同开展科技攻关，深入实施"一带一路"科技创新行动计划。进一步提高中外人员往来便利性。加快出台2024年版外商投资准入负面清单，继续支持一批重大外资项目建设，扩大数字产品等市场准入，大力推动数据开发开放和流通使用等。

工业和信息化部，切实落实全面取消制造业领域外资准入限制措施。积极支持外资企业在华设立研发中心。深化制造业数字化转型合作。推动建立绿色制造国际伙伴关系，建设一批中外合作绿色工业园区。推进中小企业高水平开放合作等。

中国人民银行，自主有序继续推进金融业高水平开放，包括扩大金融服务业和金融市场开放，提升人民币国际使用便利度，完善金融监管政策，优化营商环境，以及加强国际宏观经济金融政策沟通协调等。

财政部，强化与主要经济体在宏观政策方面的沟通协调，深化与多边开发机构务实合作；积极推动建立各方普遍接受、行之有效的全球经济治理规则和制度，推动经济全球化朝着更加开放、包容、普惠、均衡的方向发展等。

2. 主动对接国际高标准经贸规则，推进制度型开放

2018年中央经济工作会议提出"制度型开放"，2022年这一词首次出现在党的二十大报告中。"制度型开放"这一概念的提出，说明中国的对外开放思路与格局正在发生重大变化——即从以前以商品和要素的流动为核心，转向以规则的对标、修订与互鉴、推广、兼容、衔接为核心。

2023年4月，中央政治局会议指出，要支持有条件的自由贸易试验区和自由贸易港对接国际高标准经贸规则，开展改革开放先行先试。

为更好服务加快构建新发展格局，着力推动高质量发展，在有条件的自由贸易试验区和自由贸易港聚焦若干重点领域试点对接国际高标准经贸规则，统筹开放和安全，构建与高水平制度型开放相衔接的制度体系和监管模式，2023年6月，国务院印发了《关于在有条件的自由贸易试验区和自由贸易港试点对接国际高标准推进制度型开放的若干措施》（以下简称《若干措施》），聚焦货物贸易、服务贸易、商务人员临时入境、数字贸易、营商环境、风险防控等6个方面，提出试点政策措施和风险防控举措。

随后，2023年12月，为贯彻落实《若干措施》相关要求，财政部、生态环境部、商务部、海关总署、税务总局五部门联合发布《关于在有条件的自由贸易试验区和自由贸易港试点有关进口税收政策措施的公告》，对自由贸易试验区和自由贸易港，作出了关于暂时出境修理、暂时进境修理、暂时进境货物等三方面的进口税收政策措施规定。

"制度型开放"提出后的几年间，《区域全面经济伙伴关系协定》（RCEP）2020年达成协议并在各国相继生效，中国开始申请加入《全面与进步跨太平洋伙伴关系协定》（CPTPP）和《数字经济伙伴关系协定》（DEPA），这些都在要求和推动中国继续在制度层面扩大开放。

为对接国际高标准经贸规则，中国开始推进跨境服务贸易负面清单管理措施这一重要行动。跨境服务贸易负面清单，是按国民经济行业分类，统一列出针对境外服务提供者以跨境方式（跨境交付、境外消费、自然人移动模式）提供服务的特别管理措施。

2024年3月，商务部发布《跨境服务贸易特别管理措施（负面清单）》（2024年版）和《自由贸易试验区跨境服务贸易特别管理措施（负面清单）》（2024年版），自2024年4月21日起施行。其中，全国版跨境服务贸易负面清单共71条，首次在全国范围对跨境服务贸易建立负面清单管理制度，明确了跨境服务贸易准入的"基准线"。自贸试验区版跨境服务贸易负面清单共68条，在自然人职业资格、专业服务、金融、文化等领域作出开放安排，有序推进跨境服务领域扩大开放。

全国版和自贸试验区版跨境服务贸易负面清单，分别作出了如下开放安排：

　　此次发布的首张全国版清单，主要是将过去分散在各个具体领域的准入措施，以"一张单"的方式归集列出，同时明确清单之外的领域，按境内外服务及服务提供者待遇一致原则实施管理，实现了服务贸易管理由正面清单承诺向负面清单管理的转变，有效提升了跨境服务贸易管理的透明度和可预见性，可以说本身就是一项重大开放举措。同时，结合发展实际和开放需求，在自贸试验区对自然人职业资格、专业服务、金融、文化等领域进一步作出开放安排。

　　一是放宽职业资格考试限制。清单采取了更加开放的人才政策，取消了境外个人参加注册城乡规划师、房地产估价师、拍卖师、勘察设计注册工程师、兽医、注册监理工程师等6类职业资格考试的限制，有利于鼓励和吸引更多的境外专业人才来华就业创业，参与自贸试验区建设，进一步提升自贸试验区的国际化水平。

　　二是扩大金融业对外开放。此前，已经在海南自由贸易港试点了一些开放举措，这次将相关开放举措进一步扩大到自贸试验区。例如，允许符合条件的境外个人依法申请开立证券账户和期货账户，这将有利于吸引更多的境外个人参与证券、期货投资，使我国资本市场投资者更加多元化，进一步提升资本市场的活力。再比如，允许境外个人申请从事证券投资咨询和期货交易咨询业务，这将有助于吸引更多的境外专业金融人才来自贸试验区提供服务，增强优质金融服务的供给能力，进一步提升金融领域的国际化水平。

　　三是扩大专业服务业对外开放。清单取消了在中国境外设立的经营主体以及境外个人从事报关业务的限制。今后，境外服务提供者可以通过跨境的方式向自贸试验区内的主体提供报关服务，而不必在我国境内设立法人企业，既提高了境外报关企业进入国内市场的自由度，也能够有效降低企业的运营成本，同时也有利于自贸试验区内的外贸企业更加便捷地利用境外的优质服务，提升自身国际竞争力。

四是扩大文化领域对外开放。清单放宽了中外合作制作的电视剧主创人员的中方人员比例限制，将中方人员的比例从原来的不少于 1/3 放宽至不少于 1/4，有利于鼓励更多优秀的外方主创人员参与合作电视剧的制作，进一步促进广播电视领域的国际交流合作。

在全国实施跨境服务贸易负面清单，是中国主动对接国际高标准经贸规则、推进制度型开放的重要举措，也是中国同世界分享发展机遇、推动建设开放型世界经济的实际行动。全国版和自贸试验区版跨境服务贸易负面清单的实施，标志着首次在全国对跨境服务贸易建立负面清单管理模式，形成了跨境服务贸易梯度开放体系。可以说，这是我国服务贸易管理体制的重大改革，也是我国扩大高水平对外开放的重大举措，充分显示了中国坚持深化改革、扩大开放的决心和方向，也将为全球服务贸易开放创新合作提供新的机遇。

3. 党的二十届三中全会对推进高水平对外开放作出重要部署

2024 年 7 月，党的二十届三中全会审议通过的《中共中央关于进一步全面深化改革、推进中国式现代化的决定》（以下简称《决定》）提出，开放是中国式现代化的鲜明标识。必须坚持对外开放基本国策，坚持以开放促改革，依托我国超大规模市场优势，在扩大国际合作中提升开放能力，建设更高水平开放型经济新体制。

《决定》对推进高水平对外开放、扩大利用外资作出了重要部署，为今后进一步完善高水平对外开放体制机制提供了实践遵循。具体包括：

一是稳步扩大制度型开放。主动对接国际高标准经贸规则，在产权保护、产业补贴、环境标准、劳动保护、政府采购、电子商务、金融领域等实现规则、规制、管理、标准相通相容，打造透明稳定可预期的制度环境。扩大自主开放，有序扩大我国商品市场、服务市场、资本市场、劳务市场等对外开放,扩大对最不发达国家单边开放。深化援外体制机制改革,实现全链条管理。

二是深化外贸体制改革。强化贸易政策和财税、金融、产业政策协同,打造贸易强国制度支撑和政策支持体系,加快内外贸一体化改革,积极应对贸易数字化、绿色化趋势。推进通关、税务、外汇等监管创新,营造有利于新业态新模式发展的制度环境。创新发展数字贸易,推进跨境电商综合试验区建设。建设大宗商品交易中心,建设全球集散分拨中心,支持各类主体有序布局海外流通设施,支持有条件的地区建设国际物流枢纽中心和大宗商品资源配置枢纽。健全贸易风险防控机制,完善出口管制体系和贸易救济制度。

三是深化外商投资和对外投资管理体制改革。营造市场化、法治化、国际化一流营商环境,依法保护外商投资权益。扩大鼓励外商投资产业目录,合理缩减外资准入负面清单,落实全面取消制造业领域外资准入限制措施,推动电信、互联网、教育、文化、医疗等领域有序扩大开放。深化外商投资促进体制机制改革,保障外资企业在要素获取、资质许可、标准制定、政府采购等方面的国民待遇,支持参与产业链上下游配套协作。完善境外人员入境居住、医疗、支付等生活便利制度。完善促进和保障对外投资体制机制,健全对外投资管理服务体系,推动产业链供应链国际合作。

四是优化区域开放布局。巩固东部沿海地区开放先导地位,提高中西部和东北地区开放水平,加快形成陆海内外联动、东西双向互济的全面开放格局。发挥沿海、沿边、沿江和交通干线等优势,优化区域开放功能分工,打造形态多样的开放高地。实施自由贸易试验区提升战略,鼓励首创性、集成式探索。加快建设海南自由贸易港。

五是完善推进高质量共建"一带一路"机制。继续实施"一带一路"科技创新行动计划,加强绿色发展、数字经济、人工智能、能源、税收、金融、减灾等领域的多边合作平台建设。完善陆海天网一体化布局，构建"一带一路"立体互联互通网络。统筹推进重大标志性工程和"小而美"民生项目。

这些改革部署体现了，中国正在加快构建新发展格局，将依托国内超大规模市场优势，在促进双循环中不断拓展开放的深度和广度，塑造更高水平开放型经济新优势，积极参与全球经济治理改革，与世界各国共享发展机遇、共创美好未来。

三、以高水平对外开放促进新质生产力加快发展

2024年1月31日，习近平总书记在中共中央政治局第十一次集体学习时指出："要扩大高水平对外开放，为发展新质生产力营造良好国际环境"。我国改革开放四十多年的实践历程，印证了对外开放极大的促进生产力发展。新质生产力在本质上属于一种开放性系统。在生产力决定生产关系、生产关系在一定条件下反作用于生产力的逻辑链条中，高水平对外开放既涉及新质生产力诸构成要素，也涉及制度变革、体制改革和机制调整等新型生产关系的适应性调整，因而是提升新质生产力内在动能的前提和基础。

1. 新时代我国促进生产力发展中的对外开放重要成就

改革开放以来，我国坚定奉行互利共赢的开放战略，党把对外开放确立为基本国策，从兴办深圳等经济特区、开发开放浦东、推动沿海沿边沿江沿线和内陆中心城市对外开放到加入世界贸易组织，从"引进来"到"走出去"，充分利用国际国内两个市场、两种资源。经过持续推进改革开放，我国实现了从高度集中的计划经济体制到充满活力的社会主义市场经济体制、从封闭半封闭到全方位开放的历史性转变。在中国经济与世界经济深度交融的过程中，资金、技术、人才等先进生产要素不断聚集，市场经济体制和对外开放机制日益完善，以开放促改革、

以改革促发展，为促进生产力发展提供了充足动能。

党的十八大以来，中国在进一步解放生产力、发展生产力的深化改革进程中，实行更加积极主动的开放战略，形成了更大范围、更宽领域、更深层次的对外开放新格局。

一是越发展就越开放。中国越发展越开放，越开放越发展。中国开放型经济取得历史性成就，经济总量从2012年的53.9万亿元增长到2022年的114.9万亿元。中国已成为140多个国家和地区的主要贸易伙伴，2023年中国货物进出口总额超过41万亿元，连续7年保持世界第一货物贸易国地位；实际使用外商直接投资额1633亿美元，吸引外资总量全球占比保持在10%以上，连续多年成为全球第二大外资流入国，对外投资稳居全球前三。数字贸易、跨境电商等新业态蓬勃发展，对外贸易新动能茁壮成长。2022年，中国可数字化交付的服务贸易规模较2018年增长78.6%，达到2.5万亿元，跨境电商进出口规模较2020年增长30.2%；2022年中国电子商务销售总额达45万亿元，成为全球规模最大、最具活力的电子商务市场。

二是坚持高水平对外开放。在开放市场方面，中国大幅度降低关税，进口关税总水平已经由15.3%降至7.4%，低于9.8%的入世承诺。2007年，服务领域的开放承诺已经完全履行，实际开放约120个分部门。全面实施外资准入前国民待遇加负面清单管理模式，限制措施由最初的93项减到31项。实施外商投资法，外商投资法律体系进一步完善。自由贸易试验区创新成果丰富，多领域开放水平已超入世承诺。2013年以来，已在全国设立22个自贸试验区，形成了从沿海到内陆、沿边，从东南到西部、北部，从广度开放、深度开放到全面开放的格局。海南自由贸易港加快建设，迄今已推出120多项制度创新成果。颁布实施出口管制法，建立不可靠实体清单等制度，维护产业链供应链安全，为扩大高水平对外开放提供安全保障。

三是推动建设开放型世界经济。中国积极参与全球经济治理，坚定维护多边贸易体制。推动世贸组织 2013 年达成《贸易便利化协定》、2015 年达成《信息技术协定》扩围协议、2022 年第 12 届部长级会议取得一揽子丰硕成果等。全面实施自贸区提升战略，对外签署的自贸协定数由 10 个增长到 19 个，与自贸伙伴的贸易额占比从 17% 提升到约 35%。签署并实施《区域全面经济伙伴关系协定》，积极推进加入《全面与进步跨太平洋伙伴关系协定》和《数字经济伙伴关系协定》。中国国际进口博览会连续举办 5 年，已经成为中国构建新发展格局的窗口、推动高水平开放的平台、全球共享的国际公共产品。中国的开放发展为世界开放合作注入源源不断的新动力。

四是推动构建人类命运共同体。中国推动"一带一路"经贸合作取得显著成效。2013—2021 年，中国与沿线国家货物贸易额累计近 11 万亿美元，对沿线国家直接投资累计 1613 亿美元。境外经贸合作区高质量发展，"小而美"项目积极推进，给当地创造了税收、带动了就业，支持和帮助广大发展中国家加快发展，给当地百姓带来了实实在在的获得感。

进入新时代以来，在全球单边主义、贸易保护主义抬头的世界局势下，中国坚定不移扩大高水平对外开放，推动规则、规制、管理、标准等制度型开放，形成更大范围、更宽领域、更深层次对外开放格局。中国正以实际行动证明，中国不断扩大对外开放，既发展了自身，也造福了世界。

2. 以高水平对外开放促进新质生产力加快发展的策略路径

改革开放创造了中国经济高速发展与社会长期稳定的奇迹，对外开放成为解放与发展生产力的不竭动力。在当今世界的全球化浪潮中，对外开放是推动国家发展的重要动力，也是提升新质生产力的关键途径。近年来，我国积极推进高水平对外开放，不断引导开放资源向重点区域集聚，依托自身功能定位和比较优势，积极探索，初步形成了开放型经济发展的集聚扩散效应，为因地制宜发展新质生产力奠定了坚实基础。然而，面对以美国为首的西方国家挑起的贸易战、科技战、金融战的围追堵截，我国积极融入经济全球化进程、发展新质生产力和建立现代化经济体系受到了严峻挑战。对此，需要强调坚持问题导向和系统观念，统筹联动、协同与共享，在深化改革中扩大高水平对外开放，在高水平对外开放中促进新质生产力加快发展。

第一，以高水平开放资源共享，激发新质生产力发展有机活力

充分发挥国家级新区、经开区、高新区、自贸区以及国家自创区、双创示范基地等开放功能区的独特作用，按照各自的主导产业和重点产业科学定位，确定新质生产力要素中创新资源开放需求的类型、结构和规模，根据重点培育的战略性新兴产业发展需要，制定开放引领发展的基本策略和政策举措。一是统筹推进各类开放平台建设。发挥平台网络体系联动发展作用。借助引进大项目与好项目，提升开放平台能级，形成开放新高地，进一步增强开放型经济发展的动力活力。二是统筹人才引进策略。在国家层面按照创新要素向重点区域积聚的原则，出台全方位、系统性的人才政策。三是统筹外引内联与多元协力。集聚新质生产力的开放先进地区要带动周边地区共同拓展产业链与创新链，通过招商引资与招才引智并重方式形成区域共同体，用活用好自贸区、开发区等开放型经济引领功能，引导各类创新型企业以市场为导向，在国际合作中提升技术创新能力和产业发展水平。

第二，以高水平开放优势互补，强化新质生产力发展动力体系

推进科技、产业与市场紧密结合，以新质生产力发展创造新供给、提供新服务，培育新消费、满足新需求。一是在高水平对外开放中统筹安全与发展。稳步扩大制度型开放，以制度创新深度接轨全球发展，不断完善自身规则与制度体系，积聚全球更高质量的资源要素，充分参与

全球产业分工与合作，培育形成更强大的新质生产力，不断提升国际吸引力、影响力，让创新成为引领开放发展的第一动力。二是创新设置新规则、新标准。在继续推动商品和要素流动型开放的进程中，更加注重规则等制度型开放，推进投资贸易管理制度、工商制度变革，全面推行国民待遇原则＋负面清单管理模式，建设法治化、国际化、便利化的营商环境。三是加强与国际高标准规则的交流互动。进一步完善外向接轨的市场机制体制建设，更好地融入全球市场体系。

第三，以高水平开放引领创新，打造新质生产力主体动能的产业集群

充分发挥国家级开发开放新区、经开区、高新区、自贸区的创新资源优势，推动与共建"一带一路"国家的服务贸易和投资机制建设。一是积极融入国家"一带一路"建设，探索形成具有地域特点的国际合作综合创新体系。二是加快引进一批拥有国际科技合作网络和自主研发体系的国际机构，培育一批熟悉科技政策和行业发展的科技中介服务机构，建设一支懂技术懂管理懂市场的技术经理人队伍。三是引导促进知识产权服务国际化、市场化、社会化和专业化发展，鼓励各开放功能区之间的联动、协同与共享，培育若干与国际接轨的专业化知识产权管理和运营机构。四是加快建立各类开放功能区的海外人才离岸创新创业基金，鼓励区域内有实力优势的创新型企业机构向其他开放功能区输出先进技术和产业模式，实现互利共赢。五是发挥国家级新区、自贸区等开放平台的优势，搭建市场化的国际合作平台，谋划建立与共建"一带一路"国家互动合作的跨境创新链、产业链、供应链，推动我国"走出去"企业在资本、技术转移、市场拓展、项目开发等领域的全方位国际合作。

四、地方实践：上海先锋

上海，作为全国改革开放排头兵、创新发展先行者，在新发展格局

中担纲"中心节点"、"战略链接"是中央早已明确的上海战略定位与责任所在。一方面，上海要全面落实重点任务，千方百计扩大内需，深入推进科技创新，加快建设现代化产业体系，率先推进城乡和区域融合发展；另一方面，要在深化改革开放中激发动力活力，推进深层次结构性改革，深化高水平对外开放，服务"一带一路"建设，更好为"走出去""引进来"提供支撑。当前，上海被赋予了"高水平改革开放先锋"的重担。对上海而言，科技创新、现代化产业体系建设等方面，均需要由更深层次改革、更高水平开放来突破堵点、提供动力。上海承载的多项国家战略，本质上的核心使命，也正是在改革开放上攻坚探路，以更大力度、更具实效的改革开放举措推动创新发展。

党的十八大以来，习近平总书记先后多次到上海考察调研。"继续当好全国改革开放排头兵、创新发展先行者"，这是以习近平同志为核心的党中央对上海一以贯之的要求与期望。

1. 以高水平制度型开放，探索更高水平开放

党的二十大提出，实施自由贸易试验区提升战略，稳步扩大规则、规制、管理、标准等制度型开放。2023年9月，习近平总书记就深入推进自贸试验区建设作出重要指示，强调要高标准对接国际经贸规则，深入推进制度型开放，让自贸试验区更好发挥示范作用。11月，习近平总书记在深入推进长三角一体化发展座谈会上发表重要讲话时再次强调，大力实施自由贸易试验区提升战略，推进上海自由贸易试验区临港新片区更高水平对外开放。

在上海自贸试验区成立十周年之际，2023年12月，国务院发布《全面对接国际高标准经贸规则推进中国（上海）自由贸易试验区高水平制度型开放总体方案》（以下简称《总体方案》），赋予上海"打造国家制度型开放示范区"的新的使命。《总体方案》要求，在上海自贸试验区规划范围内，率先构建与高标准经贸规则相衔接的制度体系和监管模式，打造国家制度型开放示范区，为全面深化改革和扩大开放探索新路径、积累新经验。此次《总体方案》是国务院颁发的上海自贸试验区第五个"总体方案"，为上海自贸试验区进一步深化高水平对外开放指明了方向。

《总体方案》共聚焦7个方面，提出80项措施，主动全面对接高标准规则，进一步加大压力测试力度，深化国内相关领域改革，推进高水平制度型开放。聚焦的7个方面包括：一是加快服务贸易扩大开放。二是提升货物贸易自由化便利化水平。三是率先实施高标准数字贸易规则。四是加强知识产权保护。五是推进政府采购领域改革。六是推动相关"边境后"管理制度改革。七是加强风险防控体系建设。值得一提到是，这80条措施体现了"全面对接"，也展现了中国深化改革和扩大开放的诚意。

此次《总体方案》在上海自贸试验区全面对接国际高标准经贸规则先行先试，打造国家制度型开放示范区，既是以开放促改革、促发展、促创新的主动作为，也是以中国式现代化新成就为世界发展提供新机遇的实际行动，不仅有利于中国自身发展，也将惠及世界。总的来看，主要有三方面的新突破、新提高：

第一，以更高水平压力测试推进制度型开放。这次试点主动对接高标准规则、规制、管理、标准，率先构建与之相衔接的制度体系和监管模式，在货物贸易领域实现更高水平自由便利，在服务贸易领域深化金融服务等领域开放，在数字贸易领域加强国际合作交流，在知识产权领域提升全流程保护水平，将有力促进商品、技术、资金、数据等要素跨境自由便利流动，增强对国际商品和资源要素的吸引力，为推进高水平制度型开放积累经验。

第二，以更大力度先行先试推动深层次改革。近年来，国际高标准经贸规则在不断发展演进变化，从关税、非关税壁垒等"边境"规则拓展至更广泛的"边境后"规则。这次试点的80条措施中，有一半以上涉及"边境后"规则，主要包括推进政府采购制度改革，深化国有企业改革，加大对劳动者权益的保护力度，实施高水平环境保护措施等方面，通过开展深层次改革创新，为推进国内重点领域改革探索路径。

第三，以更广领域试验探索助力高质量发展。这次试点着重聚焦促进数据跨境流动、提升跨境投融资便利化、培育贸易新模式新业态、推进贸易数字化、优化贸易管理方式等重点问题，在上海自贸试验区率先大胆探索，这将有利于打通前后端、上下游、各环节，实现制度创新的系统集成，赋能高质量发展。

可以说，《总体方案》的每一条措施都直面《全面与进步跨太平洋伙伴关系协定》（CPTPP）和《数字经济伙伴关系协定》（DEPA）的数字身份、数字包容性、数据流动、数字经济、劳动者权益保护、环境保护、知识产权保护、国企改革、政府采购、中小企业等核心条款内容要求，都力求解决此前跨境贸易中最敏感最核心的难题。从整体来看，体现了当前中国的对外开放正在从政策层面向制度层面转变，从完善产业性政策向营造高质量发展的良好国际环境迈进。《总体方案》的出台，是中国"制度型开放"从概念提出到真正实施的开始，是对开放的高水平升级重塑。

对接国际高标准经贸规则，积极推动制度创新，深入推进高水平制度型开放，是党中央、国务院赋予自贸试验区的重大使命。为贯彻落实党中央、国务院决策部署，全面落实《总体方案》各项试点任务，2024年2月，上海市政府印发《上海市落实〈全面对接国际高标准经贸规则推进中国（上海）自由贸易试验区高水平制度型开放总体方案〉的实施方案》（以下简称《实施方案》），细化《总体方案》各项措施内容、明确操作路径，落实推进自贸试验区高水平制度型开放。

《实施方案》提出用3年时间，率先在上海自贸试验区规划范围内构建与国际高标准经贸规则相衔接的制度体系和监管模式，贸易投资便利化水平达到国际一流水平，数字经济规则与国际通行做法相衔接，具备与开放型经济相适应的开放监管能力和风险防控能力，提高参与国际规则构建的整体能力，在重点领域形成参与国际合作与竞争的新动能、新优势。

《实施方案》聚焦 8 个方面，共提出 117 项具体措施，一方面不断优化"边境"措施，加大商品和要素流动开放力度；另一方面主动对接"边境后"规则，稳步深化制度型开放。聚焦的 8 个方面包括：加快服务贸易扩大开放、提升货物贸易自由化便利化水平、率先实施高标准数字贸易规则、加强知识产权保护、推进政府采购领域改革、推动相关边境后管理制度改革、加强风险防控体系建设等。

2. 赋予重点领域和关键环节改革上更大自主权，促进更高水平开放

上海浦东新区建立三十多年来，一直走在改革开放前列，诞生了我国第一个金融贸易区、第一个保税区、第一个自贸试验区及临港新片区等一系列"全国第一"，为我国改革开放和社会主义现代化建设提供了最生动的实践写照。2020 年 11 月，习近平总书记出席浦东开发开放 30 周年庆祝大会并发表重要讲话，寄语浦东要"努力成为更高水平改革开放的开路先锋、全面建设社会主义现代化国家的排头兵、彰显'四个自信'的实践范例，更好向世界展示中国理念、中国精神、中国道路。"

"80 年代看深圳，90 年代看浦东"，深圳和上海浦东新区都在我国改革开放中发挥了重要作用。继 2020 年深圳被赋予建设"中国特色社会主义先行示范区"的使命后，2021 年，党中央、国务院公布《关于支持浦东新区高水平改革开放打造社会主义现代化建设引领区的意见》明确要"聚焦基础性和具有重大牵引作用的改革举措，探索开展综合性改革试点"，浦东新区也被赋予改革开放新的重大任务——"打造社会主义现代化建设引领区"。

2024年1月，中共中央办公厅、国务院办公厅印发了《浦东新区综合改革试点实施方案（2023—2027年）》（下称《方案》），从7个部分提出23条改革举措，在重点领域和关键环节改革上赋予浦东新区更大自主权。此《方案》的发布，寓意着浦东又一次扛起更高水平改革开放的大旗。

《方案》从高水平制度型开放、科技创新体制机制、人才高地建设、政府职能转变、超大城市治理等事关改革开放全局的五个重要方面，明确了浦东新区综合改革试点的重点任务、主攻方向和突破路径，为浦东新区引领更深层次、更高水平的改革开放提供了重要机遇。

根据《方案》，到2027年，浦东新区要基本完成试点任务，制度创新取得突破性进展，高标准市场体系和高水平开放型经济新体制建设取得显著成效，城市治理体系更加健全，为全面建设社会主义现代化国家作出重要示范引领。

《方案》体现了以创新促改革、以改革促发展两方面的措施部署。

一是以创新促改革。《方案》首先指出，加大规则标准开放力度，在全国统一的市场准入负面清单基础上，制定实施浦东新区放宽市场准入特别措施，建设高水平市场准入体系，在若干重点领域率先实现突破。

在金融层面上提升全球资源配置功能，推进金融双向开放，探索资本项目可兑换的实施路径。同时，以科技赋能创新，建设开放新生态也是《方案》明确提出的一点要求。《方案》希望浦东新区可以在下一步的改革深化过程当中能够利用科技优化管理机制和资源配置方案，推动基础研究制度集成创新，探索面向全球的前沿技术攻关机制。同时，提高科技在金融、产权保护、产业发展等方面的渗透与参与程度。

二是以改革促转变。《方案》中提出从人才、城市建设、政府职能三个方面明确改革方向，深化改革进度。

在人才方面，浦东新区要建立以创新吸引和集聚世界优秀人才的体制机制，健全急需紧缺专业人才全链条培养使用体系，完善适用于不同产业的高技能人才认定标准。同时，要加快在国际人才引进与培养方面的发展脚步，推进建设国际人才发展引领区，为来沪外籍人才提供入出境和停居留便利，允许符合条件的境外专业人员凭临时执业许可参与特定重大项目。

《方案》还提出从营商环境的角度加快政府职能的转变，加强政府自身的建设，完善政府评价体系，持续提升政务服务标准化、数字化、智能化水平。同时以绿色、创新促城市治理模式转型，建立高品质民生服务供给体系。

3. 上海浦东已成为彰显中国理念、中国方案、中国道路的实践范例

上海浦东开发开放走过了三十多年历程，以承担国家战略为使命、以开放为引领、以改革为动力，经济总量超常规增长、发展质量跨越式提升、城市功能不断完善、社会事业快速发展、开放体系逐渐形成、区域治理能力不断增强。浦东已成为彰显中国理念、中国方案、中国道路的实践范例。

第一，实现经济腾飞，自贸区与引领区协同发力。

进入21世纪以来，浦东率先开展综合配套改革试点，全面推进上海"四个中心"核心功能区建设，洋山港在此阶段建成开港，打破了上海没有深水良港的历史。此后，南汇并入浦东，面积扩大至1210平方公里，发展空间更为广阔。

党的十八大以来，浦东的发展进入经济加速期。2013年9月，上海自贸试验区正式挂牌，这是党中央、国务院在新形势下全面深化改革和扩大开放的一项战略举措。上海自贸试验区建设之初，2014年3月，习近平总书记在参加十二届全国人大二次会议上海代表团审议时强调，要大胆闯、大胆试、自主改，尽快形成一批可复制、可推广的新制度，加快在促进投资贸易便利、监管高效便捷、法治环境规范等方面先试出首批管用、有效的成果。

浦东落实自贸区国家战略，以制度创新为核心、以可复制可推广为根本要求，努力探索，聚焦投资便利、贸易便利、金融开放等领域，一批基础性制度和核心制度创新不断涌现，与国际投资、贸易通行规则相衔接的基本制度体系和监管模式基本建立。其中，关键性的一条是推出外商投资负面清单。用了10年时间，自贸试验区外商投资准入特别管理措施从最初的190项缩减至27项，制造业相关条目已经清零。负面清单的缩短，助推上海自贸试验区在60个开放领域实现一批全国首创项目落地，推动"准入前国民待遇加负面清单管理制度"成熟定型并写入外商投资法。

作为全国首个自贸试验区，上海自贸区在投资管理、贸易监管、金融制度、政府职能转变等重点领域形成一系列基础性制度和核心制度，300多项制度创新成果在全国复制推广，总结积累了一大批"浦东经验"。

2015年自贸区扩区、2019年成立上海自贸区临港新片区，开放层次和开放能级不断提升。上海自贸试验区对照中央要求、对标国际规则、对接企业需求，努力营造法治化、国际化、便利化营商环境。

2021年7月，《中共中央 国务院关于支持浦东新区高水平改革开放打造社会主义现代化建设引领区的意见》正式发布，中央明确赋予浦东的地方立法权，这是浦东进一步深化"先行先试"的制胜法宝。自贸区与引领区建设形成新的联动协同、一体推进。"全球汇"、"离岸通"、"私募股权和创投份额转让"、"一司两地"、"3C免办"等改革创新层出不穷，营商环境持续优化，高质量发展蹄疾步稳。2024年1月，随着《浦东新区综合改革试点实施方案》的出台，党中央在重点领域和关键环节再次赋予浦东新区更大的自主权。重大战略和高标定位的背后，亟待合理科学的空间布局服务保障。对此,浦东提出至2035年,深度融入全市格局,以重点区域为引领,推进全域高质量发展,形成5条重要的发展廊道。

用34年时间,浦东的GDP从1990年的60多亿元到2023年的1.67万亿元,增长了280多倍。经济中心方面,浦东以全国1/8000的面积创造了1/80的GDP,人均GDP达到28.9万元。金融中心方面,上海位于全球金融中心前列,浦东的持牌类金融机构占到上海市的三分之二。持牌类金融机构已有1208家。贸易中心方面,上海口岸贸易总额位居全球首位,浦东占到了上海市的59%。航运中心方面,上海港集装箱吞吐量连续14年全球第一。科创中心方面,一批卡脖子的关键核心技术在浦东实现突破。浦东外资研发中心达265家,占全市49%;科创板上市企业49家,占全市55%。

第二,以科技为核心,多领域实现创新突破。

科创中心建设,始终是浦东开发开放的核心任务之一。例如,从制药出发,张江科学城走出了一条科创之路。截至2023年底,张江科学城已集聚企业2.58万家,高新技术企业1930家,外资研发机构181家,跨国公司地区总部70家。已建在建和规划建设的国家重大科技基础设施12个,全市首批高质量孵化器有5家来自张江,并于2023年率先开展M0复合用地试点,出让M0赋值地块12幅均已开工。

科技进一步赋能产业发展。例如,国产大飞机C919在浦东研发并成功首飞,目前拥有815架订单;长江—1000民用涡扇发动机,我国第一款商用航空发动机,是几代航空人的梦想。如今,浦东已在"中国芯"、"创新药"、"蓝天梦"、"未来车"等多领域,实现技术攻坚突破,真正服务"国之大者"。

浦东聚焦硬核科技、前沿技术,立足浦东先导产业、未来产业,充分发挥从创新策源到高端产业发展的全链条优势,正不断促进"科技、产业、金融"的高水平循环，为加速科技自立自强，贡献着浦东力量。

第三，持续深化改革开放，管得住也放得开。

改革是浦东最鲜明的特质，是融入浦东血脉的基因。越是深水区，越是勇敢涉足。以政府职能转变为例，浦东率先推出证照分离。得益于这项改革，事前审批转变为事中事后监管，办证时间从原来的3个月缩短到5天。

在"证照分离"改革的基础上，近年来，浦东又选取了10个行业进行"一业一证"试点，行业开业办证只需要一张综合许可证，办证时间从原来的两三个月压缩到两个星期之内。并将民宿、游泳、书店、攀岩等文体旅全领域31个审批事项融合成一个准入项目，推出"文体旅一证通"。特别是形成"日常监管"、"执法监管"、"要素监管"、"服务监管"、"熔断监管"这"五大监管"体系，属全国首创。

为进一步推进乡村振兴、优化营商环境，浦东从亟须破解的根结性问题入手，探索乡村民宿审批发证纳管。2016—2022年的7年，浦东乡村民宿累计只颁发25张证，年接待人次只有5万余人。2023年，浦东新区新审批发放乡村民宿行业综合许可证228张，全年直接推动旅游人数增长约50万人次，拉动综合性消费约20亿元。与此同时，浦东也意识到，不能只仅仅简化审批流程、简单开门放水，还通过创新安全标准、消防标准和房屋结构标准，实施"白名单"、"鼓励名单"、"淘汰名单"分级纳管，浦东正在努力实践更有效的监管改革方案，真正激发市场主体活力。

截至2023年底，聚焦企业发展中的共性需求以及重点产业领域的特殊需求，上海市人大常委会已先后出台"一业一证"、"知识产权保护"等18部浦东新区法规，浦东新区出台"商事调解制度"等17部管理措施，逐步走出一条立法引领推动改革创新的新路子。

后　　记

很荣幸接受当代中国出版社邀请撰写本书。习近平总书记创造性提出"因地制宜发展新质生产力",这是又一重大理论和实践创新,进一步丰富了习近平经济思想,将为高质量发展注入全新动力。关于新质生产力,自 2023 年下半年以来一直是本书作者重点关注和研究的领域,并保持及时跟进学习领会习近平总书记关于发展新质生产力的一系列重要论述和重大部署,以及党中央有关重要精神及相关政策支持体系。本书不同于一般学者的个人学术专著,重点不在于阐释个人学术观点和构建自成一体的学术研究理论框架,全书围绕习近平总书记重要讲话精神、党的二十届三中全会精神、党中央有关重大部署及政策举措,从为什么、是什么、做什么、怎么做四个角度全面系统阐释新质生产力理论与发展思路,并结合地方实践样板,注重理论与实践相结合、历史分析与现实分析相融合,深入探究"因地制宜发展新质生产力"的历史逻辑、理论逻辑和实践逻辑,避免过度学术化、抽象化,力求通俗易懂地准确解读培育和发展新质生产力这一重大理论和实践问题。本书的撰写过程,也是作者不断学习、加深认识、提高水平的过程。

在本书的研究撰写、编辑出版过程中,得到了当代中国出版社副总编辑(主持工作)王茵老师的高度关注与大力支持,以及当代中国出版社责任编辑乔镜蜚老师的积极协助与指导,在此一并致谢!同时感谢当代中国出版社各位编辑在本书出版过程中所付出的努力与心血。由于水平有限，写作时间较紧，书中的疏漏与不妥之处，由作者本人承担全部责任，欢迎读者批评指正。

本书作者　钟瑛
2024 年 7 月